Die betriebsverfassungsrechtliche Zuordnung gewerbsmäßig überlassener Leiharbeitnehmer

Europäische Hochschulschriften

Publications Universitaires Européennes
European University Studies

Reihe II
Rechtswissenschaft

Série II   Series II
Droit
Law

Bd./Vol. 3887

PETER LANG

Frankfurt am Main · Berlin · Bern · Bruxelles · New York · Oxford · Wien

Stephanie Kaufmann

Die betriebsverfassungsrechtliche Zuordnung gewerbsmäßig überlassener Leiharbeitnehmer

PETER LANG
Europäischer Verlag der Wissenschaften

Bibliografische Information Der Deutschen Bibliothek
Die Deutsche Bibliothek verzeichnet diese Publikation in der
Deutschen Nationalbibliografie; detaillierte bibliografische
Daten sind im Internet über <http://dnb.ddb.de> abrufbar.

Zugl.: Leipzig, Univ., Diss., 2003

Gedruckt auf alterungsbeständigem,
säurefreiem Papier.

15
ISSN 0531-7312
ISBN 3-631-51434-4

© Peter Lang GmbH
Europäischer Verlag der Wissenschaften
Frankfurt am Main 2004
Alle Rechte vorbehalten.

Printed in Germany 1 2 3 4 5 7

www.peterlang.de

Für meine Eltern

Vorwort

Inwieweit sind Leiharbeitnehmer im Rahmen der Betriebsverfassung des Verleiher- bzw. des Entleiherbetriebs zu berücksichtigen? Diese Frage war lange Zeit umstritten und konnte auch mit einer gesetzlichen Regelung, die 1982 mit § 14 AÜG geschaffen wurde, nicht geklärt werden. Vielmehr wurde deren Lösung Rechtsprechung und Literatur überantwortet.

Es handelt sich bei der Arbeitnehmerüberlassung um eine Dreiecksbeziehung, bei der nur zwischen Verleiher und Leiharbeitnehmer und zwischen Entleiher und Verleiher originäre vertragliche Verbindungen bestehen. Die rechtlich schwierige Analyse der Beziehung zwischen Leiharbeitnehmer und Entleiher lässt sich dann treffen, wenn man das Arbeitsverhältnis nicht als ein einheitliches Ganzes versteht. Vielmehr ist es in zwei selbständige Rechtsverhältnisse (arbeitsrechtliches Grund- und arbeitsrechtliches Erfüllungsverhältnis) zu zerlegen, die jeweils Anknüpfungspunkte für Rechtsfolgenanordnungen sind.

Auf Grundlage dieser Ansätze, widmet sich die Arbeit der Frage, zu welchen Betrieben der Leiharbeitnehmer zugeordnet werden kann. Dabei wird zunächst geklärt, ob der Leiharbeitnehmer in beiden Betrieben die Begriffe „Arbeitnehmer" und „Betriebszugehörigkeit" erfüllt. Schließlich werden die gewonnenen Erkenntnisse auf die einzelnen Beteiligungs- und Mitbestimmungsrechte angewendet, um zu klären, welche Rechte der Leiharbeitnehmer in welchem Betrieb wahrnehmen kann bzw. welcher Betriebsrat aus welchem Betrieb für den Leiharbeitnehmer zuständig ist.

Die Arbeit wurde im Wintersemester 2002/2003 von der Juristenfakultät der Universität Leipzig als Dissertation angenommen. Mein Dank gilt an erster Stelle Herrn Prof. Dr. Burkhard Boemke, der die Arbeit betreut hat. Besonders danken möchte ich weiter Frau Nicole Schmalfuß, die in gewohnt zuverlässiger Weise Korrektur gelesen hat.

München, im Dezember 2003   *Stephanie Kaufmann*

9

Inhaltsverzeichnis

Abkürzungsverzeichnis 19
§ 1   Einleitung 23
I.   Anlass der Untersuchung 23
II.   Gegenstand der Untersuchung 23
III.   Ziel der Untersuchung 24

Erster Teil   Einordnung und Abgrenzung 27
der Arbeitnehmerüberlassung

§ 2   Historischer Überblick 27
I.   Entwicklung der gesetzlichen Regelung vor Verabschiedung des AÜG 27
II.   Entwicklung der gesetzlichen Regelung seit In-Kraft-Treten des AÜG 28

§ 3   Rechtsbeziehungen in der Arbeitnehmerüberlassung 33
I.   Problemstellung 33
II.   Begriff der Leiharbeit 33
III.   Grund- und Erfüllungsverhältnis im Arbeitsrecht 35
    1.   Grundsätzliches Prinzip im Schuldrecht 35
    2.   Anwendbarkeit des Grundsatzes auf das Arbeitsverhältnis 35
    3.   Das arbeitsrechtliche Schuldverhältnis 36
       a)   Das arbeitsrechtliche Grundverhältnis 37
       b)   Das arbeitsrechtliche Erfüllungsverhältnis 37
    4.   Zwischenergebnis 38
IV.   Rechtsverhältnisse zwischen den Beteiligten 38
    1.   Leiharbeitnehmer und Verleiher 39
       a)   Grundverhältnis 39
       b)   Erfüllungsverhältnis 39
       c)   Rechtsnatur der Verbindung 39
    2.   Verleiher und Entleiher 41
       a)   Grundverhältnis 42
       b)   Erfüllungsverhältnis 42
       c)   Rechtsnatur der Verbindung 42
    3.   Leiharbeitnehmer und Entleiher 43
       a)   Grundverhältnis 43
       b)   Erfüllungsverhältnis 44
       c)   Rechtsnatur der Verbindung 44
    4.   Zwischenergebnis 46

§ 4   Erscheinungsformen des drittbezogenen Personaleinsatzes 47
I.   Problemstellung 47

II.		Abgrenzung zwischen Arbeitnehmerüberlassung und Werkvertrag	48
1.		Gegenstand des Werkvertrags	48
2.		Die Abgrenzungskriterien	48
	a)	Geschäftsinhalt	48
	b)	Tatsächliche Eingliederung	49
	c)	Organisationsbefugnis	50
	d)	Weisungsbefugnis	50
	e)	Gewährleistung und Risiko	51
	f)	Vergütung	51
3.		Zwischenergebnis	52
III.		Abgrenzung von Arbeitnehmerüberlassung und Dienstvertrag	53
IV.		Rechtsfolgen	54
V.		Zusammenfassung	54

Zweiter Teil: Betriebsverfassungsrechtliche Zuordnung

§ 5		Arbeitnehmerbegriff und Betriebszugehörigkeit	55
I.		Problemstellung	55
II.		Struktur des Arbeitsverhältnisses nach dem BetrVG	55
III.		Arbeitnehmer i. S. d. BetrVG	57
1.		Vertragsrechtlicher Arbeitnehmerbegriff	57
2.		Betriebsverfassungsrechtlicher Arbeitnehmerbegriff	59
3.		Zwischenergebnis	62
IV.		Begriff der Betriebszugehörigkeit	63
1.		Betriebszugehörigkeit und Betrieb	63
2.		Betriebszugehörigkeit und Arbeitsverhältnis	64
	a)	Vertragstheorie	64
	b)	Zwei-Komponenten-Theorie	65
	c)	Eingliederungstheorie	65
	d)	Weisungszuständigkeit	68
3.		Neufassung des § 7 S. 2 BetrVG	70
	a)	Problemstellung	70
	b)	Zweck der Neuregelung	70
	c)	Auswirkungen auf die Betriebszugehörigkeit	71
4.		Abgrenzung zur Unternehmens- und Konzernzugehörigkeit	73
5.		Zwischenergebnis	74
V.		Zusammenfassung	74
§ 6		Gesetzliche Regelung des § 14 AÜG	75
I.		Problemstellung	75
II.		Entstehungsgeschichte des § 14 AÜG	75
III.		Regelungsgegenstand des § 14 AÜG	76

11

§ 7	Zuordnung zu den Betrieben	79
I.	Zuordnung zum Verleiherbetrieb	79
II.	Zuordnung zum Entleiherbetrieb	80
1.	Meinungsstand	80
2.	Doppelte Betriebszugehörigkeit	81
3.	Partielle Betriebszugehörigkeit	82
4.	Zwischenergebnis	83

Dritter Teil: Betriebsverfassungsrechtliche Beteiligungs- und Mitbestimmungsrechte

§ 8	Wahlrecht des Leiharbeitnehmers (§§ 7, 8 BetrVG)	85
I.	Geltende Rechtslage	85
1.	Wahlrecht des Leiharbeitnehmers im Verleiherbetrieb	85
2.	Wahlrecht des Leiharbeitnehmers im Entleiherbetrieb	86
a)	Wahlrecht des Leiharbeitnehmers im Entleiherbetrieb vor In-Kraft-Treten des § 7 S. 2 BetrVG	86
b)	Wahlrecht des Leiharbeitnehmers im Entleiherbetrieb nach In-Kraft-Treten des § 7 S. 2 AÜG	88
aa)	Aktives Wahlrecht im Entleiherbetrieb	88
bb)	Passives Wahlrecht im Entleiherbetrieb	90
II.	Analoge Anwendung des § 14 AÜG auf nichtgewerbsmäßige Arbeitnehmerüberlassung	91
III.	Verfassungsrechtliche Bedenken	92
IV.	Wahlrecht nach Übernahme durch den Entleiher	94
1.	Aktives Wahlrecht	94
2.	Passives Wahlrecht	94
V.	Zwischenergebnis	95

§ 9	Errichtung von Betriebsräten (§ 1 BetrVG)	97
I.	Problemstellung	97
II.	Errichtung von Betriebsräten im Verleiherbetrieb	97
III.	Errichtung von Betriebsräten im Entleiherbetrieb	97
IV.	Zwischenergebnis	99

§ 10	Betriebsratsgröße (§ 9 BetrVG)	101
I.	Problemstellung	101
II.	Betriebsratsgröße im Verleiherbetrieb	101
III.	Betriebsratsgröße im Entleiherbetrieb	101
IV.	Zwischenergebnis	104

§ 11	Betriebsverfassungsrechtliche Grundsätze	107
I.	Problemstellung	107

II.	Grundsatz der vertrauensvollen Zusammenarbeit (§ 2 Abs. 1 BetrVG)	107
1.	Inhalt	107
2.	Verleiherbetrieb	107
3.	Entleiherbetrieb	108
III.	Grundsatz von Recht und Billigkeit (§ 75 Abs. 1 BetrVG)	109
1.	Sinn und Zweck der Vorschrift	109
2.	Verleiherbetrieb	110
3.	Entleiherbetrieb	110
IV.	Grundsatz der freien Entfaltung der Persönlichkeit (§ 75 Abs. 2 BetrVG)	112
1.	Verleiherbetrieb	112
2.	Entleiherbetrieb	112
V.	Zwischenergebnis	113
§ 12	Betriebsvereinbarungen und Leiharbeitnehmer	115
I.	Inhalt	115
II.	Verleiherbetrieb	115
III.	Entleiherbetrieb	115
IV.	Zwischenergebnis	117
§ 13	Allgemeine Aufgaben des Betriebsrats (§ 80 BetrVG)	119
I.	Inhalt	119
II.	Überwachung von Rechtnormen (§ 80 Abs. 1 Nr. 1 BetrVG)	119
1.	Verleiherbetrieb	119
2.	Entleiherbetrieb	120
III.	Antragsrecht gegenüber dem Arbeitgeber (§ 80 Abs. 1 Nr. 2 BetrVG)	123
1.	Verleiherbetrieb	123
2.	Entleiherbetrieb	123
IV.	Entgegennahme von Anregungen (§ 80 Abs. 1 Nr. 3 BetrVG)	124
1.	Verleiherbetrieb	124
2.	Entleiherbetrieb	124
V.	Eingliederung schutzbedürftiger und ausländischer Mitarbeiter (§ 80 Abs. 1 Nr. 4, 7 BetrVG)	124
VI.	Unterrichtung und Vorlage von Unterlagen (§ 80 Abs. 2 BetrVG)	125
VII.	Zwischenergebnis	125
§ 14	Individualrechte	127
I.	Recht zum Besuch der Sprechstunden (§ 39 BetrVG)	127
1.	Inhalt	127
2.	Verleiherbetrieb	127
3.	Entleiherbetrieb	128
II.	Recht zum Besuch der Betriebsversammlungen (§§ 42 ff. BetrVG)	129

1.		Inhalt	129
2.		Verleiherbetrieb	130
3.		Entleiherbetrieb	131
III.		Mitwirkungs- und Beschwerderechte des Arbeitnehmers (§§ 81-86 BetrVG)	132
1.		Inhalt	132
2.		Unterrichtungs- und Erörterungspflicht des Arbeitgebers (§ 81 BetrVG)	133
	a)	Inhalt	133
	b)	Verleiherbetrieb	133
	c)	Entleiherbetrieb	135
3.		Anhörungs- und Erörterungsrecht (§82 BetrVG)	136
	a)	Inhalt	136
	b)	Verleiherbetrieb	136
	c)	Entleiherbetrieb	137
4.		Einsichtsrecht in die Personalakten (§ 83 BetrVG)	139
	a)	Verleiherbetrieb	139
	b)	Entleiherbetrieb	139
5.		Beschwerderecht (§§ 84-86 BetrVG)	141
	a)	Inhalt	141
	b)	Verleiherbetrieb	141
	c)	Entleiherbetrieb	142
6.		Vorschlagsrecht der Arbeitnehmer (§ 86 a BetrVG)	143
	a)	Inhalt	143
	b)	Verleiherbetrieb	143
	c)	Entleiherbetrieb	144
§ 15		Mitwirkung und Mitbestimmung in sozialen Angelegenheiten (§§ 87-89 BetrVG)	145
I.		Grundsatz	145
II.		Beteiligung in sozialen Angelegenheiten (Katalog des § 87 Abs. 1 BetrVG)	146
1.		§ 87 Abs. 1 Nr. 1 BetrVG (Ordnung des Betriebs und Verhalten der Arbeitnehmer im Betrieb)	146
	a)	Gegenstand der Mitbestimmung	146
	b)	Beteiligung des Verleiherbetriebsrats	147
	c)	Beteiligung des Entleiherbetriebrats	148
2.		§ 87 Abs. 1 Nr. 2 BetrVG (Lage der Arbeitszeit)	151
a)		Gegenstand der Mitbestimmung	151
b)		Beteiligung des Verleiherbetriebsrats	151
c)		Beteiligung des Entleiherbetriebrats	152
3.		§ 87 Abs. 1 Nr. 3 BetrVG (Arbeitszeitdauer)	153
a)		Gegenstand der Mitbestimmung	153

14

b)	Beteiligung des Verleiherbetriebsrats	154
c)	Beteiligung des Entleiherbetriebrats	156
4.	§ 87 Abs. 1 Nr. 4 BetrVG (Arbeitsentgelte)	157
a)	Gegenstand der Mitbestimmung	157
b)	Beteiligung des Verleiherbetriebsrats	157
c)	Beteiligung des Entleiherbetriebrats	158
5.	§ 87 Abs. 1 Nr. 5 BetrVG (Urlaubsangelegenheiten)	158
a)	Gegenstand der Mitbestimmung	158
b)	Beteiligung des Verleiherbetriebsrats	158
c)	Beteiligung des Entleiherbetriebrats	159
6.	§ 87 Abs. 1 Nr. 6 BetrVG (technische Überwachungseinrichtungen)	160
a)	Gegenstand der Mitbestimmung	160
b)	Beteiligung des Verleiherbetriebsrats	161
c)	Beteiligung des Entleiherbetriebrats	161
7.	§ 87 Abs. 1 Nr. 7 BetrVG (ergänzender Arbeitsschutz)	162
a)	Gegenstand der Mitbestimmung	162
b)	Beteiligung des Verleiherbetriebsrats	162
c)	Beteiligung des Entleiherbetriebrats	163
8.	§ 87 Abs. 1 Nr. 8 BetrVG (Sozialeinrichtungen)	164
a)	Gegenstand der Mitbestimmung	164
b)	Beteiligung des Verleiherbetriebsrats	164
c)	Beteiligung des Entleiherbetriebrats	165
9.	§ 87 Abs. 1 Nr. 9 BetrVG (Werkmietwohnungen)	166
a)	Gegenstand der Mitbestimmung	166
b)	Beteiligung des Verleiherbetriebsrats	166
c)	Beteiligung des Entleiherbetriebrats	167
10.	§ 87 Abs. 1 Nr. 10, 11 BetrVG (Arbeitsentgelte)	167
a)	Gegenstand der Mitbestimmung	167
b)	Beteiligung des Verleiherbetriebsrats	168
c)	Beteiligung des Entleiherbetriebrats	168
11.	§ 87 Abs. 1 Nr. 12 BetrVG (Betriebliches Vorschlagswesen)	169
a)	Gegenstand der Mitbestimmung	169
b)	Beteiligung des Verleiherbetriebsrats	169
c)	Beteiligung des Entleiherbetriebrats	170
12.	§ 87 Abs. 1 Nr. 13 BetrVG (Gruppenarbeit)	171
a)	Gegenstand der Mitbestimmung	171
b)	Beteiligung des Verleiherbetriebsrats	171
c)	Beteiligung des Entleiherbetriebrats	172
III.	Freiwillige Betriebsvereinbarungen (§ 88 BetrVG)	172
1.	Grundsatz	172
2.	Freiwillige Betriebsvereinbarungen im Verleiherbetrieb	173
3.	Freiwillige Betriebsvereinbarungen im Entleiherbetrieb	173

15

IV.	Arbeitsschutz (§ 89 BetrVG)	174
1.	Grundsatz	174
2.	Beteiligung im Verleiherbetrieb	174
3.	Beteiligung im Entleiherbetrieb	175
V.	Zwischenergebnis	175
§ 16	Beteiligungsrechte in personellen Angelegenheiten (§§ 92-105 BetrVG)	177
I.	Einführung	177
II.	§§ 92-95 BetrVG (allgemeine personelle Angelegenheiten)	177
1.	§ 92 BetrVG (Personalplanung)	177
a)	Gegenstand der Beteiligung	177
b)	Beteiligung im Verleiherbetrieb	178
c)	Beteiligung im Entleiherbetrieb	178
2.	§ 93 BetrVG (Ausschreibung von Arbeitsplätzen)	179
a)	Gegenstand der Beteiligung	179
b)	Beteiligung im Verleiherbetrieb	179
c)	Beteiligung im Entleiherbetrieb	180
3.	§ 94 BetrVG (Personalfragebogen, Beurteilungsgrundsätze)	181
a)	Gegenstand der Beteiligung	181
b)	Beteiligung im Verleiherbetrieb	182
c)	Beteiligung im Entleiherbetrieb	182
4.	§ 95 BetrVG (Auswahlrichtlinien)	183
a)	Gegenstand der Beteiligung	183
b)	Beteiligung im Verleiherbetrieb	184
c)	Beteiligung im Entleiherbetrieb	184
III.	§§ 96-98 BetrVG (Berufsbildung)	187
1.	Gegenstand der Beteiligung	187
2.	Beteiligung im Verleiherbetrieb	188
3.	Beteiligung im Entleiherbetrieb	188
IV.	§§ 99-103 BetrVG (Personelle Einzelmaßnahmen)	190
1.	Grundsatz	190
2.	Gegenstand der Beteiligung	191
a)	Einstellung (§ 99 Abs. 1 S. 1 BetrVG)	191
b)	Versetzung (§ 99 Abs. 1 S. 1 BetrVG)	191
c)	Eingruppierung und Umgruppierung (§ 99 Abs. 1 S. 1 BetrVG)	192
d)	Kündigung (§§ 102, 103 BetrVG)	192
3.	Beteiligung im Verleiherbetrieb	192
4.	Beteiligung im Entleiherbetrieb	193
a)	Rechtscharakter der Verweisung in § 14 Abs. 3 S. 1 AÜG	194
b)	Beteiligung im Entleiherbetrieb bei Eingruppierung, Umgruppierung und Kündigung	195

16

c)		Beteiligung im Entleiherbetrieb bei Versetzungen	196
d)		Umfang der Unterrichtungspflicht des Entleihers	196
e)		Zustimmungsverweigerungsgründe (§ 99 Abs. 2 Nr. 1-6 BetrVG)	198
	aa)	Verstoß gegen Rechtsverordnungen (§ 99 Abs. 2 Nr. 1 BetrVG)	198
	bb)	Verstoß gegen Auswahlrichtlinien (§ 99 Abs. 2 Nr. 2 BetrVG)	199
	cc)	Benachteiligung von Arbeitnehmern des Entleiherbetriebs (§ 99 Abs. 2 Nr. 3 BetrVG)	199
	dd)	Benachteiligung des Leiharbeitnehmers (§ 99 Abs. 2 Nr. 4 BetrVG)	200
	ee)	Fehlende Ausschreibung im Entleiherbetrieb (§ 99 Abs. 2 Nr. 5 i. V. m. § 93 BetrVG)	200
	ff)	Störung des Betriebsfriedens (§ 99 Abs. 2 Nr. 6 BetrVG)	200
f)		Folgen der Zustimmungsverweigerung des Entleiherbetriebsrats	201
5.		Zwischenergebnis	201
§ 17		Beteiligung in wirtschaftlichen Angelegenheiten (§§ 106-113 BetrVG)	203
I.		Einführung	203
II.		§ 106 Abs. 1 BetrVG (Bildung eines Wirtschaftsausschusses)	203
1.		Bildung eines Wirtschaftsausschusses im Verleiherunternehmen	203
2.		Bildung eines Wirtschaftsausschusses im Entleiherunternehmen	203
III.		Beschäftigung von Leiharbeitnehmern als wirtschaftliche Angelegenheit i. S. d. § 106 Abs. 3 BetrVG	204
IV.		Beteiligung des Betriebsrats bei Betriebsänderungen (§§ 111-113 BetrVG)	206
1.		Betriebsänderungen im Verleiherbetrieb	206
2.		Betriebsänderungen im Entleiherbetrieb	206
3.		Geltung des Interessensausgleichs und/oder Sozialplans des Entleiherbetriebs für Leiharbeitnehmer	207
V.		Zwischenergebnis	208

Vierter Teil: Zusammenfassung der Ergebnisse   209

Literaturverzeichnis   **215**

Abkürzungsverzeichnis

a. A.	anderer Ansicht
a. a. O.	am angegebenen Ort
Abs.	Absatz
a. F.	alte(r) Fassung
AFG	Arbeitsförderungsgesetz
AFRG	Gesetz zur Reform der Arbeitsförderung
AG	Amtsgericht
AiB	Arbeitsrecht im Betrieb, Zeitschrift (zitiert nach Jahrgang und Seite)
amtl.	amtlich/amtliche
Anm.	Anmerkung
AP	Arbeitsrechtliche Praxis, Entscheidungssammlung
ArbG	Arbeitsgericht
AR-Blattei	Arbeitsrecht-Blattei
ArbNErfG	Gesetz über Arbeitnehmererfindungen
ArbuR	Arbeit und Recht, Zeitschrift (zitiert nach Jahrgang und Seite)
ArbZG	Arbeitszeitgesetz
Art.	Artikel
AuA	Arbeit und Arbeitsrecht, Zeitschrift (zitiert nach Jahrgang und Seite)
Aufl.	Auflage
ausf.	Ausführlich
AÜG	Arbeitnehmerüberlassungsgesetz
AuR	Arbeit und Recht (zitiert nach Jahrgang und Seite)
AVAVG	Gesetz über Arbeitsvermittlung und Arbeitslosenversicherung
AVG	Angestelltenversicherungsgesetz
BA	Bundesanstalt für Arbeit
BAG	Bundesarbeitsgericht
BAGE	Sammlung der Entscheidungen des Bundesarbeitsgerichts
BB	Der Betriebsberater, Zeitschrift (zitiert nach Jahrgang und Seite)
Bd.	Band
BDA	Bundesvereinigung der Deutschen Arbeitgeberverbände
betr.	betreffend
BetrVG	Betriebsverfassungsgesetz
BGB	Bürgerliches Gesetzbuch
BGBl.	Bundesgesetzblatt
BGH	Bundesgerichtshof
BGHZ	Sammlung der Entscheidungen des Bundesgerichtshofs in Zivilsachen
BillBG	Gesetz zur Bekämpfung der illegalen Beschäftigung
BMA	Bundesministerium für Arbeit und Soziales
BPersVG	Bundespersonalvertretungsgesetz
BR-Ds.	Deutscher Bundesrat Drucksache
BSG	Bundessozialgericht
BT-Ds.	Deutscher Bundestag Drucksache
BVerfG	Bundesverfassungsgericht
BVerfGE	Sammlung der Entscheidungen des Bundesverfassungsgerichts

BZA	Bundesverband Zeitarbeit Personaldienstleistungen e. V.
BUrlG	Bundesurlaubsgesetz
bzgl.	bezüglich
bzw.	beziehungsweise
ca.	circa
DB	Der Betrieb, Zeitschrift (zitiert nach Jahrgang und Seite)
ders.	derselbe
d. h.	das heißt
dies.	dieselbe/n
Einl.	Einleitung
e. V.	eingetragener Verein
EzA	Entscheidungssammlung zum Arbeitsrecht
EzAÜG	Entscheidungssammlung zum Arbeitnehmerüberlassungsgesetz
f.	folgende Seite
ff.	folgenden Seiten
gem.	gemäß
GG	Grundgesetz
ggf.	gegebenenfalls
GmbH	Gesellschaft mit beschränkter Haftung
h. L.	herrschende Lehre
h. M.	herrschende Meinung
Hs.	Halbsatz
i. d. F.	in der Fassung
i. R. d.	im Rahmen des/der
i. S. d.	im Sinne des/der
i. S. v.	im Sinne von
i. V. m.	in Verbindung mit
JArbSchG	Jugendarbeitsschutzgesetz
KSchG	Kündigungsschutzgesetz
LAA	Landesarbeitsamt
LAG	Landesarbeitsgericht
Lit.	Literatur
LSG	Landessozialgericht
MDR	Monatsschrift für Deutsches Recht (zitiert nach Jahrgang und Seite)
MuSchG	Mutterschutzgesetz

n. F.	neue(r) Fassung
NJW	Neue Juristische Wochenschrift, Zeitschrift (zitiert nach Jahrgang und Seite)
Nr.	Nummer
NRW	Nordrhein-Westfalen
NZA	Neue Zeitschrift für Arbeitsrecht (zitiert nach Jahrgang und Seite)
NRA-RR	Neue Zeitschrift für Arbeitsrecht- Rechtsprechungsreport (zitiert nach Jahrgang und Seite)
o. g.	oben genannt
RdA	Recht der Arbeit, Zeitschrift (zitiert nach Jahrgang und Seite)
RdErl.	Runderlass
RegE	Regierungsentwurf
Rn.	Randnummer
Rspr.	Rechtsprechung
RVO	Reichsversicherungsordnung
S.	Satz oder Seite
SGB	Sozialgesetzbuch
s. o.	siehe oben
s. u.	siehe unten
TV	Tarifvertrag
TVG	Tarifvertragsgesetz
u.	und
u. a.	unter anderem
Überbl.	Überblick
Urt.	Urteil
usw.	und so weiter
u. U.	unter Umständen
v.	vom
vgl.	vergleiche
Vorb.	Vorbemerkung
WahlO	Wahlordnung
z. B.	zum Beispiel
ZfA	Zeitschrift für Arbeitsrecht (zitiert nach Jahrgang und Seite)
zit.	zitiert
z. T.	zum Teil

Die betriebsverfassungsrechtliche Zuordnung gewerbsmäßig überlassener Leiharbeitnehmer

§ 1   Einleitung

I.   Anlass der Untersuchung

Aktuelle Zahlen zur gewerbsmäßigen Arbeitnehmerüberlassung zeigen, dass die Tendenz der Leiharbeit weiterhin zunehmend ist.[1] Die Anzahl der als Leiharbeitnehmer Beschäftigten sowie die der Verleiherbetriebe steigt weiter ununterbrochen an.[2] Die Statistiken der Bundesanstalt für Arbeit erfassen die Zahl der Leiharbeitnehmer zu einem bestimmten Stichtag. Im August 1999 wurden 309.219 Leiharbeitnehmer beschäftigt, im Dezember 1999 wurden 286.362 Leiharbeitnehmer gezählt. Saisonbedingt unterliegen diese Zahlen starken Schwankungen. Aber selbst in den für Entleiherbetriebe auftragsschwachen Wintermonaten konnte 1999 (Dezemberwerte) im Vergleich zum Vorjahr eine Steigerung von 23,3 Prozent verzeichnet werden.[3] Schon auf Grund dieser stetig steigenden Werte ist auch die Frage nach der betriebsverfassungsrechtlichen Zuordnung gewerbsmäßig überlassener Leiharbeitnehmer nach wie vor Gegenstand der arbeitsrechtlichen Diskussion.

II.   Gegenstand der Untersuchung

Ursache für die umstrittene betriebsverfassungsrechtliche Stellung des Leiharbeitnehmers ist die Dreiecksstruktur des Arbeitnehmerüberlassungsverhältnisses. Die durch das AÜG geregelte gewerbsmäßige Arbeitnehmerüberlassung wird innerhalb eines Dreipersonenverhältnisses abgewickelt, an dem Verleiher, Entleiher und der zu verleihende Arbeitnehmer beteiligt sind. Die Arbeitnehmerüberlassung zeichnet sich also durch eine Dreidimensionalität aus. Trotz dieser Dreidimensionalität existieren originäre vertragliche Beziehungen nur in zweifacher Hinsicht: Zum einen durch den Arbeitsvertrag zwischen Verleiher und Leiharbeitnehmer und zum anderen durch den Arbeitnehmerüberlassungsvertrag zwischen Verleiher und Entleiher.[4]

---

[1]   BT-Ds. 14/4220, S. 7, Neunter Bericht der Bundesregierung über Erfahrungen bei der Anwendung des AÜG; Frankfurter Rundschau vom 16.01.1999, S. 13; Kurz-Nachrichten-Dienst der BDA vom 13.04.1999, S. 4
[2]   BT-Ds. 14/4220, S. 7, Neunter Bericht der Bundesregierung über Erfahrungen bei der Anwendung des AÜG
[3]   BT-Ds. 14/4220, S. 9
[4]   **Becker/Wulfgramm**, AÜG, Einl. Rn. 10 ff; **Schüren**, AÜG, Einl. Rn. 72 ff.

Folge dieses Dreipersonenverhältnisses ist, dass Leiharbeitnehmer im Gegensatz zum klassischen Arbeitsverhältnis tatsächliche Verbindungen zu mindestens zwei Betrieben haben. An diesen mehrfachen tatsächlichen Verbindungen muss sich auch der Umfang des betriebsverfassungsrechtlichen Schutzes orientieren. Das Betriebsverfassungsrecht dient der Achtung des Arbeitnehmers als Persönlichkeit, seiner Würde und Persönlichkeitsentfaltung im Arbeitsverhältnis.[5] Dieser Zweck muss auch für die Gruppe der Leiharbeitnehmer erreicht sein, da diese ebenso fremdbestimmte Arbeit wie jeder andere Arbeitnehmer leisten.

Erforderlich ist also eine interessengerechte betriebsverfassungsrechtliche Zuordnung in den jeweiligen Betrieben. Wesentlich für diese Zuordnung ist der Umfang und die Intensität der Bindung an den Verleiher- und den Entleiherbetrieb, da in den Anwendungsbereich des BetrVG nur derjenige fällt, der einem Betrieb an- bzw. zugehört. Eine betriebsverfassungsrechtliche Zuordnung kann also nur erfolgen, wenn zunächst Art und Umfang der Betriebszugehörigkeit geklärt sind.

Darüber hinaus ist zu klären, wie weitreichend die einzelnen Beteiligungsrechte bzgl. des Leiharbeitnehmers – vor allem im Entleiherbetrieb – sind und ob § 14 Abs. 2, 3 AÜG der atypischen Struktur des Arbeitnehmerüberlassungsverhältnisses und den damit verbundenen besonderen Interessen des Leiharbeitnehmers im Entleiherbetrieb gerecht wird. Ebenso stellt sich die Frage, ob für den Leiharbeitnehmer eine stärkere Repräsentanz durch den Betriebsrat des Entleiherbetriebs als die in § 14 Abs. 3 AÜG vorgesehene erforderlich ist.

III. Ziel der Untersuchung
Die vorliegende Untersuchung dient insbesondere dazu, den betriebsverfassungsrechtlichen Status des gewerbsmäßig überlassenen Arbeitnehmers zu klären. Ziel der Untersuchung ist somit neben der betriebsverfassungsrechtlichen Zuordnung der Beteiligten innerhalb der gewerbsmäßigen Arbeitnehmerüberlassung eine sinnvolle und interessengerechte Lösung der Probleme zu finden, die sich aus den einzelnen Bestimmungen des BetrVG ergeben.

Mit dem BetrVG-Reformgesetz vom 28.07.2001 hat der Gesetzgeber einen wichtigen Teilaspekt der betriebsverfassungsrechtlichen Stellung des Leiharbeitnehmers neu geregelt. Entgegen der bisherigen Rechtslage wird nun dem Leiharbeitnehmer unter bestimmten Voraussetzungen nach § 7 S. 2 BetrVG das

---

[5] GK-BetrVG/**Wiese**, Einl. Rn. 49

aktive Wahlrecht im Verleiherbetrieb zugestanden. Ziel dieser Arbeit ist u. a., die Auswirkungen dieser Gesetzesänderung in § 7 S. 2 BetrVG auf die betriebsverfassungsrechtliche Stellung des Leiharbeitnehmers zu untersuchen und einer interessengerechten Lösung zu zuführen.

Erster Teil:
Einordnung und Abgrenzung der Arbeitnehmerüberlassung

§ 2   Historischer Überblick

I.   Entwicklung der gesetzlichen Regelung vor Verabschiedung des AÜG

Bis zur Verabschiedung des AÜG stand die gewerbliche Arbeitnehmerüberlassung in engem Zusammenhang mit der Arbeitsvermittlung. Die gewerbliche Arbeitnehmerüberlassung in ihrer heutigen Form und die damit verbundenen betriebsverfassungsrechtlichen Probleme haben ihre Ursprünge in den Gemeinsamkeiten mit der Arbeitsvermittlung. Bereits im Stellenvermittlergesetz vom 2.6.1910 wurde festgelegt, dass die Erlaubnis für eine private Stellenvermittlung zu versagen sei, wenn ein Bedürfnis zur Stellenvermittlung nicht vorliegt.[6] Mit dieser Regelung wurde die Arbeitsvermittlung zur öffentlichen Aufgabe erklärt – der Grundstein für das spätere Monopol der Bundesanstalt für Arbeit war gelegt. Die Arbeitnehmerüberlassung als Gegenstand der Arbeitsvermittlung wurde erstmals im Arbeitsnachweisgesetz vom 27.7.1922 geregelt.[7] Im Arbeitsnachweisgesetz war ein Verbot der gewerblichen Stellenvermittlung festgelegt.

1952 wurde die Bundesanstalt für Arbeitsvermittlung und Arbeitslosenversicherung gegründet. Mit der Vorschrift des § 37 Abs. 3 AVAVG von 1956 hielt man das Verbot der gewerbsmäßigen privaten Arbeitsvermittlung aufrecht.[8] Die Stellenvermittlung sollte allein in der Hand der Bundesanstalt für Arbeitsvermittlung und Arbeitslosenversicherung liegen.

Eine – wenn auch beschränkte – Zulassung der privaten gewerblichen Arbeitnehmerüberlassung durch das AÜG geht zurück auf ein Urteil des BVerfG vom 4.4.1967[9] und auf ein Urteil des BSG vom 29.7.1970[10]. Beide Entscheidungen setzten die Schlusspunkte in einem langjährigen Rechtsstreit über die Geschäftspraxis der Firma Adia Interim, die Bürokräfte „verlieh". Die Firma strengte eine Verfassungsbeschwerde an, die sich gegen die Vorschrift des § 37 Abs. 3 AVAVG richtete, da ihr der Verleih von Arbeitskräften – gestützt auf diese Vorschrift – verboten wurde. Das BVerfG entschied, dass die gewerbliche

---

[6] RGBl. I, S. 860
[7] RGBl. I, S. 857
[8] BGBl. I, S. 1018 ff.
[9] BVerfG v. 04.04.1967, EzAÜG, § 1 AÜG Arbeitsvermittlung Nr. 1 = BVerfGE 21, 261 ff.
[10] BSG v. 29.07.1970, EzAÜG § 1 AÜG Gewerbsmäßige Arbeitnehmerüberlassung Nr. 1 = BSGE 31, 235

Arbeitnehmerüberlassung von der im staatlichen Monopol betriebenen Arbeitsvermittlung zu trennen sei. Es erkannte keine Gründe, die einen Eingriff in die
Berufsfreiheit des Verleihers rechtfertigen könnten, und gab dem Gesetzgeber
den Auftrag, die Arbeitnehmerüberlassung sozialverträglich zu regeln.

Das BSG stellte mit seiner Entscheidung vom 29.7.1970 Abgrenzungskriterien
zwischen zulässiger Arbeitnehmerüberlassung und unzulässiger Arbeitsvermittlung auf. Entscheidend war, ob der Schwerpunkt der arbeitsrechtlichen Beziehung des Arbeitnehmers in seinem Verhältnis zum Verleiher oder in seinem
Verhältnis zum Entleiher lag. Mit dieser Schwerpunkttheorie waren die Grund-
strukturen des Leiharbeitsverhältnisses im Wesentlichen entwickelt. Da aber eine gesetzliche Regelung noch nicht geschaffen war, entstanden erhebliche
Missstände bei der Durchführung der Leiharbeit. Unseriöse Verleiher führten
Sozialversicherungsbeiträge nicht ab, hinterzogen Steuern, kamen den arbeitsrechtlichen Verpflichtungen nicht nach, griffen in das damals geltende Allein-
vermittlungsrecht der Bundesanstalt für Arbeit ein usw.[11] Diese Missstände ver-
anlassten die sozial-liberale Regierungskoalition dem Bundesrat am 24.4.1971
einen Gesetzesentwurf zur Regelung der gewerbsmäßigen Arbeitnehmerüberlassung zuzuleiten. Ziel des Gesetzes war es, *„bei der Arbeitnehmerüberlas-*
sung Verhältnisse herzustellen, die den Anforderungen des sozialen Rechts-
staats entsprechen und eine Ausbeutung der betroffenen Arbeitnehmer aus-
schließen".[12] Der Grundstein für die Verabschiedung des AÜG war damit gelegt.

II.   Entwicklung der gesetzlichen Regelung seit In-Kraft-Treten des AÜG

Das AÜG wurde am 11.8.1972 verkündet und trat zwei Monate nach der Ver-
kündung in Kraft.[13] Um dem beabsichtigten Zweck gerecht zu werden, hielt
man am grundsätzlichen Verbot der gewerblichen Arbeitnehmerüberlassung
fest, räumte aber in § 1 Abs. 1 AÜG einen Erlaubnisvorbehalt ein. Danach darf
die gewerbsmäßige Arbeitnehmerüberlassung mit einer Erlaubnis der Bundesanstalt für Arbeit ausgeübt werden. Die Aufsicht über die gesamte Tätigkeit der
Verleiher wurde der Bundesanstalt für Arbeit übertragen. Verstöße gegen die
Pflichten aus dem AÜG wurden teilweise als Ordnungswidrigkeiten- oder als
Straftatbestände ausgestaltet. Vorgesehen war auch eine Auffanghaftung des
Entleihers bei Pflichtverstößen des Verleihers.[14] Auch von Arbeitgeberseite

---

[11] **Sandmann/Marschall**, AÜG, Einl. Rn. 16
[12] BT-Ds. VI/2303, S. 9
[13] BGBl. I, S. 1393
[14] **Schüren**, AÜG, Einl. Rn. 49

wurde der Gesetzesentwurf begrüßt. Man ging davon aus, dass er geeignet sei, die eingetretenen Missstände zu beseitigen[15]. Gegner des Gesetzes kritisierten die angebliche Durchbrechung des Vermittlungsmonopols der Bundesanstalt für Arbeit. Von Gewerkschaftsseite wird auch heute noch die Forderung nach einer möglichst weitreichenden Einschränkung oder gar einem Verbot der Arbeitnehmerüberlassung laut.[16] Sie sei weitgehend vergleichbar mit der Arbeitsvermittlung und solle deshalb über die Bundesanstalt für Arbeit erfolgen. Zudem sei die Arbeitnehmerüberlassung überwiegend nachteilig für den Leiharbeitnehmer und bringe keinen Nutzen für den Arbeitsmarkt.[17]

Die Grundkonzeption des AÜG wurde über die Jahre beibehalten. Einige punktuelle Änderungen und Ergänzungen, die der Gesetzgeber vornahm, bezweckten vor allem die Bekämpfung der illegalen Beschäftigung. Die erste einschneidende Veränderung brachte das am 1.1.1982 in Kraft getretene Gesetz zur Bekämpfung der illegalen Beschäftigung (BillBG), das das Recht der Arbeitnehmerüberlassung in wichtigen Teilbereichen neu regelte. Wesentlich im Hinblick auf die Betriebsverfassung war dabei die Neufassung des § 14 AÜG, der die betriebsverfassungs- und personalvertretungsrechtliche Stellung des Leiharbeitnehmers sowie die wichtigsten Beteiligungsrechte der Betriebs- und Personalräte regeln sollte. In seiner ursprünglichen Fassung enthielt das AÜG keinerlei Regelungen bzgl. der Betriebsverfassung oder Personalvertretung. Aber auch mit § 14 AÜG konnte die Rechtsunsicherheit in diesem Bereich nicht beseitigt werden, was zahlreiche Stellungnahmen in der Literatur belegen. Dem BetrVG liegt das Modell des zweiseitigen Arbeitsverhältnisses zu Grunde; eine von diesem Grundmodell abweichende Dreiecksstruktur kennt das BetrVG nicht, und § 14 AÜG brachte lediglich eine Regelung für einzelne Teilbereiche.

Zahlreiche weitere Änderungen und Ergänzungen, die hier nicht genannt werden, führten zur Änderung des AÜG durch das Gesetz zur Reform der Arbeitsförderung (AFRG).[18] Nach dem Willen des Gesetzgebers bezwecken die Neuregelungen die Aufhebung beschäftigungshemmender Vorschriften sowie die Be-

---

[15] ausf. dazu **Becker/Wulfgramm**, AÜG, Einl. Rn. 112 ff. mit einem Überblick der Stellungnahmen der Sozialpartner, Sozialversicherungsträger, Verleiherverbänden und der Bundesanstalt für Arbeit

[16] BT-Ds. 13/5498, S. 25-26 Stellungnahme des DGB zum 8. Erfahrungsbericht der Bundesregierung bei der Anwendung des AÜG; Deutscher Gewerkschaftsbund (DGB), Novellierungsvorschläge des DGB zum BetrVG 1972, S. 2 ff.; Frankfurter Rundschau vom 16.01.1999, S. 12-13; **Wagner/Ulber/Hinrichs**, Moderner Sklavenhandel, S. 10

[17] BT-Ds. 14/4220, S. 26

[18] BGBl. I, S. 594

seitigung von Hindernissen, die einer Nutzung der gewerbsmäßigen Arbeitnehmerüberlassung zur Schaffung zusätzlicher Arbeitsplätze entgegenstehen.[19] So wurde z. B. die Überlassungsdauer auf 12 Monate erhöht und das bislang weitreichende Verbot befristeter Arbeitsverträge gelockert. Damit wurden Erleichterungen für die gewerbsmäßige Arbeitnehmerüberlassung erreicht, jedoch führte die Gesetzesreform nicht zu einer grundsätzlichen Regelung bzgl. der Betriebsverfassung. Insbesondere blieb § 14 AÜG unverändert. Die Mehrzahl der neuen Regelungen trat zum 1.4.1997 in Kraft, der Rest am 1.1.1998.

Am 28.7.2001 trat das Betriebsverfassungs-Reformgesetz in Kraft, das neben den Änderungen und Neuerungen des BetrVG in Artikel 2 auch eine Veränderung des § 14 Abs. 2 S. 1 AÜG brachte.[20] Die Neuregelung des § 14 AÜG steht in unmittelbaren Zusammenhang mit dem neu eingefügten § 7 S. 2 BetrVG. Nach § 7 S. 2 BetrVG erwerben Arbeitnehmer eines anderen Arbeitgebers, die dem Betriebsinhaber zur Arbeitsleistung überlassen sind, das Wahlrecht zum Betriebsrat, wenn sie länger als drei Monate im Betrieb eingesetzt werden. In § 14 Abs. 2 S. 1 AÜG wurde deshalb den Leiharbeitnehmern das aktive Wahlrecht im Entleiherbetrieb eingeräumt, was bislang ausgeschlossen war.[21] Leiharbeitnehmer sollen nach den Vorstellungen des Gesetzgebers auf diese Weise *„aus der Randbelegschaft an die Stammbelegschaft herangeführt werden, ohne sie in rechtlich unzutreffender Weise als Arbeitnehmer des Entleiherbetriebs einzustufen."* [22]

Weitere Veränderungen wurden im AÜG durch das Job-AQTIV-Gesetz vorgenommen, das am 1.1.2002 in Kraft trat.[23] In Artikel 7 Job-AQTIV-Gesetz wurde § 3 Abs. 1 Nr. 6 AÜG dahingehend verändert, dass die Höchstüberlassungsdauer in einen Entleiherbetrieb seit 1.1.2002 24 Monate beträgt. Diese Änderung entspricht Wünschen aus der Praxis, so die Begründung.[24] Es ermögliche den entleihenden Unternehmen, auch die Leiharbeitnehmer in längeren Projekten zu beschäftigen. Das Gesetz ordnet ab dem 13. Monat der Überlassung eine Änderung der Vergütungshöhe an. Der Leiharbeitnehmer ist ab diesem Zeitpunkt berechtigt, vom Verleiher das gleiche Arbeitsentgelt zu verlangen, das die im Entleiherbetrieb beschäftigten Stammarbeitnehmer erhalten.

---

[19] BT-Ds. 13/4941, S. 247; **Groeger**, DB 1998, 470 ff. (473)
[20] BGBl. I S. 1852 ff.
[21] BGBl. I S. 1863
[22] BT-Ds. 14/5741, S. 28
[23] BGBl. I S. 3443 ff.
[24] BT-Ds. I14/6944 S. 53

Die letzten Neuerungen erfuhr das AÜG durch die Umsetzung der so genannten „Hartz-Reformen" im „Erstes Gesetz für moderne Dienstleistungen am Arbeitsmarkt", das am 1.1.2003 in Kraft trat.[25] Im AÜG wurde mit dieser Reform der Grundsatz der Gleichbehandlung von Leiharbeitnehmern mit vergleichbaren Arbeitnehmern des Entleihers festgeschrieben. Im Übrigen wurden das besondere Befristungsverbot, das Wiedereinstellungsverbot und das Synchronisationsverbot (§ 3 Abs. 1 Nr. 3 bis 5 AÜG a. F.) sowie die Höchstüberlassungsdauer (§ 3 Abs. 1 Nr. 6 AÜG a. F.) aufgehoben und das Verbot der Zeitarbeit im Baugewerbe (§ 1b AÜG a. F.) gelockert. Mit dem Wegfall der Höchstüberlassungsdauer erübrigt sich nunmehr die Diskussion, ob bei Überschreiten der Höchstüberlassungsdauer ein Arbeitsverhältnis des Leiharbeitnehmers zum Entleiher analog § 1 Abs. 2 AÜG zu Stande kommt. Insoweit entschärft sich auch die Abgrenzungsproblematik zwischen Werk- und Dienstvertrag einerseits und Arbeitnehmerüberlassungsvertrag andererseits.[26]

Die historische Entwicklung des AÜG zeigt, dass das Gesetz in erster Linie versucht zwei Funktionen zu erfüllen: Zum einen soll es die gewerbsmäßige Arbeitnehmerüberlassung und damit ein außergewöhnliches Arbeitsverhältnis mit drei Beteiligten regeln. Dafür legt es die arbeits-, sozial- und gewerberechtlichen Voraussetzungen fest. Zum anderen dient es der Bekämpfung illegaler Leiharbeit. Bei Verstößen sorgen entsprechende Ordnungswidrigkeiten- und Strafvorschriften für eine Sanktionierung. Darüber hinaus regeln die §§ 9 und 10 AÜG arbeitsrechtliche Konsequenzen zu Gunsten des illegal verliehenen Arbeitnehmers. Bereits aus der Begründung zum Entwurf des AÜG aus dem Jahre 1971 ergibt sich, dass der Schutz des Leiharbeitnehmers im Vordergrund steht.[27] Obwohl damals noch ein Arbeitskräftemangel herrschte, erkannte man bereits die Gefahr der Ausbeutung der betroffenen Arbeitnehmer. Sinn und Zweck des Gesetzes war deshalb, bei der Arbeitnehmerüberlassung Verhältnisse herzustellen, die den Anforderungen des sozialen Rechtsstaats entsprechen und den Schutz des Leiharbeitnehmers garantieren.

Auf Grund der nunmehr veränderten Situation am Arbeitsmarkt, muss das Gesetz heute den Arbeitskräfteüberschuss mit den Bedürfnissen der Wirtschaft in Einklang bringen. Die fortschreitende Globalisierung stellt an die deutsche Wirtschaft erhöhte Ansprüche. Besondere Flexibilität wird dadurch auch im Personalbereich notwendig. Die Arbeitnehmerüberlassung sorgt dabei zum ei-

---

[25] BGBl. I, 4607 ff.
[26] **Lembke**, BB 2003, 98 ff. (104)
[27] BT-Ds. VI/2303, S. 9

nen dafür, dass bei Auftragsspitzen schnell und unbürokratisch der Arbeitsanfall mit Hilfe von Leiharbeitnehmern bewältigt werden kann. Zum anderen können in auftragsschwachen Zeiten die Personalkosten niedrig gehalten werden, da das Arbeitgeberrisiko allein beim Verleiher liegt. Die betriebswirtschaftlichen Vorteile für das entleihende Unternehmen sind damit auch im Hinblick auf die Wettbewerbsfähigkeit nicht von der Hand zu weisen. Aber auch bei kurzfristigem und vorübergehendem Ausfall von Arbeitskräften z. B. wegen Krankheit, Erziehungsurlaub, Teilnahme an Bildungsmaßnahmen kann die Arbeitnehmerüberlassung die entsprechenden Lücken schließen. Dabei sehen die entleihenden Unternehmen es als Vorteil – im Vergleich zum Abschluss befristeter Arbeitsverträge – an, dass ein ungeeigneter Leiharbeitnehmer bei entsprechender Vereinbarung im Arbeitnehmerüberlassungsvertrag zurückgewiesen werden und bei Ausfällen ein anderer Leiharbeitnehmer angefordert werden kann.[28]

---

[28] „Die wirtschafts- und arbeitsmarktpolitische Bedeutung der Zeitarbeit in Deutschland", Studie des Instituts für Wirtschaft und Gesellschaft (IWG), Bonn, S. 15

§ 3 Rechtsbeziehungen im Rahmen der Arbeitnehmerüberlassung

I. Problemstellung

Um genauere Aussagen zur betriebsverfassungsrechtlichen Zuordnung des Leiharbeitnehmers machen zu können, muss zunächst geklärt werden, in welchen Rechtsbeziehungen die an der Arbeitnehmerüberlassung beteiligten Personen zueinander stehen. Dabei sind drei Verhältnisse zu unterscheiden: Das Rechtsverhältnis zwischen Verleiher und Leiharbeitnehmer, das Rechtsverhältnis zwischen Verleiher und Entleiher und das Rechtsverhältnis zwischen Entleiher und Leiharbeitnehmer. Besonders das letztgenannte bereitet Schwierigkeiten bei der Einordnung in die Systematik des Arbeitsrechts. Es stellt sich also zunächst die Frage, wie die Arbeitnehmerüberlassung in das System des Arbeitsrechts eingeordnet werden kann. Sodann sind die im Zusammenhang mit den einzelnen Rechtsbeziehungen innerhalb der Leiharbeit stehenden Fragen einer interessengerechten und widerspruchsfreien Lösung zuzuführen.

II. Begriff der Leiharbeit

Nach allgemeiner Auffassung spricht man von einem Leiharbeitsverhältnis, wenn ein Arbeitgeber (Verleiher) einem Dritten (Entleiher) einen Arbeitnehmer (Leiharbeitnehmer) zur Erbringung einer Arbeitsleistung überlässt (§ 1 Abs. 1 S. 1 AÜG).[29] Zwischen Leiharbeitnehmer und Verleiher kommt also ein Leiharbeitsvertrag zu Stande, der nach dem Wortlaut des Gesetzes als Arbeitsvertrag einzuordnen ist (§§ 1 Abs. 1; 3 Abs.1 Nr. 3, 4 AÜG). Darüber hinaus verpflichtet sich der Verleiher im Rahmen eines Arbeitnehmerüberlassungsvertrages[30], dem Entleiher vorübergehend die Arbeitsleistung eines geeigneten Arbeitnehmers zu verschaffen.[31] Die Arbeitsleistung des Leiharbeitnehmers wird in einem Betrieb erbracht, mit dessen Inhaber der Leiharbeitnehmer in keiner arbeitsvertraglichen Beziehung steht, kraft derer er unmittelbar dem Entleiher gegenüber zur Erbringung der Arbeitsleistung verpflichtet wäre.[32] Ein solches originäres

---

[29] BAG v. 10.02.1977, AP Nr. 9 zu § 103 BetrVG 1972; **Becker/Wulfgramm**, AÜG, Einl. Rn. 14; **Erdlenbruch**, Die betriebsverfassungsrechtliche Stellung ..., S. 4; **Erman**, BGB, § 611 Rn. 92; MünchKomm/**Müller-Glöge**, BGB, § 611 Rn. 505; **Palandt/Putzo**, BGB, Einf. vor § 611 Rn. 38; **Sandmann/Marschall**, AÜG, Einl. Rn. 1; **Schaub**, Arbeitsrechts-Handbuch, § 120 Rn. 1; **Soergel/Kraft**, BGB, § 611 Rn.76; **Staudinger/Richardi**, Vorbem. zu § 611 Rn. 358; **Ulber**, AÜG, § 1 Rn. 14

[30] zum Begriff s. **Becker/Wulfgramm**, AÜG, § 12 Rn. 11 ff.

[31] **Schüren**, AÜG, Einl. Rn. 176

[32] BAG v. 14.05.1974, AP Nr. 2 zu § 99 BetrVG 1972 = BAGE 26, 149 = BB 1974, 1071; **Boemke**, Schuldvertrag und Arbeitsverhältnis, § 13 II 3 a); **Erdlenbruch**, Die betriebsverfassungsrechtliche Stellung ..., S. 57; MünchArbR/**Marschall**, § 168 Rn. 68; **Schaub**, Arbeitsrechts-Handbuch, § 120 Rn. 65

Arbeitsvertragsverhältnis wird nur kraft Gesetzes zwischen beiden begründet (§ 10 Abs. 1 i. V. m. § 9 Nr. 1 AÜG). Dies ist aber nur dann der Fall, wenn der Verleiher entgegen § 1 Abs. 1 AÜG die erforderliche Erlaubnis für die gewerbsmäßige Arbeitnehmerüberlassung nicht besitzt. Nach der neueren Rechtsprechung des BAG ist die fehlende Erlaubnis der einzige Fall, der zur Unwirksamkeit des Vertrags nach § 9 Nr. 1 AÜG führt und damit ein originäres Arbeitsvertragsverhältnis zwischen Entleiher und Leiharbeitnehmer begründet wird.[33] Insbesondere kommt nunmehr kein Arbeitsverhältnis zwischen Leiharbeitnehmer und Entleiher zu Stande, wenn die Vermutung des § 1 Abs. 2 AÜG nicht widerlegt werden kann. Vielmehr besteht das zwischen Verleiher und Entleiher begründete Arbeitsverhältnis fort. Die bisherige Rechtsprechung, derzufolge ohne oder sogar gegen den Willen der Beteiligten ein Arbeitsverhältnis begründet werden konnte, stellt einen Eingriff in die Vertragsbegründungsfreiheit des Art. 12 Abs. 1 GG dar. Dazu bedarf es einer gesetzlichen Grundlage, die seit ersatzloser Streichung des § 13 AFG nicht mehr existiert. Damit müssen auch dann, wenn die Vermutung einer Arbeitsvermittlung gem. § 1 Abs. 2 AÜG vorliegt, die vertraglichen Vereinbarungen beachtet werden; zu einem Arbeitsverhältniss zwischen Leiharbeitnehmer und Entleiher kommt es nicht. Nach der neueren Rechtsprechung des BAG werden also an das Vorliegen des Vermutungstatbestandes keine Rechtsfolgen geknüpft, die sich nicht bereits aus allgemeinen Regelungen ergeben.[34]

Eine originäre arbeitsvertragliche Beziehung zwischen Leiharbeitnehmer und Entleiher kann nur kraft Gesetzes gem. § 10 Abs. 1 AÜG zu Stande kommen, wenn die Erlaubnis fehlt und ist somit nicht der Regelfall. Damit bleibt zu prüfen, ob und wenn ja welches Rechtsverhältnis auf Grund der tatsächlichen Verbindung zwischen Entleiher und Leiharbeitnehmer begründet wird. Interessengerecht und widerspruchsfrei können die Fragen im Zusammenhang mit den Rechtsbeziehungen bei der Arbeitnehmerüberlassung nur beantwortet werden, wenn für das Arbeitsverhältnis zwischen Grund- und Erfüllungsverhältnis unterschieden wird.

---

[33] BAG v. 28.06.2000, mit Anm. **Boemke**, BB 2000, 2522 ff. = NZA 2000, 1160 ff.
[34] BAG v. 28.06.2000, mit Anm. **Boemke**, BB 2000, 2522 ff. = NZA 2000, 1160 ff.

III.   Grund- und Erfüllungsverhältnis im Arbeitsrecht

1.   Grundsätzliches Prinzip im Schuldrecht

Das Schuldverhältnis ist Anknüpfungspunkt von Rechtsfolgenanordnungen. Allerdings ist die Aussage, dass das Schuldverhältnis die Grundlage von Rechten und Pflichten ist, zu pauschal.[35] Das Schuldverhältnis ist vielmehr eine Gesamtheit von Rechtsbeziehungen, die sich in verschiedene Phasen gliedern lässt (Begründung, Verpflichtung, Erfüllung, Beendigung, Nachwirkung).[36] Schon deshalb muss auch hinsichtlich der sich anschließenden Rechtsfolgen unterschieden werden. Den einzelnen Phasen des Schuldverhältnisses können einzelne, konkrete Rechtsfolgen zugeordnet werden. Wesentliche Tatbestände, an die Rechtsfolgen anknüpfen, sind dabei das Grund- und das Erfüllungsverhältnis.[37] Diese Trennung zwischen zwei selbstständigen Rechtsverhältnissen entspricht der in der Rechtsgeschäftslehre bekannten Unterscheidung zwischen Verpflichtungs- und Verfügungsgeschäft[38], die nicht allein sachenrechtliche, sondern auch schuldrechtliche Bedeutung hat. Rechtsfolgen knüpfen also im Schuldrecht sowohl an das Grundverhältnis, das die Leistung festlegt, als auch an das Erfüllungsverhältnis an, in dessen Rahmen die Leistungsdurchführung und -abwicklung erfolgt.[39] Dieses allgemeine Prinzip der Unterscheidung zwischen Grund- und Erfüllungsverhältnis im Schuldrecht könnte dazu beitragen, dass auch die Rechtsbeziehungen der Arbeitnehmerüberlassung interessengerecht in das System des Arbeitsrechts eingeordnet werden können. Voraussetzung dafür ist allerdings, dass dieses allgemeine Prinzip des Schuldrechts auf das Arbeitsverhältnis übertragen werden kann.

2.   Anwendbarkeit des Grundsatzes auf das Arbeitsverhältnis

Der Gesetzgeber hat das Arbeitsverhältnis in den §§ 611 ff. BGB und damit als bürgerlich-rechtliches Schuldverhältnis geregelt. Es gibt keine Gründe dafür, das Arbeitsverhältnis als ein außerhalb des Schuldrechts stehendes Rechtsverhältnis zu betrachten. So ist z. B. der Hinweis darauf, dass die bürgerlich-rechtlichen Vorschriften nicht auf die Besonderheiten des Arbeitsverhältnisses zugeschnitten sind, weil für das Arbeitsverhältnis andere Zwecke verfolgt wer-

---

[35] **Boemke**, Schuldvertrag und Arbeitsverhältnis, § 2 IV 1
[36] **Boemke**, Schuldvertrag und Arbeitsverhältnis, § 2 II, IV 1, § 14
[37] **Boemke**, Schuldvertrag und Arbeitsverhältnis, § 2 IV 4, 5
[38] **Brox**, Allgemeiner Teil des BGB, Rn. 101 ff.; **Larenz/Wolf**, Allgemeiner Teil des Bürgerlichen Rechts, § 23 Rn. 32; **Medicus**, Allgemeiner Teil des BGB, Rn. 207; **Palandt/Heinrichs**, BGB, Überbl. v. § 104 Rn. 15 ff., § 138 Rn. 20; **Soergel/Hefermehl**, BGB, vor § 116 Rn. 74, § 138 Rn. 50; **Staudinger/Sack**, BGB, § 134 Rn. 114 ff.
[39] **Boemke**, Schuldvertrag und Arbeitsverhältnis, § 2 IV 5

den,[40] keine Rechtfertigung dafür, das System der Schuldverhältnisse nicht auch auf das Arbeitsverhältnis anzuwenden. Unter engen Voraussetzungen kann zwar eine Rechtsfortbildung entgegen dem Grundsatz von Bindung an Recht und Gesetz i. S. d. Art. 20 Abs. 3 GG erfolgen. Das Arbeitsverhältnis kann aber nur dann als außerhalb des Rechts der Schuldverhältnisse stehendes Rechtsverhältnis anerkannt werden, wenn die gesetzgeberische Entscheidung im Widerspruch zu den allgemeinen Prinzipien der Rechtsordnung steht oder auf Grund der geänderten Rahmenbedingungen die vom Gesetzgeber ehedem getroffene Zuordnung nicht mehr systemgerecht ist.[41] Der Hinweis darauf, dass ein Ungleichgewicht speziell im Arbeitsrecht entstünde, da der Arbeitnehmer wirtschaftlich unterlegen und in der schwächeren Verhandlungsposition ist,[42] vermag einen solchen Widerspruch nicht zu begründen. Das Verhandlungsungleichgewicht zwischen Vertragspartnern ist nämlich gerade kein spezielles arbeitsrechtliches Vorkommnis, dass eine Rechtsfortbildung entgegen den gesetzgeberischen Entscheidungen rechtfertigen würde. Vielmehr handelt es sich dabei um ein allgemein bürgerlich-rechtliches Problem. Die umfangreiche Gesetzgebung wie z. B. HaustürWG, VerbrKrG oder auch §§ 564c, 651a ff. BGB belegen, dass das Ziel „Kompensation gestörter Vertragsverhältnisse" ein allgemeines Ziel des bürgerlichen Rechts ist.[43] Das Arbeitsverhältnis kann also nicht außerhalb des Systems der Schuldverhältnisse und damit entgegen der gesetzgeberischen Entscheidung eingeordnet werden. Auf Grund der Stellung des Arbeitsrechts im System des bürgerlichen Rechts kann für die Betrachtung der Arbeitsverhältnisse auf die Erkenntnisse zum Schuldverhältnis zurückgegriffen werden.[44]

3. Das arbeitsrechtliche Schuldverhältnis

Auch hier können die Rechtsfolgen nicht pauschal auf das Arbeitsverhältnis als solches zurückgeführt werden, da das Arbeitsverhältnis auch aus verschiedenen, aufeinander bezogenen aber rechtlich selbstständigen Phasen besteht.[45] Der Begründungstatbestand ist dabei im Regelfall der Arbeitsvertrag. Die Begründung des Arbeitsverhältnisses zielt auf die Verpflichtungen von Arbeitnehmer und Arbeitgeber ab (Arbeitsleistung gegen Vergütung). In der dritten Phase wird dann der mit dem Grundverhältnis bezweckte Erfolg – nämlich die Erfüllung – herbeigeführt.[46] Der Arbeitnehmer nimmt also die Arbeit auf; der Arbeitgeber

---

[40] **Däubler**, NZA 1988, 857 ff. (863)

[41] **Boemke**, Schuldvertrag und Arbeitsverhältnis, § 6 IV 1

[42] **Däubler**, AuR 1992, 129 ff. (132); **Dieterich**, AuR 1971, 129 ff. (131)

[43] **Boemke**, Schuldvertrag und Arbeitsverhältnis, § 6 IV 3 b)

[44] **Boemke**, Schuldvertrag und Arbeitsverhältnis, § 6 V 1

[45] **Boemke**, Schuldvertrag und Arbeitsverhältnis, § 6 V 2

[46] **Boemke**, Schuldvertrag und Arbeitsverhältnis, § 6 V 2 c)

zahlt die Vergütung. Dem folgt die Beendigung, sofern keine neuen Pflichten entstehen und die bereits entstandenen Pflichten abgewickelt sind.[47] Schließlich können in der letzten Phase Nachwirkungen wie z. B. der Zeugnisanspruch entstehen. Das Arbeitsverhältnis umspannt also das gesamte Lebensverhältnis von der Begründung und Pflichtenentstehung über die Abwicklung durch Erfüllung bis hin zur Beendigung einschließlich noch nachwirkender Pflichten. Daher können nicht sämtliche Rechtsfolgen pauschal auf das Arbeitsverhältnis zurückgeführt werden. Vielmehr muss zwischen dem arbeitsrechtlichen Grund- und dem arbeitsrechtlichen Erfüllungsverhältnis als zentrale Anknüpfungspunkte für Rechtsfolgenanordnungen im Arbeitsrecht unterschieden werden.

a)   Das arbeitsrechtliche Grundverhältnis

Das arbeitsrechtliche Grundverhältnis ist ein Rechtsverhältnis, auf Grund dessen der Arbeitnehmer zur Leistung der Arbeit und der Arbeitgeber zur Entrichtung einer Vergütung verpflichtet ist. Es bestimmt Gegenstand, Zweck, Modalitäten, Zeit und Ort der arbeitsrechtlichen Leistung.[48] Im Regelfall wird das arbeitsrechtliche Grundverhältnis durch den Arbeitsvertrag begründet und legt zunächst die Hauptleistungspflichten fest (Vergütungspflicht[49] und Pflicht zur Leistung der versprochenen Dienste[50]). Die Arbeitspflicht des Arbeitnehmers wird dabei in der Regel nur rahmenmäßig umschrieben. Die Einzelheiten der Tätigkeit nach Zeit, Ort und Art werden durch das Direktionsrecht festgelegt.

b)   Das arbeitsrechtliche Erfüllungsverhältnis

Allgemein versteht man unter dem arbeitsrechtlichen Erfüllungsverhältnis die durch Leistungshandlungen mit Bezug auf ein arbeitsrechtliches Grundverhältnis begründete Rechtsbeziehung. Daher ist ein arbeitsrechtliches Erfüllungsverhältnis dann gegeben, wenn die beteiligten Parteien ihre Leistungshandlungen mit Rücksicht auf ein arbeitsrechtliches Grundverhältnis erbringen, insbesondere die Vergütung zahlen bzw. die weisungsabhängigen Dienste erbringen.[51] Be-

---

[47] **Boemke**, Schuldvertrag und Arbeitsverhältnis, § 6 V 2 d, cc)

[48] **Boemke**, Schuldvertrag und Arbeitsverhältnis, § 7 V

[49] **Hromadka/Maschmann**, Arbeitsrecht Bd. 1, § 7 Rn. 1 ff.; MünchArbR/**Hanau**, § 60 Rn. 1, 3; MünchKomm/**Müller-Glöge**, BGB, § 611 Rn. 334 ff.; **Palandt/Putzo**, BGB, § 611 Rn. 49 ff.; **Schaub**, Arbeitsrechts-Handbuch, § 66 Rn. 1ff.; **Soergel/Kraft**, BGB, § 611 Rn. 156 ff.; **Staudinger/Richardi**, BGB, § 611 Rn. 531

[50] **Hromadka/Maschmann**, Arbeitsrecht Bd. 1, § 6 Rn. 1 ff.; **Hueck/Nipperdey**, Arbeitsrecht I, § 33 vor I, S. 197; **Löwisch**, Arbeitsrecht, Rn. 846 ff.; MünchKomm/**Müller-Glöge**, BGB, § 611 Rn. 416 ff.; **Palandt/Putzo**, BGB, § 611 Rn. 49 ff.; **Schaub**, Arbeitsrechts-Handbuch, § 45 Rn. 1 ff.; **Soergel/Kraft**, BGB, § 611 Rn. 49 ff.

[51] **Boemke**, Schuldvertrag und Arbeitsverhältnis, § 8 I

gründet wird das arbeitsrechtliche Erfüllungsverhältnis in der Regel durch die Arbeitsleistung des Arbeitnehmers oder die Arbeitsplatzzuweisung durch den Arbeitgeber. Als Rechtsfolge knüpft am arbeitsrechtlichen Erfüllungsverhältnis die Leistungsbewirkung an, also die Arbeitsleistung von Seiten des Arbeitnehmers und die Vergütungszahlung durch den Arbeitgeber, sowie zahlreiche Nebenpflichten. Als besonders wichtige Rechtswirkung des arbeitsrechtlichen Erfüllungsverhältnisses neben der tatsächlichen Leistungsbewirkung ist die Begründung der Betriebszugehörigkeit zu nennen, da diese Auswirkungen auf die individual- und kollektivarbeitsrechtliche Rechtsstellung des Arbeitnehmers hat.[52]

4. Zwischenergebnis

Da das Arbeitsverhältnis letztlich nur eine besondere Form des Schuldverhältnisses ist, muss auch im Arbeitsverhältnis zwischen Grund- und Erfüllungsverhältnis – zwei selbstständig nebeneinander existierende Rechtsverhältnisse – unterschieden werden. Das führt dazu, dass – im Regelfall durch den Arbeitsvertrag – das Grundverhältnis begründet wird, welches die Leistungspflichten und die damit im Zusammenhang stehenden Rechtsfolgen regelt. Das Erfüllungsverhältnis kommt durch den tatsächlichen Leistungsvollzug zu Stande und legt die Rechtsfolgen fest, die unabhängig vom Grundverhältnis allein an den Vollzug des Arbeitsverhältnisses anknüpfen. Diese grundlegende Unterscheidung gilt es nunmehr auf die Rechtsbeziehungen innerhalb der Arbeitnehmerüberlassung anzuwenden und damit eine Einordnung in das System des Arbeitsrechts zu finden.

IV. Rechtsverhältnisse zwischen den Beteiligten

An der Arbeitnehmerüberlassung sind letztlich drei Personen beteiligt: Verleiher, Leiharbeitnehmer und Entleiher. Als Leiharbeitnehmer bezeichnet man solche Arbeitnehmer, die von ihrem Arbeitgeber (Verleiher) einem Dritten (Entleiher) zur Arbeitsleistung überlassen werden (vgl. auch § 1 Abs. 1 S. 1 AÜG). Leiharbeitnehmer kann also jeder sein, der auch Arbeitnehmer sein kann.[53] Innerhalb dieses Dreipersonenverhältnisses entstehen drei Rechtsbeziehungen, nämlich das Rechtsverhältnis zwischen Verleiher und Leiharbeitnehmer, das zwischen Verleiher und Entleiher und schließlich das Rechtsverhältnis zwischen Entleiher und Leiharbeitnehmer.

---

[52] **Boemke**, Schuldvertrag und Arbeitsverhältnis, § 8 V
[53] **Schüren**, AÜG, § 1 Rn. 27

1. Leiharbeitnehmer und Verleiher

Der Leiharbeitnehmer ist Arbeitnehmer, da er fremdbestimmte Arbeit weisungsgebunden innerhalb der Arbeitsorganisation eines Dritten erbringt.[54] Im Gegensatz zum Standardtypus eines Arbeitsverhältnisses erklärt der Leiharbeitnehmer im Leiharbeitsvertrag, an einen Dritten zu leisten, um seiner Verpflichtung aus dem Vertrag nachzukommen. Der Entleiher bestimmt zwar regelmäßig den konkreten Arbeitseinsatz und -ablauf, die grundsätzlichen Weisungen trifft aber der Verleiher. So kann der Verleiher z. B. die Zuweisung in einen bestimmten Entleiherbetrieb treffen, den Leiharbeitnehmer aus einem Entleiherbetrieb abberufen, die Dauer des Einsatzes festlegen etc.

a) Grundverhältnis

Zwischen Verleiher und Leiharbeitnehmer besteht ein arbeitsrechtliches Grundverhältnis, das in der Regel durch den Arbeitsvertrag begründet wird. Dieses Grundverhältnis verpflichtet den Leiharbeitnehmer zur Erbringung der Arbeitsleistung und den Verleiher zur Zahlung der Vergütung. Das Außergewöhnliche an diesem Rechtsverhältnis ist, dass der Verleiher in Abweichung von § 613 S. 2 BGB zur Übertragung seines Anspruchs auf die Dienstleistung berechtigt ist.

b) Erfüllungsverhältnis

Regelmäßig wird das arbeitsrechtliche Erfüllungsverhältnis mit der Zuweisung des Arbeitsplatzes an den Arbeitnehmer durch den Arbeitgeber begründet.[55] Zwischen Verleiher und Leiharbeitnehmer wird ein arbeitsrechtliches Erfüllungsverhältnis begründet, da das Tätigwerden des Leiharbeitnehmers auf einer Arbeitszuweisung durch den Verleiher beruht.[56] Der Verleiher trifft nämlich die primären Weisungen. Er entscheidet über den Einsatzbetrieb, die Dauer des Einsatzes, die Abberufung, Neuzuweisung etc. Auf Grund dieser primären Weisungsbefugnis, die die grundsätzliche Arbeitsplatzzuweisung ausmacht, wird zwischen beiden, neben dem arbeitsrechtlichen Grundverhältnis, auch ein arbeitsrechtliches Erfüllungsverhältnis begründet.

c) Rechtsnatur der Verbindung

Die Verbindung zwischen Leiharbeitnehmer und Verleiher ist arbeitsrechtlicher Natur. Rechtsgrundlage für das Leiharbeitsverhältnis ist in der Regel der zu Grunde liegende Arbeitsvertrag. Allerdings handelt es sich dabei nicht um eine abschließende Kodifikation aller rechtlichen Aspekte der Arbeitnehmerüberlas-

[54] **Becker/Wulfgramm**, AÜG, § 1 Rn. 60
[55] **Boemke**, Schuldvertrag und Arbeitsverhältnis, § 8 III 2 b), c)
[56] **Boemke**, Schuldvertrag und Arbeitsverhältnis, § 13 II 1 b)

sung.[57] Vielmehr beinhaltet das AÜG die gewerberechtlichen Voraussetzungen der gewerbsmäßigen Arbeitnehmerüberlassung, die arbeitsrechtlichen Schutzvorschriften für den Leiharbeitnehmer und die Rechtsfolgen unerlaubter Arbeitnehmerüberlassung. Es handelt sich somit um eine Sammlung von Sondervorschriften, die in den unterschiedlichen Bereichen der Arbeitnehmerüberlassung Anwendung finden. Für die Rechtsbeziehungen der Beteiligten und damit für die Rechtsbeziehungen des Leiharbeitnehmers gelten die allgemeinen zivil- und arbeitsrechtlichen Bestimmungen, sofern das AÜG keine Sondervorschriften enthält.[58]

Der Vertrag zwischen Verleiher und Leiharbeitnehmer wird allgemein als Vertrag zu Gunsten Dritter bezeichnet, da von vornherein feststeht, dass bei einem Dritten (Entleiher) die Arbeitsleistung erbracht wird. Umstritten ist allerdings, ob es sich um einen echten oder unechten Vertrag zu Gunsten Dritter handelt. Geht man davon aus, dass der Arbeitsvertrag zwischen Leiharbeitnehmer und Verleiher ein echter Vertrag zu Gunsten Dritter ist, kommt dem Entleiher ein selbstständiges Forderungsrecht gegen den Leiharbeitnehmer auf Erbringung der Arbeitsleistung zu und es entsteht eine primäre Leistungspflicht des Leiharbeitnehmers gegenüber dem Entleiher.[59]

Geht man von einem unechten Vertrag zu Gunsten Dritter aus, besteht nur eine Berechtigung des Leiharbeitnehmers, mit befreiender Wirkung an den Entleiher zu leisten, während das Forderungsrecht ausschließlich beim Verleiher liegt.[60] Gegen einen echten Vertrag zu Gunsten Dritter spricht nicht, dass bei Vertragsschluss noch nicht feststeht, wer der Dritte und Begünstigte ist. Ein ständiger Wechsel des Entleihers ist mit einem echten Vertrag zu Gunsten Dritter vereinbar,[61] da der Begünstigte nur bestimmbar sein muss.[62] Gegen einen echten Vertrag zu Gunsten Dritter spricht auch nicht die Tatsache, dass der Verleiher den Leiharbeitnehmer jederzeit einem anderen Entleiher zuweisen kann. Dies ergibt sich aus § 332 BGB, der einen Vertragsabschluss gestattet, in dem sich der Versprechensempfänger vorbehält, den Begünstigten auszuwechseln. Gegen einen echten Vertrag zu Gunsten Dritter spricht allerdings, dass den Vertragsparteien

---

[57] MünchArbR/**Marschall**, § 167 Rn. 7
[58] **Becker/Wulfgramm**, AÜG, Einl. Rn. 3; MünchArbR/**Marschall**, § 167 Rn. 7; **Ulber**, AÜG, Einl. A Rn. 4, 6
[59] **Schüren**, AÜG, Einl. Rn. 139
[60] **Boemke**, Schuldvertrag und Arbeitsverhältnis, § 13 II 1 d) bb); **Palandt/Heinrichs**, BGB, Einf. v. § 328 Rn. 1 ff.
[61] **Ulber**, AÜG, § 1 Rn. 19; **a. A.: Becker/Wulfgramm**, AÜG, Einl. Rn. 13
[62] MünchKomm/**Gottwald**, BGB, § 328 Rn. 19; **Palandt/Heinrichs**, BGB, § 328 Rn. 2, 8

ohne konkrete Vereinbarung ein Geschäftswille unterstellt wird.[63] Der Leiharbeitnehmer würde sich nämlich bei Abschluss des Arbeitsvertrags verpflichten,
Schuldner der Ansprüche eines Dritten zu sein. Dies wäre z. B. im Falle von
Leistungsstörungen problematisch. Dass dies der Wille des Leiharbeitnehmers
ist, kann nicht ohne weiteres unterstellt werden. Ein solcher Geschäftswille der
Vertragsparteien müsste vielmehr deutlich zum Ausdruck kommen.[64] Des Weiteren spricht gegen den echten Vertrag zu Gunsten Dritter, dass sich die Rechte
des Entleihers erst aus dem Arbeitnehmerüberlassungsvertrag und nicht schon
aus dem Arbeitsvertrag zwischen Leiharbeitnehmer und Verleiher ergeben.[65]

Der Arbeitsvertrag stellt deshalb einen unechten Vertrag zu Gunsten Dritter
dar,[66] für den das Fehlen eines unmittelbaren Forderungsrechts des Entleihers
typisch ist. Es besteht kein selbstständiger Anspruch des Entleihers, da der Anspruch auf die Arbeitsleistung allein dem Arbeitgeber und damit dem Verleiher
zusteht. Typisch für die gewerbsmäßige Arbeitnehmerüberlassung ist, dass der
Verleiher die Befugnis hat, den verliehenen Arbeitnehmer gegen einen anderen
auszutauschen. Dies würde einem eigenen Forderungsrecht des Entleihers aus
einem echten Vertrag zu Gunsten Dritter zuwiderlaufen. Vielmehr soll der Entleiher die Arbeitsleistung steuern, indem er vom Verleiher ermächtigt wird, bestimmte Weisungsrechte auszuüben. Ein selbständiger Anspruch entsteht selbst
dann nicht, wenn der Verleiher seine Weisungsbefugnis in vollem Umfang an
den Entleiher überlässt, da aus einer solchen Ermächtigung kein eigenes Forderungsrecht erwächst.

2. Verleiher und Entleiher

Im Rahmen des Arbeitnehmerüberlassungsvertrags[67] verpflichtet sich der Verleiher dem Entleiher vorübergehend die Arbeitsleistung eines geeigneten Arbeitnehmers zu verschaffen.[68] Neben dem Formerfordernis aus § 12 Abs. 1 S. 1
AÜG hat der Gesetzgeber in § 12 Abs. 2 und 3 AÜG bestimmte Unterrich-
tungs-, Inhalts- und Meldepflichten des Verleihers gegenüber dem Entleiher

---

[63] **Ulber**, AÜG, § 1 Rn. 19
[64] **Ulber**, AÜG, § 1 Rn. 19
[65] **Boemke**, Schuldvertrag und Arbeitsverhältnis, § 13 II 1 d) bb)
[66] **Becker**, ZfA 1978, 131 ff. (134); **Becker/Wulfgramm**, AÜG, Einl. Rn. 13, § 11 Rn. 13;
    Erdlenbruch, Die betriebsverfassungsrechtliche Stellung ..., S. 53 f.; **Konzen**, ZfA 1982,
    259 ff. (280) **Palandt/Heinrichs**, BGB, § 328 Rn. 13 ff., 21; **Ulber**, AÜG, § 1 Rn. 19;
    a. A.: Schüren, AÜG, Einl. Rn. 138; **Staudinger/Richardi**, BGB, Vorbem. zu § 611 ff.
    Rn. 366
[67] zum Begriff vgl. **Becker/Wulfgramm**, AÜG, § 12 Rn. 11 ff.
[68] **Schüren**, AÜG, Einl. Rn. 176

festgelegt. Im Übrigen unterliegt der Arbeitnehmerüberlassungsvertrag als schuldrechtlicher Vertrag eigener Art im Rahmen der allgemeinen Vertragsfreiheit der Gestaltungsfreiheit von Verleiher und Entleiher.[69]

a)   Grundverhältnis

Hauptleistungspflichten aus dem schuldrechtlichen Grundverhältnis, dass durch den Arbeitnehmerüberlassungsvertrag begründet wird, sind auf Seiten des Verleihers die Arbeitnehmerüberlassung und auf Seiten des Entleihers die Zahlung einer Vergütung. Der Verleiher schuldet somit nicht selbst die Erbringung der Arbeitsleistung.[70] Wie der Verleiher die Arbeitnehmerüberlassung erbringt, ist gesetzlich nicht geregelt, sodass er nicht verpflichtet ist, seinen Anspruch auf die Arbeitsleistung abzutreten. Er kann vielmehr den Entleiher ermächtigen, entsprechende Weisungsbefugnisse gegenüber dem Leiharbeitnehmer auszuüben.[71]

b)   Erfüllungsverhältnis

Der Verleiher erfüllt seine Leistungsverpflichtung gegenüber dem Entleiher dadurch, dass er zum vereinbarten Zeitpunkt den Leiharbeitnehmer zur Verfügung stellt. Nicht mehr zum Erfüllungsverhältnis zwischen Verleiher und Entleiher gehört hingegen die Arbeitsleistung des Leiharbeitnehmers im Entleiherbetrieb. Der Verleiher schuldet allein die Überlassung eines Leiharbeitnehmers, nicht aber die Arbeitsleistung als solche. Nur die Verpflichtung zur Überlassung ist Leistungspflicht des Verleihers aus dem Grundverhältnis. Deshalb steht der Verleiher auch nicht gem. § 278 BGB für eventuelle Schäden ein, die im Zusammenhang mit der Arbeitsleistung entstehen.[72] Der Verleiher haftet nur bei eigenem Auswahlverschulden.[73]

c)   Rechtsnatur der Verbindung

Arbeitsrechtliche Bestimmungen finden keine Anwendung, da Verleiher und Entleiher nicht durch eine arbeitsrechtliche Beziehung verbunden sind. Das Rechtsverhältnis richtet sich nach den allgemeinen bürgerlich-rechtlichen Be-

---

[69] **Sandmann/Marschall**, AÜG, § 12 Anm. 3

[70] **Becker/Wulfgramm**, AÜG, § 12 Rn. 20

[71] **Becker/Wulfgramm**, AÜG, § 11 Rn. 34

[72] **Becker/Wulfgramm**, AÜG, § 12 Rn. 43; **Sandmann/Marschall**, AÜG, § 12 Rn. 5-6; **Schüren**, AÜG, Einl. Rn. 90, 276

[73] BAG v. 05.05.1988, AP Nr. 2 zu § 831 BGB = NZA 1989, 340 ff.; BGH v. 13.05.1975, NJW 1975, 1695 ff.; BGH v. 09.03.1971, NJW 1971, 1129 ff.; **Becker/Wulfgramm**, AÜG, § 12 Rn. 39 ff.; **Schüren**, AÜG, Einl. Rn. 351 ff.

stimmungen und den Vorschriften des AÜG.[74] Da der Verleiher die Überlassung eines Leiharbeitnehmers zur Arbeitsleistung und nicht die Arbeitsleistung selbst schuldet, handelt es sich um einen Dienstverschaffungsvertrag.[75] Der Dienstverschaffungsvertrag entspricht keinem der im BGB geregelten Vertragstypen. Zwischen Verleiher und Entleiher besteht deshalb ein gegenseitiges Dauerschuldverhältnis sui generis, das eine Gattungsschuld zum Gegenstand hat.[76]

3.   Leiharbeitnehmer und Entleiher
Die Arbeitsleistung des Leiharbeitnehmers wird in einem Betrieb erbracht, mit dessen Inhaber der Leiharbeitnehmer in keiner arbeitsvertraglichen Beziehung steht, kraft derer er unmittelbar dem Entleiher gegenüber zur Erbringung der Arbeitsleistung verpflichtet wäre.[77] Eine solche originäre Rechtsbeziehung kommt nur dann zu Stande, wenn gem. § 10 Abs. 1 AÜG ein Arbeitsverhältnis zwischen Leiharbeitnehmer und Entleiher kraft Gesetzes begründet wird. Dies wiederum ist nur dann der Fall, wenn der Verleiher entgegen § 1 Abs. 1 AÜG die erforderliche Erlaubnis für die gewerbsmäßige Arbeitnehmerüberlassung nicht besitzt.[78]

a)   Grundverhältnis
Die Verpflichtung zur Erbringung der Arbeitsleistung von Seiten des Leiharbeitnehmers beruht allein auf der Verbindung zum Verleiher. Da er keine Verpflichtung gegenüber dem Entleiher eingegangen ist, besteht zwischen beiden auch kein arbeitsrechtliches Grundverhältnis. Einen selbstständigen Anspruch gegen den Leiharbeitnehmer auf Erbringung der Arbeitsleistung hat der Entleiher regelmäßig nicht.[79] Etwas anderes kann sich nur dann ergeben, wenn die Auslegung des Arbeitnehmerüberlassungsvertrags ergibt, dass der Verleiher seinen Anspruch gegen den Leiharbeitnehmer auf Erbringung der Arbeitsleistung an den Entleiher abgetreten hat. Üblicherweise werden aber Rechte des Entleihers gegenüber dem Leiharbeitnehmer nicht durch eine solche Abtretung

---

[74] MünchArbR/**Marschall**, § 168 Rn. 54

[75] **Palandt/Putzo**, BGB, § Einf. V. § 611 Rn. 25, 38; **Schüren**, AÜG, § 1 Rn. 254 ff.

[76] **Becker**, NJW 1976, 1827 f. (1827); **Becker** ZfA, 1978, 131 ff. (134); **Becker/Wulfgramm**, AÜG, § 12 Rn. 21; **Erdlenbruch**, Die betriebsverfassungsrechtliche Stellung ..., S. 56; **Schüren**, AÜG, Einl. Rn. 283

[77] BAG v. 14.05.1974, AP Nr. 2 zu § 99 BetrVG 1972 = BAGE 26, 149 = BB 1974, 1071; **Boemke**, Schuldvertrag und Arbeitsverhältnis, § 13 II 3 a); **Erdlenbruch**, Die betriebsverfassungsrechtliche Stellung ..., S. 57; **Schaub**, Arbeitsrechts-Handbuch, § 120 Rn. 65

[78] BAG v. 28.06.2000, mit Anm. **Boemke**, BB 2000, 2522 ff. = NZA 2000, 1160 ff.

[79] **Becker** ZfA 1978, 131 ff. (134, 135); **Becker/Wulfgramm**, AÜG, § 11 Rn. 23, 24; **Erdlenbruch**, Die betriebsverfassungsrechtliche Stellung ..., S. 57; **Konzen**, ZfA, 1982, 259 ff. (280); a. A.: **Feuerborn**, WiB 1996, 198 ff. (199); **Schüren**, AÜG, Einl. Rn. 138 ff.

eingeräumt. Vielmehr entspricht es der betrieblichen Praxis, dem Entleiher das Weisungsrecht bzgl. der Ausübung der Arbeit zu übertragen.

b) Erfüllungsverhältnis

Auch wenn kein arbeitsrechtliches Grundverhältnis zwischen Leiharbeitnehmer und Entleiher besteht, so besteht doch eine tatsächliche Verbindung zwischen beiden, da der Leiharbeitnehmer die Arbeitsleistung im Betrieb des Entleihers erbringt. Regelmäßig werden die Einzelheiten des Arbeitseinsatzes vom Entleiher festgelegt. Der Leiharbeitnehmer untersteht damit den Weisungen des Entleihers (arbeitsbezogenes Weisungsrecht)[80] bzgl. Arbeitszeit, -ort und -inhalt,[81] auch wenn das primäre Weisungsrecht wie z. B. die Arbeitsplatzzuweisung, die Abberufung aus dem Entleiherbetrieb, die Dauer des Einsatzes etc. beim Verleiher liegt. Da er im Entleiherbetrieb weisungsabhängige Arbeit mit Rücksicht auf sein arbeitsrechtliches Grundverhältnis leistet, besteht zwischen beiden ein arbeitsrechtliches Erfüllungsverhältnis, das durch die Zuweisung des Arbeitsbereichs begründet wird.[82]

c) Rechtsnatur der Verbindung

Nach ganz allgemeiner Auffassung besteht zwischen Entleiher und Leiharbeitnehmer keine arbeitsvertragliche Beziehung.[83] Vom Arbeitsvertrag wird häufig auf das Arbeitsverhältnis geschlossen und angenommen, der fehlende Arbeitsvertrag führe dazu, dass auch kein Arbeitsverhältnis besteht.[84] Bei einer Tätig-

---

[80] **Gick**, Gewerbsmäßige Arbeitnehmerüberlassung ..., S. 166; **Hamann**, Erkennungsmerkmale der illegalen Arbeitnehmerüberlassung ..., S. 154; **Schüren**, AÜG, § 1 Rn.168

[81] BAG v. 22.06.1994, EzAÜG § 10 AÜG Fiktion Nr. 83 = NZA 1995, 462 ff.; BGH v. 10.07.1973, NJW 1973, 2020 ff. = EzAÜG § 611 BGB Haftung Nr. 4; BAG v. 05.05.1992, AP Nr. 97 zu § 99 BetrVG 1972 = NZA 1992, 1044 ff.; **Becker**, ZfA 1978, 131 ff. (135); **Becker/Wulfgramm**, AÜG, § 11 Rn. 59a; **Erdlenbruch**, Die betriebsverfassungsrechtliche Stellung ..., S. 57; **Feuerborn**, WiB 1996, 198 ff. (199); **Hamann**, WiB 1996, 369 ff. (369); **Marschall**, NZA 1984, 150 ff. (151); **Popp**, BB 1997, 1790 ff. (1792); **Säcker/ Joost**, Die Betriebszugehörigkeit als Rechtsproblem ..., S. 53; **Schüren**, AÜG, § 1 Rn. 169-171

[82] **Boemke**, Schuldvertrag und Arbeitsverhältnis, § 13 II 3 b)

[83] **Becker**, AuR 1982, 369 ff. (371); **Becker/Wulfgramm**, § 11 Rn. 58; **Feuerborn**, WiB 1996, 198 ff. (199); **Fitting/Kaiser/Heither/Engels**, BetrVG, § 5 Rn. 77; **Gick**, Gewerbsmäßige Arbeitnehmerüberlassung ..., S. 106; **Säcker/Joost**, Die Betriebszugehörigkeit als Rechtsproblem ..., S. 38; **Schaub**, Arbeitsrechts–Handbuch, § 120 Rn. 65; **Schüren**, AÜG, Einl. Rn. 79 ff.; **Soergel/Kraft**, BGB vor § 611, Anm. 80; **Staudinger/Richardi**, Vorbem. zu §§ 611 ff. Rn. 366

[84] LAG Hamm, 24.05.1973, DB 1973, 1511; **Becker/Wulfgramm**, AÜG, § 11 Rn. 38a; **Konzen**, ZfA 1982, 259 ff. (282), der von einem gesetzlichen Schutzpflichtenverhältnis zwischen Leiharbeitnehmer und Entleiher ausgeht; **Sandmann/Marschall**, AÜG, § 9 Rn. 3

keit im Rahmen legaler Arbeitnehmerüberlassung bestünde kein Arbeitsverhältnis zu dem Entleiher. Das ergebe sich im Umkehrschluss aus § 9 AÜG.[85]

Bei dieser Betrachtungsweise wird nicht hinreichend gewürdigt, dass durch die Erbringung der Arbeitsleistung im Entleiherbetrieb auch arbeitsrechtliche Verbindungen zwischen Entleiher und Leiharbeitnehmer entstehen.[86] Diese arbeitsrechtliche Beziehung wird vor allem anhand der Weisungsunterworfenheit gegenüber dem Entleiher deutlich.[87] Darüber hinaus hat der Gesetzgeber dem Entleiher einige Arbeitgeberpflichten zugewiesen (§§ 11 Abs. 6, 7; 14 Abs. 2 S. 2, 3 AÜG), und die allgemeinen Schutzpflichten sind zu beachten, sodass Leib, Leben, Gesundheit und sonstige Rechtsgüter des Leiharbeitnehmers im Betrieb des Entleihers nicht gefährdet werden.[88] Umgekehrt muss der Leiharbeitnehmer sorgsam mit den Betriebsmitteln umgehen und muss Geschäfts- und Betriebsgeheimnisse wahren.[89] Diese Nebenpflichten, die an das arbeitsrechtliche Erfüllungsverhältnis anknüpfen und dem Entleiher obliegen, zeigen, dass ein Arbeitsverhältnis[90] zwischen Leiharbeitnehmer und Entleiher besteht, und zwar in Form des arbeitsrechtlichen Erfüllungsverhältnisses.[91] Der Leiharbeitnehmer

---

[85] BAG v. 08.12.1988, BAGE 60, 282-291 = NZA 1989, 459 ff. = EzAÜG BeschFG Nr. 3

[86] ArbG Lörrach v. 07.04.1972, BB 1972, 657; **Becker/Kreikebaum**, Zeitarbeit, S. 114; **Birk**, Die arbeitsrechtliche Leitungsmacht, S. 385; **Boemke**, Schuldvertrag und Arbeitsverhältnis, § 13 II 3d); **Gick**, Gewerbsmäßige Arbeitnehmerüberlassung ..., S. 105 ff.; **Heußner**, DB 1973, 1800 ff. (1802); **Mayer-Maly**, ZfA 1972, 1 ff. (30 f.); **Nikisch**, Arbeitsrecht I, § 24 V 1, S. 242

[87] **Mumot**, Die betriebsverfassungsrechtlichen Beteiligungsrechte ..., S. 98

[88] BSG v. 29.07.1970, BSGE 31, 235 ff. (245); **Becker/Wulfgramm**, AÜG, § 1 Rn. 58; **Erdlenbruch**, Die betriebsverfassungsrechtliche Stellung ..., S. 58; **Sandmann/Marschall**, AÜG, § 9 Rn. 6, 7; **Schüren**, AÜG, Einl. Rn. 323 ff.; **Staudinger/Richardi**, BGB, Vorbem. zu § 611 ff. Rn. 367

[89] **Becker/Wulfgramm**, AÜG, § 11 Rn. 36; **Erdlenbruch**, Die betriebsverfassungsrechtliche Stellung ..., S. 58; **Gick**, Gewerbsmäßige Arbeitnehmerüberlassung ..., S. 102; **Schaub**, § 120 Rn. 66; **Schüren**, AÜG, Einl. Rn. 196

[90] BSG v. 29.07.1970, BSGE 31, 235 ff. (240); ArbG Lörrach v. 07.04.1972, BB 1972, 657; **Mayer-Maly**, ZfA 1972, 1 ff. (23); **Monjau**, AuR 1968, 257 ff. (260); **Nikisch**, Arbeitsrecht I, § 24 V 1, S. 242; **Ramm**, DB 1973, 1170 ff. (1175)

[91] **Boemke**, Schuldvertrag und Arbeitsverhältnis, § 13 II 3d)

44

geht also ein Doppelarbeitsverhältnis[92] ein; die Arbeitgeberstellung ist zwischen Verleiher und Entleiher aufgespalten.[93]

4.   Zwischenergebnis

Arbeitsverhältnisse kommen sowohl zwischen Leiharbeitnehmer und Verleiher als auch zwischen Entleiher und Leiharbeitnehmer zu Stande. Ein arbeitsrechtliches Grundverhältnis besteht aber nur zwischen Verleiher und Leiharbeitnehmer. Arbeitgeber hinsichtlich der am Grundverhältnis anknüpfenden Rechte und Pflichten ist der Verleiher. Da innerhalb beider Verbindungen jeweils ein arbeitsrechtliches Erfüllungsverhältnis besteht, werden Arbeitgeberfunktionen sowohl vom Verleiher als auch vom Entleiher wahrgenommen. Der Leiharbeitnehmer geht also ein Doppelarbeitsverhältnis ein.

---

[92]   **Franßen/Haesen**, AÜG, Einl. Anm. 36 ff.; **Mayer-Maly**, ZfA 1972, 1 ff. (23); **Ramm**, ZfA 1973, 263 ff. (284, 294); **Sturn**, BB 1969, 1436 ff. (1437, 1439); vor In-Kraft-Treten des AÜG: BAG v. 11.04.1958, AP Nr. 1 zu § 6 BetrVG; BAG v. 28.04.1964, AP Nr. 3 zu § 4 BetrVG

[93]   BAG v. 18.01.1989, NZA 1989, 724 ff. = EzAÜG § 14 AÜG Betriebsverfassung Nr. 19; LAG München v. 06.09.1988, EzAÜG § 14 AÜG Betriebsverfassung Nr. 23; **Becker/Wulfgramm**, AÜG, § 1 Rn. 57; **Erdlenbruch**, Die betriebsverfassungsrechtliche Stellung ..., S. 68 ff.; **Hueck/Nipperdey**, Arbeitsrecht I, § 54 IV 3 S. 523; **Mumot**, Die betriebsverfassungsrechtlichen Beteiligungsrechte ..., S. 97 ff.; **Ramm**, ZfA 1973, 263 ff. (291)

§ 4   Erscheinungsformen des drittbezogenen Personaleinsatzes

I.   Problemstellung

Die gewerbsmäßige Arbeitnehmerüberlassung stellt innerhalb unseres Rechtssystems die bedeutendste Form des drittbezogenen Personaleinsatzes dar.[94] Sämtliche Arten des drittbezogenen Personaleinsatzes haben eine Dreiecksbeziehung gemeinsam. Aber allein die gewerbsmäßige Arbeitnehmerüberlassung unterliegt den strengen Bestimmungen des AÜG. Vertragstypen wie z. B. Werk- und Dienstverträge sind von der Arbeitnehmerüberlassung abzugrenzen, da die Gefahr der Umgehung des AÜG z. B. durch Scheinwerkverträge bzw. Subunternehmerverträge besteht.[95] Die Gefahr einer verschleierten Arbeitnehmerüberlassung ergibt sich auf Grund der Tatsache, dass werk- und dienstvertragliche Vorschriften (§§ 631 ff., §§ 611 ff. BGB) weitgehend abdingbar sind und die entsprechenden Verträge sich auf diesem Wege der Arbeitnehmerüberlassung dahingehend angleichen lassen, dass mit ihnen der gleiche wirtschaftliche Erfolg erzielt werden kann.

Aber auch in betriebsverfassungsrechtlicher Hinsicht ist eine Abgrenzung notwendig, da die Frage nach der Zugehörigkeit zum Drittbetrieb von der jeweiligen Beschäftigungsart und einem zu Grunde liegenden Rechtsverhältnis abhängt. Handelt es sich beispielsweise um eine Beschäftigung im Rahmen eines Werkvertrags, wird derjenige, der die Leistung beim Besteller erbringt, in dessen Betrieb nicht bei der Zahl der zu wählenden Betriebsratsmitglieder mitgezählt.[96] Umgekehrt hat aber der Betriebsrat auch bei einer nur vorübergehenden Einstellung von Leiharbeitnehmern gem. § 99 BetrVG ein Mitbestimmungsrecht[97] im Gegensatz zu einem Fremdpersonaleinsatz auf Werk- oder Dienstvertragsbasis.[98]

---

[94] **Erdlenbruch**, Die betriebsverfassungsrechtliche Stellung ..., S. 4; **Ulber**, AuR 1982, 54 ff. (55)

[95] Vgl. dazu 8. Bericht der Bundesregierung über Erfahrungen bei der Anwendung des AÜG, BT-Ds. 13/5498, S. 29 ff.

[96] BAG v. 18.01.1989, EzAÜG § 14 AÜG Betriebsverfassung Nr. 19

[97] LAG Düsseldorf v. 25.04.1986, EzAÜG § 14 AÜG Betriebsverfassung Nr. 7

[98] BAG v. 13.05.1992, EzAÜG § 10 AÜG Fiktion Nr. 71 = EzA zu § 10 AÜG Nr. 4 = NZA 1993, 357; **Becker**, AuR 1982, 369 ff. (379); **Hamann**, WiB 1996, 369 ff. (372); **v. Hoyningen-Huene**, BB 1985 1669 ff. (1674); **Ulber**, AuR 1982, 54 ff. (63); **Walle**, NZA 1999, 518 ff. (522)

Eine Abgrenzung der Erscheinungsformen drittbezogener Personaleinsätze ist hier von besonderer Bedeutung im Hinblick auf die Zuständigkeit des jeweiligen Betriebsrats. Nach h. M. hat der Betriebsrat im bestellenden Betrieb z. B. keine Überwachungsrechte nach § 80 Abs. 1 BetrVG, wenn z. B. Werkverträge abgeschlossen wurden.[99] Pflichten hat der Betriebsrat erst dann zu erfüllen, wenn ein Fall der Arbeitnehmerüberlassung vorliegt. Wird z. B. mit Scheinwerkverträgen darüber hinweggetäuscht, dass es sich um einen Fall der Arbeitnehmerüberlassung handelt, kann der Betriebsrat im bestellenden Betrieb seine Pflichten im Hinblick auf die sozialen Schutznormen des AÜG nicht wahrnehmen. Das wäre aber seine Pflicht, da diese Überwachung an die tatsächliche Beschäftigung anknüpft und so vom Verleiherbetriebsrat gar nicht wahrgenommen werden kann.

II. Abgrenzung zwischen Arbeitnehmerüberlassung und Werkvertrag

1. Gegenstand des Werkvertrags
Im Rahmen eines Arbeitnehmerüberlassungsvertrags schuldet der Verleiher nur die Bereitstellung eines Arbeitnehmers (§ 1 AÜG). Er ist also weder verpflichtet weitere Leistungen zu erbringen noch schuldet er einen Erfolg. Im Vergleich dazu verpflichtet sich der Unternehmer im Rahmen eines Werkvertrags zur Herstellung eines bestimmten Werks. Er schuldet somit nicht nur ein Tätigwerden, sondern die Herbeiführung eines bestimmten Erfolgs (§ 631 Abs. 2 BGB). In der Theorie ist eine Abgrenzung der beiden Vertragsarten anhand der gesetzlich festgelegten Kriterien möglich. In der Praxis treten jedoch Grenzfälle und Vertragsgestaltungen in Erscheinung, die eine differenziertere Betrachtung notwendig machen. Nur anhand weiterreichenderer Abgrenzungsmerkmale lässt sich oftmals feststellen, ob ein Fall der Arbeitnehmerüberlassung oder ein Werkvertrag vorliegt. Eine Gesamtbeurteilung der Umstände kann eine vermutete „Flucht in den Werkvertrag"[100] zwecks Umgehung der Vorschriften des AÜG aufdecken.

2. Die Abgrenzungskriterien

a) Geschäftsinhalt
Unwesentlich für die Abgrenzung zwischen Arbeitnehmerüberlassung und einer werkvertraglichen Beschäftigung ist die von den Parteien gewählte Vertragsbezeichnung. Vielmehr kommt es auf die vereinbarte Leistung bzw. den Ge-

---

[99] vgl. BAG v. 31.01.1989, DB 1989, 982 ff.
[100] **Schüren**, AÜG, § 1 Rn. 100

schäftsinhalt an. Der Geschäftsinhalt kann sich sowohl aus den schriftlichen Vereinbarungen der beteiligten Unternehmer als auch aus der praktischen Durchführung der Verträge ergeben.[101] Widersprechen sich die Vereinbarungen und die tatsächliche Durchführung, ist bei der Ermittlung der Vertragsart die praktische Durchführung maßgeblich.[102] Bei einer Betrachtung der praktischen Durchführung lässt sich am besten erkennen, was die Vertragsparteien tatsächlich vereinbaren wollten. Allerdings vermag die Betrachtung der tatsächlichen Gegebenheiten allein nicht mehr zu sicheren Ergebnissen führen.[103] Nicht selten werden „Gewerke" erstellt, die praktisch identisch mit einzelnen Arbeitsschritten im Rahmen eines Produktionsprozesses sind. In solchen Fällen lässt sich nach dem äußeren Erscheinungsbild nicht mehr zuverlässig beurteilen, ob der Beschäftigte nach den Anweisungen des Unternehmers ein Werk herstellt oder so in den Betrieb des Beschäftigungsunternehmens eingegliedert ist, dass er nach dessen Weisungen eine Arbeitsleistung erbringt. Deshalb ist die Rechtsprechung um eine immer differenziertere Betrachtungsweise bemüht. Sie hat Kriterien entwickelt, die die beiden Abgrenzungsmerkmale „tatsächliche Eingliederung" und „Weisungsbefugnis" weiter konkretisieren.

b)   Tatsächliche Eingliederung
Im Falle eines Werkvertrags bleibt der Unternehmer verantwortlich und organisiert die Herstellung des Werkes selbst, wobei er sich eines Erfüllungsgehilfen bedienen kann. Die Art und Einteilung der Arbeit bestimmt der Werkunternehmer selbst.[104] Damit geht einher, dass ein Erfüllungsgehilfe oder der Werkunternehmer selbst nicht in den Betrieb des Bestellers eingegliedert wird, sondern nur zufällig an diesem Ort ein Werk herstellt bzw. eine Dienstleistung erbringt. Im Falle der Arbeitnehmerüberlassung kann dagegen der Entleiher den Einsatz des Leiharbeitnehmers in seinem Betrieb nach seinen betrieblichen Erfordernissen gestalten. Damit wird der Arbeitnehmer in den Betrieb des Entleihers integriert. Indizien für eine solche Eingliederung sind z. B. vom Beschäftigungsbe-

---

[101] BAG v. 14.06.1984, EzAÜG § 631 BGB Werkvertrag Nr. 7
[102] BAG v. 13.05.1992, § 10 AÜG Fiktion Nr. 71 = NZA 1993, 357; LAG Baden-Württemberg v. 25.01.1991, EzAÜG § 631 BGB Werkvertrag Nr. 32; BAG v. 14.06.1984, EzAÜG § 631 BGB Werkvertrag Nr. 7; **Becker**, ZfA 1978, 131 ff. (132); **Becker/Wulfgramm**, AÜG, § 12 Rn. 36c; **Kaufmann**, Arbeitnehmerüberlassung, Rn. 17; **Marschall**, NZA 1984, 150 ff.; **Sandmann/Marschall**, AÜG, § 1 Rn. 12
[103] **v. Hoyningen-Huene**, BB 1985, 1669 ff. (1671); **Schüren**, AÜG, § 1 Rn. 107
[104] **Becker**, ZfA 1978, 131 ff. (141); **v. Hoyningen-Huene**, BB 1985, 1669 ff. (1673); **Marschall**, NZA 1984, 150 ff. (151); **Marschner**, NZA 1995, 668 ff. (669)

trieb zur Verfügung gestellte Arbeitskleidung[105], Material und Werkzeug[106], Integration in die Arbeitsorganisation des Beschäftigungsbetriebs[107], Miterfüllung des Betriebszwecks im Beschäftigungsbetrieb[108] etc.

c) Organisationsbefugnis

Ein Werkvertrag setzt voraus, dass der Werkunternehmer eigenverantwortlich bleibt und somit auch gegenüber dem Besteller gewisse eigenständige Dispositionsmöglichkeiten behält.[109] Bestimmt der entsendende Unternehmer Zeit, Ort und Umfang des Personaleinsatzes – hat er also die Personalhoheit – spricht dies für einen Werkvertrag.[110] Wenn die Dauer des Einsatzes genau festgelegt ist, ist dies ein Indiz für Arbeitnehmerüberlassung, denn einem Werkunternehmer steht es grundsätzlich frei, eine vereinbarte Frist für die Herstellung eines Werkes zu unterschreiten.[111] Wird vereinbart, dass das Beschäftigungsunternehmen bestimmte Arbeitnehmer zurückweisen oder festlegen kann, welche Qualifikationen der Arbeitnehmer haben muss, handelt es sich um Arbeitnehmerüberlassung.[112] Werden solche Vereinbarungen getroffen, ist die Organisationsbefugnis des Unternehmers derart eingeschränkt, dass er nicht mehr eigenverantwortlich für die Herstellung eines Werkes einstehen kann und somit kein Werkvertrag i. S. d. § 631 BGB vorliegt.

d) Weisungsbefugnis

Es handelt sich um Arbeitnehmerüberlassung, wenn die Weisungsbefugnis auf den Entleiher übergeht. Entscheidend für die Annahme von Arbeitnehmerüberlassung ist, ob der Entleiher gegenüber dem Leiharbeitnehmer weisungsbefugt ist.[113] Allerdings ist die Weisungsbefugnis im Einzelfall auf ihren Inhalt und ihren Umfang zu überprüfen, da auch der Besteller gem. § 645 Abs. 1 S. 1, 2. Alt. BGB ein Weisungsrecht haben kann. Bei der Abwicklung von Leistungen in-

---

[105] BAG v. 30.01.1991, EzAÜG § 10 AÜG Fiktion Nr. 66 = NZA 1992,19

[106] BAG v. 15.06.1983, EzAÜG § 10 AÜG Fiktion Nr. 19; **a. A.: Becker**, ZfA 1978, 131 ff. (149); **v. Hoyningen-Huene**, BB 1985, 1669 ff. (1673)

[107] BAG v. 14.06.1984, EzAÜG § 631 BGB Werkvertrag Nr. 7

[108] BAG v. 28.11.1989, EzAÜG § 14 AÜG Betriebsverfassung Nr. 27; **Moritz**, BB 1972, 1569 ff. (1571), der von Werkverträgen, die nicht zur Umgehung des AÜG vereinbart wurden, ausgeht, wenn sich der geschuldete Erfolg des Unternehmers im Rahmen seines Betriebszweckes hält.

[109] **v. Hoyningen–Huene**, BB 1985, 1669 ff. (1673); **Marschall**, NZA 1984, 150 ff. (151)

[110] BAG v. 31.03.1993, EzAÜG § 10 AÜG Fiktion Nr. 76; **Schüren**, AÜG, § 1 Rn. 123

[111] **v. Hoyningen–Huene**, BB 1985, 1669 ff. (1672)

[112] **Marschall**, NZA 1984, 150 ff. (151); Durchführungsanweisungen der Bundesanstalt für Arbeit zum AÜG, RdErl. 13/95 1.42.1

[113] BGH v. 08.11.1979, EzAÜG § 10 AÜG Fiktion Nr. 3 = NJW 1980, 452

nerhalb eines Werkvertrags hat der Besteller die Befugnis zu werkvertraglichen Anweisungen, die aber von der arbeitsvertraglichen Weisungsbefugnis zu trennen sind. Dem Werkunternehmer bleibt beim Einsatz seiner Arbeitskräfte das allgemeine Weisungsrecht als Arbeitgeber erhalten.[114] Insoweit spricht also noch nichts gegen einen Werkvertrag, wenn der Besteller gegenüber dem Werkunternehmer oder dessen Erfüllungsgehilfen Weisungen ausüben kann. Diese Weisungsbefugnis ist aber objektbezogen auf die Herstellung des jeweiligen Werkes zu verstehen.[115] Im Gegensatz dazu ist die arbeitsrechtliche Weisungsbefugnis umfangreicher, da sie sich auf Arbeitszeit, -ort und -inhalt erstreckt. Ist das vereinbarte Weisungsrecht nicht auf das jeweilig geschuldete Werk beschränkt, kann Arbeitnehmerüberlassung angenommen werden.[116]

e)   Gewährleistung und Risiko
Schließt der Unternehmer die Haftung für eine mangelhafte Herstellung des Werkes ganz oder überwiegend aus, kann dies ein Indiz für Arbeitnehmerüberlassung sein.[117] Es liegt dann die Schlussfolgerung nahe, dass nicht die Erzielung eines bestimmten Erfolgs der Vertragszweck war, sondern Arbeitnehmer überlassen werden sollten. Allerdings ist dieses Kriterium nur bedingt für eine Abgrenzung tauglich, da gem. § 637 BGB auch der Werkunternehmer eine Haftung ausschließen kann, ohne dass damit das Vorliegen eines Werkvertrags anzuzweifeln ist. So sind z. B. in der Baubranche Haftungsbeschränkungen üblich (z. B. § 13 Teil B VOB).[118] Wird die Haftung allerdings auf den Besteller übertragen, obwohl sie kein Risiko birgt, das wirtschaftlich untragbar ist, und die Übernahme der Haftung üblicherweise durch den Werkunternehmer erfolgt, kann dies Rückschlüsse auf eine Arbeitnehmerüberlassung zulassen. Eine Umgehung des AÜG kann also erst dann angenommen werden, wenn der Gewährleistungsausschluss in keinem Verhältnis zu den tatsächlichen Risiken des Werkunternehmers steht.[119]

f)   Vergütung
Im Werkvertragsrecht kann die Vergütung für das Werk nicht verlangt werden, wenn es vor Abnahme zufällig untergeht (§ 644 Abs. 1 S. 1 BGB). Hier liegt ein wesentlicher Unterschied zur Arbeitnehmerüberlassung, da es für die Vergütung

[114] **Halbach**, DB 1980, 2389 ff. (2392); **v. Hoyningen-Huene**, BB 1985, 1669 ff. (1672); **Sandmann/Marschall**, AÜG, § 1 Rn. 13
[115] BAG v. 18.01.1989, EzAÜG § 14 Betriebsverfassung Nr. 19 = EzA § 9 BetrVG 1972 Nr. 4
[116] **Marschall**, NZA 1984, 150 ff. (151)
[117] BAG v. 18.01.1989, EzAÜG § 14 Betriebsverfassung Nr. 19 = EzA § 9 BetrVG 1972 Nr. 4
[118] **Marschner**, NZA 1995, 668 ff. (670)
[119] **Erdlenbruch**, Die betriebsverfassungsrechtliche Stellung ..., S. 23

an den Verleiher ohne Bedeutung ist, ob das Werk, an dem der Leiharbeitnehmer arbeitet, vor Fertigstellung zufällig untergeht. Zwar kann die Vorschrift des § 644 Abs. 1 S. 1 BGB vertraglich abbedungen werden, jedoch wäre eine solche Vorgehensweise ein Indiz für eine Arbeitnehmerüberlassung. Die Vermutung kann allerdings widerlegt werden, wenn es berechtigte Interessen für abweichende vertragliche Regelungen gibt, da der Gesetzgeber dies grundsätzlich für zulässig erachtet. Allerdings ist ein unbegrenzter Ausschluss der in den §§ 645 ff. BGB beschriebenen Haftungsrisiken nicht möglich, da der Besteller nicht weitgehend rechtlos gestellt werden darf.[120]

Die Art der Vergütungsberechnung kann darüber hinaus ein Indiz für die Vertragsart sein. Eine stundenweise Abrechnung z. B. lässt den Rückschluss auf eine Arbeitnehmerüberlassung zu, während eine projektbezogene Gesamtvergütung oder vereinbarte Festpreise auf einen Werkvertrag hindeuten.[121] Diese Unterscheidung ist für die Praxis allerdings kein brauchbares Abgrenzungskriterium, da häufig Werkverträge (vor allem im Reparaturbereich) nach Zeiteinheiten abgerechnet werden. Das BAG hat deshalb mehrfach entschieden, dass allein die Abrechnung nach Zeiteinheiten noch keinen Rückschluss auf Arbeitnehmerüberlassung zulässt.[122]

3. Zwischenergebnis

Die Abgrenzung zwischen Werkvertrag und Arbeitnehmerüberlassung ist durch eine von der Rechtsprechung entwickelten Vielzahl von Einzelkriterien gekennzeichnet. Deshalb kann eine Einordnung als Arbeitnehmerüberlassung oder Werkvertrag nur durch eine wertende Gesamtbetrachtung erfolgen[123], die zunächst die Hauptkriterien „Weisungsbefugnis" und „Eingliederung" heranzieht und sodann alle weiteren Indizien für ein sachgerechtes Ergebnis beachtet.

---

[120] BGH v. 18.06.1959, MDR 1959, 750; BGH v. 18.09.1967, BGHZ 48, 264

[121] **Becker/Wulfgramm**, AÜG, § 12 Rn. 36c; **Sandmann/Marschall**, AÜG, § 1 Rn. 19

[122] BAG v. 14.08.1985, EzAÜG § 10 AÜG Fiktion Nr. 42; v. 30.01.1991, EzAÜG § 10 AÜG Fiktion Nr. 66 = EzA § 10 AÜG Nr. 3; v. 01.12.1992, EzAÜG § 14 AÜG Betriebsverfassung Nr. 35; **a. A.: Marschall**, NZA 1984, 151; **Sandmann/Marschall**, AÜG, § 1 Rn. 19 gehen davon aus, dass stundenweise Abrechnung stets für Arbeitnehmerüberlassung spricht

[123] LAG Frankfurt a. M. v. 11.07.1989, EzAÜG BetrVG Nr. 56; BAG v. 18.01.1989, EzAÜG § 14 AÜG Nr. 19; Durchführungsanweisungen der Bundesanstalt für Arbeit zum AÜG, RdErl. 13/95 1.42.1, die nur Bindungswirkung für die Dienststellen der BA hat

III. Abgrenzung von Arbeitnehmerüberlassung und Dienstvertrag

Gem. § 613 BGB kann im Rahmen eines Dienstvertrags bei entsprechender Vereinbarung die Dienstleistung durch einen Erfüllungsgehilfen (§ 278 BGB) erbracht werden. Somit kann durch einen Dienstvertrag der gleiche wirtschaftliche Erfolg wie mit der Arbeitnehmerüberlassung erzielt werden, was eine Abgrenzung notwendig macht. Im Gegensatz zum Werkvertrag wird im Rahmen eines Dienstvertrags kein Erfolg, sondern eine Tätigkeit geschuldet. Bei der Abgrenzung kann deshalb nicht auf den Leistungsgegenstand abgestellt werden. Wie der Vertrag von den Parteien bezeichnet wird, ist ohne Bedeutung. Entscheidend ist allein, welche Kriterien bei der jeweiligen Vertragsgestaltung vorliegen.[124] Hauptunterscheidungsmerkmal zwischen Dienst- und Arbeitsvertrag ist die persönliche Unabhängigkeit des Dienstverpflichteten.[125] Findet eine Integration der überlassenen Arbeitnehmer in die Betriebsorganisation des Entleihers statt, so ist eine erlaubnispflichtige Arbeitnehmerüberlassung gegeben.[126] Ein Dienstvertrag liegt vor, wenn die Dienstleistungen selbstständig, unter eigener Verantwortung und nach eigenem Plan ausgeführt werden.[127] Ist der Dienstverpflichtete im Wesentlichen frei von Weisungen des Dienstberechtigten und teilt er die Arbeitszeit selbst ein, ist dies kennzeichnend für einen Dienstvertrag. Bzgl. des Weisungsrechts hat das BAG einschränkend entschieden, das auch beim Dienstberechtigten ein Anweisungsrecht bestehen kann, ohne dass Arbeitnehmerüberlassung vorliegen muss. Die geschuldete Dienstleistung kann bis in Einzelheiten hinein vertraglich so genau geregelt sein, dass dem Dienstverpflichteten hinsichtlich der Art und Weise der Ausführung der Dienste kaum noch ein eigener Entscheidungsspielraum bleibt.[128] Trotzdem muss nicht zwingend ein Fall der Arbeitnehmerüberlassung vorliegen. Damit wird deutlich, dass – ebenso wie beim Werkvertrag – nur eine Gesamtbetrachtung aller relevanten Umstände zu sachgerechten Ergebnissen führen kann. Entscheidungserhebliche Kriterien können dabei z. B. das zur Verfügung stellen von Betriebsmitteln oder die Festlegung der Anzahl der entsendeten Arbeitnehmer sein. Neben den Merkmalen der Eingliederung in den Betrieb des Dienstberechtigten und die Gestaltung der Weisungsbefugnis können im Zweifel alle Kriterien herangezogen werden, die für die Abgrenzung zum Werkvertrag entwickelt wurden, sofern sie sich nicht auf das Erzielen eines Erfolgs beziehen.

---

[124] BayObLG v. 20.02.1979, EzAÜG § 1 AÜG Erlaubnispflicht Nr. 4 = AP Nr. 3 zu § 1 AÜG
[125] **Sandmann/Marschall**, AÜG, § 1 Rn. 21
[126] OLG Düsseldorf v. 25.02.1981, EzAÜG § 611 BGB Abgrenzung Nr. 2; **Becker**, ZfA 1978, 131 ff. (144)
[127] BayObLG v. 20.02.1979, EzAÜG § 1 AÜG Erlaubnispflicht Nr. 4 = AP Nr. 3 zu § 1 AÜG
[128] BAG v. 31.03.1993, EzAÜG § 10 AÜG Fiktion Nr. 76

IV. Rechtsfolgen

Nach erfolgter Gesamtwürdigung aller relevanten Umstände kann sich ein Dienst- oder Werkvertrag als verdeckte Arbeitnehmerüberlassung erweisen, sofern der Verleiher nicht die Erlaubnis gem. § 1 Abs. 1 AÜG besitzt. Gem. § 9 Nr. 1 AÜG ist der zwischen Verleiher und Entleiher sowie der zwischen Verleiher und Leiharbeitnehmer geschlossene Vertrag nichtig. Da u. a. der Schutz des Leiharbeitnehmers Gesetzeszweck des AÜG ist, wird gem. § 10 Abs. 1 S. 1 AÜG ein Arbeitsverhältnis zwischen Entleiher und Leiharbeitnehmer kraft Gesetzes begründet.

V. Zusammenfassung

Die Abgrenzung der Arbeitnehmerüberlassung vom Werkvertrag ist durch eine von der Rechtsprechung entwickelten Vielzahl von Einzelkriterien gekennzeichnet. Nach entsprechender Gesamtwürdigung aller relevanten Kriterien kann sich ein Dienst- oder Werkvertrag als verdeckte Arbeitnehmerüberlassung erweisen, sofern der Verleiher nicht die Erlaubnis gem. § 1 Abs. 1 AÜG besitzt. Gem. § 9 Nr. 1 AÜG ist der zwischen Verleiher und Entleiher sowie der zwischen Verleiher und Leiharbeitnehmer geschlossene Vertrag in diesem Fall nichtig. Gem. § 10 Abs. 1 S. 1 AÜG wird ein Arbeitsverhältnis zwischen Entleiher und Leiharbeitnehmer kraft Gesetzes begründet.

Da das Arbeitsverhältnis eine besondere Form des Schuldverhältnisses ist, muss auch für ein Arbeitsverhältnis zwischen Grund- und Erfüllungsverhältnis unterschieden werden. Diese Unterscheidung ermöglicht es, auch die Rechtsbeziehungen innerhalb der Arbeitnehmerüberlassung in das System des Arbeitsrechts einzuordnen: Arbeitsverhältnisse kommen sowohl zwischen Leiharbeitnehmer und Verleiher als auch zwischen Entleiher und Leiharbeitnehmer zu Stande. Ein Grundverhältnis besteht nur zwischen Verleiher und Leiharbeitnehmer; Erfüllungsverhältnisse hingegen kommen sowohl zwischen Leiharbeitnehmer und Verleiher als auch zwischen Leiharbeitnehmer und Entleiher zu Stande. Der Leiharbeitnehmer geht also ein Doppelarbeitsverhältnis[129] ein; die Arbeitgeberstellung ist zwischen Verleiher und Entleiher aufgespalten.[130]

---

[129] **Franßen/Haesen**, AÜG, Einl. Anm. 36 ff.; **Mayer-Maly**, ZfA 1972, 1 ff. (23); **Ramm**, ZfA 1973, 263 ff. (284); **Sturn**, BB 1969, 1436 ff. (1439); vor In-Kraft-Treten des AÜG: BAG v. 11.04.1958, AP Nr. 1 zu § 6 BetrVG; BAG v. 28.04.1964, AP Nr. 3 zu § 4 BetrVG

[130] BAG v. 18.01.1989, NZA 1989, 724 ff. = EzAÜG § 14 AÜG Betriebsverfassung Nr. 19; LAG München v. 06.09.1988, EzAÜG § 14 AÜG Betriebsverfassung Nr. 23; **Becker/Wulfgramm**, AÜG, § 1 Rn. 57; **Erdlenbruch**, Die betriebsverfassungsrechtliche Stellung ..., S. 68 ff.; v. **Hoyningen-Huene**, BB 1985, 1669 ff (1670); **Hueck/Nipperdey**, Arbeitsrecht I, § 54 IV 3 S. 523; MünchArbR/**Marschall**, § 165 Rn. 6 ff.; **Mumot**, die betriebsverfassungsrechtlichen Beteiligungsrechte ..., S. 97 ff.; **Ramm**, ZfA 1973, 263 ff. (291)

Zweiter Teil:
Betriebsverfassungsrechtliche Zuordnung

§ 5   Arbeitnehmereigenschaft und Betriebszugehörigkeit

I.   Problemstellung

Arbeitnehmer genießen den Schutz des Betriebsverfassungsrechts und nehmen an der betrieblichen Organisation teil, wenn sie in den Anwendungsbereich des BetrVG fallen bzw. zu dessen Adressatenkreis gehören. Ganz allgemein werden vom BetrVG nur Arbeitnehmer, die dem Betrieb angehören, erfasst. Es kommt also zum einen darauf an, ob es sich um einen Arbeitnehmer i. S. d. BetrVG handelt und darauf, ob dieser Arbeitnehmer in dem Betrieb betriebszugehörig ist, in dem er betriebsverfassungsrechtlichen Schutz genießen will. Dass die Betriebszugehörigkeit ausschlaggebend für den Anwendungsbereich des BetrVG ist, ergibt sich bereits aus § 1 BetrVG, wo es heißt, dass „in Betrieben mit ... Arbeitnehmern" Betriebsräte gewählt werden. Ebenso macht § 8 BetrVG deutlich, dass es auf die Angehörigkeit zum Betrieb im Wesentlichen ankommt.[131] § 7 S. 1 BetrVG n. F. stellt klar, dass nur der Arbeitnehmer *des Betriebs* wahlberechtigt sein kann. Die betriebsverfassungsrechtliche Stellung des Leiharbeitnehmers kann nur dann einer Lösung zugeführt werden, wenn zunächst feststeht, welche Anforderungen das BetrVG an den Begriff des Arbeitnehmers und an den Begriff der Betriebszugehörigkeit stellt. In einem nächsten Schritt ist zu klären, ob der Leiharbeitnehmer Arbeitnehmer i. S. d. BetrVG ist. Des weiteren ist zu klären, ob und wenn ja welchen Betrieben der Leiharbeitnehmer angehört. Nur wenn der Leiharbeitnehmer Arbeitnehmer i. S. d. BetrVG ist und im Verleiher- und/oder Entleiherbetrieb zugehörig ist, kann er im jeweiligen Betrieb betriebsverfassungsrechtliche Rechte geltend machen bzw. wird er dort vom Betriebsrat repräsentiert. Schließlich bleibt zu prüfen, ob der neu eingefügte § 7 S. 2 BetrVG Auswirkungen auf die Betriebszugehörigkeit und die Repräsentanz durch den Betriebsrat des Entleiherbetriebs hat.

II.   Struktur des Arbeitsverhältnisses nach dem BetrVG

Um betriebsverfassungsrechtliche Probleme im Zusammenhang mit der Arbeitnehmerüberlassung einer Lösung zuführen zu können, bedarf es zunächst eines Vergleichs zwischen Leiharbeitsverhältnis und Arbeitsverhältnis i. S. d. BetrVG.

---

[131] GK-BetrVG/**Kreutz**, § 7 Rn. 11

Typisch für ein Arbeitsverhältnis ist, dass sich der Arbeitnehmer verpflichtet, eine allgemein festgelegte Funktion innerhalb eines fremden Arbeitsbereichs zu übernehmen. Diese Funktion bedarf nach Inhalt und Modalitäten ihrer Ausführung der Konkretisierung durch das Direktionsrecht des Arbeitgebers.[132] Entscheidend dabei ist, dass die Ausführung nicht der Selbstbestimmung des Arbeitnehmers unterliegt, sondern in einem Arbeitsbereich zu erbringen ist, der allein der Disposition des Arbeitgebers unterliegt.[133] An dieser Typisierung ist zu erkennen, dass ein Arbeitsverhältnis ein Zwei-Parteien-Verhältnis ist, an dem ein Dritter weder mit Rechten noch Pflichten beteiligt ist. Eine solche dualistische Grundkonzeption ist charakteristisch für das Arbeitsvertragsrecht.[134]

Es stellt sich also die Frage, ob das BetrVG auch vom zweiseitigen Arbeitsverhältnis ausgeht oder Regelungen beinhaltet, die den Besonderheiten eines Drei-Personen-Verhältnisses gerecht werden. Für die von der dualistischen Grundkonzeption abweichende Arbeitnehmerüberlassung weist das BetrVG allerdings keine Regelungen auf. Der Regelfall im BetrVG ist das „Normalarbeitsverhältnis" eines vollzeitbeschäftigten unbefristet eingestellten Arbeitnehmers mit fester Arbeitszeit in einer Betriebsstätte.[135]

Mit Ausnahme von § 14 AÜG kennt das AÜG keine betriebsverfassungsrechtlichen Vorschriften. Allein mit § 14 AÜG wurde aber der betriebsverfassungsrechtliche Status des Leiharbeitnehmers nicht umfassend geklärt. Vielmehr bleibt Spielraum für Rechtsprechung und Lehre zur Ausgestaltung von Beteiligungsrechten des Betriebsrats im Verleiher- und Entleiherbetrieb.[136]

Im Ergebnis kann also festgehalten werden, dass das AÜG keine Vorschriften beinhaltet, die hinreichend den betriebsverfassungsrechtlichen Status des Leiharbeitnehmers, des Verleiher- und des Entleiherbetriebs konkretisieren. Ebenso wenig kennt das BetrVG Vorschriften, die den Besonderheiten des Drei-Personen-Verhältnisses gerecht werden, da das BetrVG vom dualistisch geprägten Arbeitsverhältnis ausgeht.

---

[132] GK-BetrVG/**Wiese**, Einl. Rn. 44
[133] GK-BetrVG/**Wiese**, Einl. Rn. 44
[134] **Becker/Wulfgramm**, AÜG, Einl. Rn. 4
[135] **Fitting/Kaiser/Heither/Engels**, BetrVG, § 5 Rn. 29
[136] **Becker**, AuR 1982, 369 ff. (375); **Becker/Wulfgramm**, AÜG, § 14 Rn. 4; **Marschall**, NJW 1982, 1363 ff. (1366)

III. Arbeitnehmer i. S. d. BetrVG

1. Vertragsrechtlicher Arbeitnehmerbegriff

Das BetrVG gilt für alle Arbeitnehmer i. S. d. § 5 BetrVG. § 5 BetrVG versucht den Geltungsbereich festzulegen, da es keinen universellen Arbeitnehmerbegriff gibt, der für alle arbeitsrechtlichen Gesetze gleichermaßen gilt. Die Formulierung des § 5 Abs. 1 BetrVG „im Sinne dieses Gesetzes" stellt klar, dass im Rahmen des BetrVG ein spezieller Arbeitnehmerbegriff gelten soll, der nicht notwendig mit dem Arbeitnehmerbegriff, wie er in anderen Zusammenhängen verwendet wird, identisch ist.[137] Zur Eingrenzung des betriebsverfassungsrechtlichen Arbeitnehmerbegriffs ist im Ausgangspunkt der Arbeitnehmerbegriff des Arbeitsvertragsrechts heranzuziehen, der im Wesentlichen auf der Vertragstheorie[138], die die Eingliederungstheorie[139] als überlebt erscheinen lässt, basiert. Es ist zunächst zu klären, ob der allgemeine vertragsrechtliche Arbeitnehmerbegriff den Kreis von Personen festlegt, an den sich das BetrVG wendet. Nach einer wohl als herrschend zu bezeichnenden Lehre gibt es keinen eigenständigen betriebsverfassungsrechtlichen Arbeitnehmerbegriff. Danach ist von dem allgemeinen vertragsrechtlichen Begriff auszugehen, wonach Arbeitnehmer nur derjenige ist, der auf Grund eines privatrechtlichen Vertrags oder eines ihm gleichgestellten Rechtsverhältnisses[140] für einen anderen zur Leistung von Diensten verpflichtet ist.[141] Diese Auffassung kommt zu der Überzeugung, dass die allgemeine Definition des Arbeitnehmerbegriffs auch im Bereich der Betriebsverfassung Anwendung findet, weil das BetrVG keine eigene Definition für den Arbeitnehmerbegriff liefert (§ 5 Abs. 2 BetrVG enthält nur eine Aufzählung der Arbeitnehmer, die nicht in den Anwendungsbereich des BetrVG fallen. § 5 Abs. 1 BetrVG regelt, dass es für die Arbeitnehmereigenschaft i. S. d. BetrVG gleichgültig ist, ob der Arbeitnehmer im Betrieb, im Außendienst oder als Telearbeitnehmer beschäftigt ist.). Wenn das BetrVG also keinen eigenen Arbeitnehmerbegriff kennt, so soll zumindest einem speziellen betriebsverfassungsrechtlichen Arbeitnehmerbegriff der allgemeine Arbeitnehmerbegriff als

---

[137] **Ratayczak**, Anm. zu LAG Baden-Württemberg, v. 16.09.1996, AiB 1997, 599 ff. (601); **Trümner** in Däubler/Kittner/Klebe, BetrVG, § 5 Rn. 7

[138] vor allem **Hueck-Nipperdey**, Arbeitsrecht I, § 21 und die std. Rspr. des BAG, BAG v. 08.08.1958, AP Nr. 3 zu § 611 BGB Mittelbares Arbeitsverhältnis

[139] vor allem **Nikisch**, Arbeitsrecht I, § 19 II, S. 163 ff.

[140] GK-BetrVG/**Kraft**, § 5 Rn. 9

[141] std. Rspr. des BAG, vgl. v. 09.05.1984, AP Nr. 45 zu § 611 BGB Abhängigkeit; **Dietz/Richardi**, BetrVG, § 5 Rn. 5; **Fitting/Kaiser/Heither/Engels**, BetrVG, § 5 Rn. 2, 9 (der den allgemeinen arbeitsrechtlichen Arbeitnehmerbegriff zu Grunde legt, aber Erweiterungen und Einschränkungen zulassen will); GK-BetrVG/**Kraft**, § 5 Rn. 9

Mindeststandard zu Grunde liegen.[142] Folgt man dieser Auffassung, bezieht das BetrVG nur die Arbeitnehmer ein, die ein Rechtsverhältnis zum Inhaber des Betriebs, in dem sie beschäftigt sind, haben. Nach dieser Auffassung, die neben den tatsächlichen Verbindungen auch eine rechtliche Verbindung in Form einer Verpflichtung verlangt, erfüllt der Leiharbeitnehmer die Voraussetzung eines Rechtsverhältnisses im Verleiherbetrieb, da ihn ein arbeitsrechtliches Erfüllungs- sowie Grundverhältnis mit dem Verleiher verbindet und damit auch ein privatrechtlicher Vertrag zwischen beiden abgeschlossen wurde, der die Verpflichtung zur Leistung von Arbeit und Entgelt festlegt.

Mit dem Entleiher verbindet ihn allerdings „nur" ein arbeitsrechtliches Erfüllungsverhältnis, dass unabhängig von der tatsächlichen Arbeitsaufnahme durch die Arbeitsbereichszuweisung des Entleihers begründet wird. Es kommt zwischen beiden gerade kein Grundverhältnis und damit kein Vertrag zu Stande; beide sind nicht durch einen Verpflichtungstatbestand, sondern durch die tatsächliche Leistung weisungsabhängiger Arbeit verbunden. Die h. L. stellt zu Recht darauf ab, dass auch im Betriebsverfassungsrecht die rein tatsächliche Verbindung nicht genügt, sondern ein Arbeitsverhältnis erforderlich ist.[143] Dabei bemerkt sie ausdrücklich, dass dieses Arbeitsverhältnis nicht zwingend durch den Vertrag zu Stande kommen muss,[144] sondern ein dem Vertrag gleichgestelltes Rechtsverhältnis genügt.[145] Allerdings verkennt sie, dass dieses Rechtsverhältnis durch eine tatsächliche Verbindung mit Rücksicht auf die Verpflichtung gegenüber einem anderen zu Stande kommt. Richtigerweise stellt nicht nur der Vertrag und damit das arbeitsrechtliche Grundverhältnis eine rechtliche Beziehung dar. Es greift zu kurz, das Arbeitsverhältnis auf den Verpflichtungstatbestand zu reduzieren.[146] Vielmehr bildet auch das arbeitsrechtliche Erfüllungsverhältnis ein echtes Arbeitsverhältnis, da das Arbeitsverhältnis nicht nur aus Arbeits- und Vergütungspflicht, sondern auch aus tatsächlicher Leistung und tatsächlicher Entgeltzahlung besteht.[147] Es handelt sich dabei um ein Arbeitsverhältnis im Zustand der Erfüllung, das durch die Leistungshand-

---

[142] **Oetker**, AuR 1991, 359 ff. (361)

[143] BAG v. 18.01.1989, AP Nr. 1 zu § 9 BetrVG 1972; **Dietz/Richardi**, BetrVG, § 5 Rn. 5; **Erdlenbruch**, Die betriebsverfassungsrechtliche Stellung ..., S. 52; GK-BetrVG/**Kreutz**, § 7 Rn. 18; **Stege/Weinspach**, BetrVG, § 7 Rn. 2

[144] **Stege/Weinspach**, BetrVG, § 7 Rn. 2

[145] GK-BetrVG/**Kraft**, § 5 Rn. 9

[146] **Hanau/Adomeit**, Arbeitsrecht, F III 5, S. 177; **Sinzheimer**, Arbeitsrecht, S. 140 ff.; a. A.: BAG v. 08.08.1958, AP Nr. 3 zu § 611 BGB Mittelbares Arbeitsverhältnis; v. 18.04.1989, EzAÜG § 14 AÜG Betriebsverfassung Nr. 22 = AP Nr. 65 zu § 99 BetrVG 1972

[147] **Boemke**, Schuldvertrag und Arbeitsverhältnis, § 10 VII 4 a) bb), § 8 III 4

lung „Zuweisung eines Arbeitsbereichs" begründet wird und damit eine rechtliche Verbindung schafft. Würde die h. L. diesen Ansatz zu Grunde legen, bestünde auch für die Fälle des mittelbaren Arbeitsverhältnisses[148] kein Erklärungsnotstand mehr. Bislang muss sich die h. L. mit dem pauschalen Hinweis begnügen, dass der mittelbare Arbeitnehmer auf Grund der Eingliederung auch ausnahmsweise ohne eine vertragliche Verbindung Arbeitnehmer i. S. d. BetrVG im Betrieb des Dritten ist.[149]

Im Ergebnis kann festgehalten werden, dass der Leiharbeitnehmer im Entleiherbetrieb den Arbeitnehmerbegriff des BetrVG i. S. d. h. L. nicht erfüllt, weil die h. L. einen Verpflichtungstatbestand voraussetzt. Das basiert im Wesentlichen darauf, dass die h. L. nicht hinreichend zwischen Rechtsverhältnis und Vertragsverhältnis unterscheidet.

2. Betriebsverfassungsrechtlicher Arbeitnehmerbegriff

Vereinzelt wird vertreten, dass es auf ein Rechtsverhältnis gar nicht ankommt – entscheidend für die Erfüllung des betriebsverfassungsrechtlichen Arbeitnehmerbegriffs sei allein die Eingliederung in die betriebliche Organisation.[150] Nach der Lehre vom betriebsverfassungsrechtlichen Arbeitnehmerbegriff soll derjenige Arbeitnehmer i. S. v. § 5 BetrVG sein, der in einen Betrieb eingegliedert ist, um dort den arbeitstechnischen Zweck des Betriebs durch weisungsgebundene Tätigkeit zu verwirklichen.[151] Es kommt nach dieser Auffassung nicht darauf an, ob überhaupt ein Rechtsverhältnis besteht. Vielmehr soll allein die tatsächliche Verbindung ausschlaggebend dafür sein, dass der Anwendungsbereich des BetrVG eröffnet ist. So bemerkte bereits *Mainzer*, es sei bei der Anknüpfung an den Arbeitsvertrag verkannt worden, dass ein Arbeitsvertrag obligatorisch verpflichtend wirkt, nicht jedoch den Arbeitnehmer organisatorisch zu erfassen vermag.[152]

---

[148] zum Begriff des mittelbaren Arbeitsverhältnisses allgemein vgl. **Hueck/Nipperdey**, Arbeitsrecht I, S. 798; **Nikisch**, Arbeitsrecht I, § 24 III, S. 232 ff.; **Schaub**, Arbeitsrechts-Handbuch, § 185 Rn. 2 ff.

[149] **Dietz/Richardi**, BetrVG, § 5 Rn. 83; **Fitting/Kaiser/Heither/Engels**, BetrVG § 5 Rn. 67; GK-BetrVG/**Kraft**, § 5 Rn. 26; vgl. **Säcker/Joost**, Die Betriebszugehörigkeit als Rechtsproblem ..., S. 42-43; **Schaub**, Arbeitsrechts–Handbuch, § 212 Rn. 7, § 185 Rn. 2-3

[150] LAG Frankfurt a. M. v. 25.01.1985, BB 1985, 2173; **v. Hoyningen-Huene**, FS Stahlhacke (1995), S. 173 ff. (181); **v. Maydell**, AuR 1967, 202 ff.; **Schneider** in Däubler/Kittner/Klebe, BetrVG, § 7 Rn. 5

[151] **Schneider** in Däubler/Kittner/Klebe, BetrVG, § 7 Rn. 5; **Schüren**, AÜG, § 14 Rn. 20; **Trümner** in Däubler/Kittner/Klebe, BetrVG, § 5 Rn. 29; vgl. dazu auch LAG Hamm v. 16.03.1988, EzAÜG BetrVG Nr. 34 =DB 1988, 2058 für den Fall der echten Leiharbeit

[152] **Mainzer**, Betrieb und Betriebszugehörigkeit, S. 52

Ähnlich argumentiert auch das LAG Frankfurt a. M.,[153] dass die Arbeitnehmereigenschaft i. S. v. § 5 Abs. 1 BetrVG dann bejaht, wenn die betreffende Person den Weisungsbefugnissen des Arbeitgebers unterliegt und so eingegliedert ist, dass sie sich von vergleichbaren Arbeitnehmern mit Arbeitsvertrag im Wesentlichen nur durch das Fehlen arbeitsvertraglicher Beziehungen zum Betriebsinhaber unterscheidet. Für diesen betriebsverfassungsrechtlichen Begriff des Arbeitnehmers, der im Wesentlichen auf die Eingliederungstheorie[154] zurückgreift, spricht vor allem, dass er auch die vertragslose Beschäftigungsverhältnisse erfasst.[155] Deutlich wird das am Beispiel des faktischen Arbeitsverhältnisses.[156] Für eine Anwendung des BetrVG im Bereich der faktischen Arbeitsverhältnisse soll es genügen, dass ein Arbeitsvertrag „nach seinem Tatbestand" vorliegt.[157] Damit wird erreicht, dass der Arbeitnehmer in einem faktischen Arbeitsverhältnis nicht aus dem Adressatenkreis des BetrVG ausgeschlossen wird. Dabei wird also das „rechtliche" dem faktischen Arbeitsverhältnis gleichgestellt. Nicht einzusehen ist dabei allerdings, dass der formale, aber rechtsunwirksame Abschluss eines Arbeitsvertrags eine Voraussetzung für die Anwendbarkeit des BetrVG sein soll. Dem auf Begründung des Arbeitsvertrags gerichteten Willen wird die rechtliche Anerkennung gerade versagt, sodass es entscheidend für die Anwendbarkeit des BetrVG nur darauf ankommen kann, ob der Arbeitnehmer im Betrieb betriebsbezogene Arbeit leistet[158] bzw. ob ihm vom Betriebsinhaber ein Arbeitsbereich zugewiesen wird[159], und nicht auf den formalen Abschluss eines Arbeitsvertrags. Der allgemeine vertragsrechtliche Arbeitnehmerbegriff versagt also, wenn er auf den Verpflichtungstatbestand als solchen abstellt, statt zu erkennen, dass ein Rechtsverhältnis auch durch das arbeitsrechtliche Erfüllungsverhältnis begründet wird und zwar unabhängig davon, ob zum Betriebsinhaber daneben noch ein arbeitsrechtliches Grundverhältnis besteht.

Der allgemeine arbeitsrechtliche Arbeitnehmerbegriff führt also nur so lange zu sachgerechten Ergebnissen, so lange kein arbeitsrechtliches Grundverhältnis für

---

[153] LAG Frankfurt a. M. v. 25.01.1985, BB 1985, 2173
[154] vor allem **Nikisch**, Arbeitsrecht I, § 19 II, S. 163 ff.
[155] **Säcker/Joost**, Die Betriebszugehörigkeit als Rechtsproblem ..., S. 42
[156] **Säcker/Joost**, Die Betriebszugehörigkeit als Rechtsproblem ..., S. 42; **Trümner** in Däubler/Kittner/Klebe, BetrVG, § 5 Rn. 9
[157] **Dietz/Richardi**, BetrVG, § 5 Rn. 46; **Fitting/Kaiser/Heither/Engels**, BetrVG, § 5 Rn. 12, § 99 Rn. 40; **Galperin/Löwisch**, BetrVG, § 5 Rn. 2; GK-BetrVG/**Kraft**, § 5 Rn. 10; GK-BetrVG/**Kreutz**, § 7 Rn. 21; **Stege/Weinspach**, BetrVG, § 5 Rn. 1
[158] **Säcker/Joost**, Die Betriebszugehörigkeit als Rechtsproblem ..., S. 42
[159] **Boemke**, Schuldvertrag und Arbeitsverhältnis, § 8 IV, 4 b) bb) (1); **Joost**, Betrieb und Unternehmen ..., S. 309; MünchArbR/**Joost**, §296, Rn. 49; **Richardi**, NZA 1987, 145 ff.; **Schüren**, AÜG, § 14 Rn. 23; **Trümner** in Däubler/Kittner/Klebe, BetrVG, § 5 Rn. 25

den Anwendungsbereich des BetrVG verlangt wird, was aber offensichtlich der Fall ist, da die h. L. zum allgemeinen arbeitsrechtlichen Arbeitnehmerbegriff nicht zwischen Arbeitsverhältnis und Arbeitsvertrag unterscheidet.[160] Sie setzt vielmehr nicht nur eine rechtliche Verbindung zwischen den Beteiligten, sondern einen Vertrag voraus – gleichgültig ob dieser wirksam ist oder nicht.[161]

Andererseits kann aber auch der betriebsverfassungsrechtliche Arbeitnehmerbegriff, der ausschließlich auf die Eingliederung im Betrieb abstellt, nicht zu Grunde gelegt werden. Die Vertragstheorie hat die Eingliederungstheorie nicht zuletzt deshalb überholt, weil sie erkannt hat, dass ein derart weit gefasster Begriff nicht mehr auf dem Boden des Schuldrechts steht.[162] Die h. L. hebt zu Recht hervor, dass für die Begründung der Arbeitnehmereigenschaft auch im Betriebsverfassungsrecht nicht eine bloß tatsächliche Beziehung zum Betrieb genügt, sondern ein Arbeitsverhältnis als rechtliche Beziehung zum Betriebsinhaber zu fordern ist. Nach der hier vertretenen Auffassung wird dieses Arbeitsverhältnis auch durch ein arbeitsrechtliches Erfüllungsverhältnis begründet.

Nichtsdestoweniger muss der Arbeitnehmerbegriff des BetrVG funktional im Hinblick auf den jeweiligen Gesetzeszweck festgelegt werden. Da eine allgemeine Definition für den Begriff Arbeitnehmer nicht existiert, spricht nichts gegen eine Definition, die sich am jeweiligen Gesetzeszweck orientiert. Wie § 5 Abs. 1 BetrVG schon festlegt, soll es sich um Arbeitnehmer im Sinne dieses Gesetzes und nicht um Arbeitnehmer allgemein handeln. Der Arbeitnehmerbegriff ist ähnlich wie der Betriebsbegriff nach dem jeweiligen Sinn und Zweck des Gesetzes zu bestimmen.[163] Für den Betriebsbegriff werden die von der Rechtsprechung entwickelten[164] und im Schrifttum teilweise umstrittenen[165] Kriterien herangezogen, da mangels einer Legaldefinition der Betriebsbegriff nur mit Hilfe einer teleologischen, am Sinn und Zweck des Gesetzes orientierten Interpretation ermittelt werden kann. Auf diesem Wege erhält das BetrVG einen eigenen Betriebsbegriff. Deshalb kann auch der Arbeitnehmerbegriff im

---

[160] **a. A.:** **Sinzheimer**, Arbeitsrecht, S. 140 f., demzufolge das Arbeitsverhältnis nicht mit dem Arbeitsvertrag identifiziert werden darf

[161] BAG v. 18.01.1989, AP Nr. 1 zu § 9 BetrVG 1972; LAG Hamm v. 11.10.1989, EzAÜG BetrVG Nr. 53 = DB 1990, 383; **Fitting/Kaiser/Heither/Engels**, BetrVG, § 5 Rn. 9, 10; **Stege/Weinspach**, BetrVG, § 7 Rn. 2; **a. A.:** **Sinzheimer**, Arbeitsrecht, S. 140 f.

[162] **Säcker/Joost**, Die Betriebszugehörigkeit als Rechtsproblem ..., S. 36

[163] **Fitting/Kaiser/Heither/Engels**, BetrVG, § 1 Rn. 53 ff.

[164] BAG v. 09.12.1992, 7 ABR 15/92 (nicht amtlich veröffentlicht); v. 23.09.1982, BAGE 40, 163 = AP Nr. 3 zu § 4 BetrVG 1972

[165] **Joost**, Betrieb und Unternehmen ..., S. 112 ff.

Hinblick auf den jeweiligen Gesetzeszweck verstanden werden und aus dem Sinnzusammenhang des Betriebsverfassungsgesetzes heraus entwickelt werden.[166] Die Bedenken von Erdlenbruch, dass ein betriebsverfassungsrechtlicher Arbeitnehmerbegriff nur gebildet wird, um bestimmte Ergebnisse zu begründen,[167] vermögen nicht zu überzeugen. Gerade weil eine Legaldefinition fehlt, muss eine Begriffsentwicklung zum Ziel haben, den jeweiligen Gesetzeszwecken gerecht zu werden. So kann beispielsweise für den Betriebsbegriff im Sinne des BetrVG nicht ohne weiteres der Betriebsbegriff aus dem KSchG herangezogen werden,[168] weil im BetrVG andere Voraussetzungen (z. B. Arbeitnehmeranzahl) festgelegt sind. Im Ergebnis kann also festgehalten werden, dass das BetrVG auf diejenigen Arbeitnehmer Anwendung findet, die in den Betrieb eingegliedert sind und ein Rechtsverhältnis zum Betriebsinhaber haben. Welche Anforderungen an die Eingliederung zu stellen sind, ist in einem weiteren Schritt zu klären.

3. Zwischenergebnis

Dem BetrVG ist ein eigener betriebsverfassungsrechtlicher Arbeitnehmerbegriff zu Grunde zu legen. Der allgemein vertragsrechtliche Arbeitnehmerbegriff ist nicht deckungsgleich mit dem Arbeitnehmerbegriff des BetrVG. Für die Berücksichtigung von Arbeitnehmern im Rahmen der Betriebsverfassung reicht die Eingliederung[169] in den Betrieb und ein arbeitsrechtliches Erfüllungsverhältnis zum Betriebsinhaber aus. Entscheidendes Kriterium ist, ob die vom Arbeitnehmer ausgeübte Tätigkeit dem Betrieb zugerechnet werden kann, also der arbeitstechnische Zweck des Betriebs verfolgt wird.[170] Insbesondere kommt es nicht auf den Bestand einer vertraglichen Verbindung an (arbeitsrechtliches Grundverhältnis neben dem Erfüllungsverhältnis).[171] Leiharbeitnehmer erfüllen

---

[166] **Säcker/Joost**, Die Betriebszugehörigkeit als Rechtsproblem ..., S. 39
[167] **Erdlenbruch**, Die betriebsverfassungsrechtliche Stellung ..., S. 50
[168] **Hueck/v. Hoyningen-Huene**, KSchG, § 23 Rn. 3
[169] BAG v. 29.01.1992, AP Nr. 1 zu § 7 BetrVG 1972 = NZA 1992, 894 ff. (std. Rspr.); **Boemke**, NZA 1992, 112 ff.; **Dietz/Richardi**, BetrVG, § 5 Rn. 69 ff.; **Erdlenbruch**, Die betriebsverfassungsrechtliche Stellung ..., S. 51–52; **Fitting/Kaiser/Auffahrt/Heither**, BetrVG, § 7 Rn. 8; **v. Hoyningen-Huene/Boemke**, Versetzung, S. 42; **MünchArbR/Joost**, § 269 Rn. 49; **Nikisch**, Arbeitsrecht I, § 19 II, S. 163 ff.; **Oetker**, AuR 1991, 359 ff.; **Richardi**, NZA 1987, 145 ff.
[170] **Boemke**, NZA 1992, 112 ff. (114)
[171] LAG Frankfurt a. M. v. 25.01.1985, BB 1985, 2173; **v. Hoyningen-Huene/Boemke**, Versetzung, S. 42 f.; **MünchArbR/Joost**, § 269 Rn. 46 ff.; **Mainzer**, Betrieb und Betriebszugehörigkeit, S. 57 ff.; **Röhsler**, DB 1963, 994 ff. (994); **Säcker/Joost**, Die Betriebszugehörigkeit als Rechtsproblem ..., S. 39 ff.; **Schüren**, AÜG, § 14 Rn. 23 ff.; **Trümner** in Däubler/Kittner/Klebe, BetrVG, § 5 Rn. 29

beide Voraussetzungen sowohl im Verleiher- als auch im Entleiherbetrieb und sind damit in beiden Betrieben Arbeitnehmer i. S. d. BetrVG.

IV. Begriff der Betriebszugehörigkeit

1. Betriebszugehörigkeit und Betrieb

In den Anwendungsbereich des BetrVG fällt ein Arbeitnehmer nur dann, wenn neben der Arbeitnehmereigenschaft auch die Betriebszugehörigkeit gegeben ist. Der Arbeitnehmer wird nur dann vom Betriebsrat eines Betriebs repräsentiert, wenn er diesem Betrieb angehört.[172] Beispielsweise werden nur betriebsangehörige Arbeitnehmer bei der nach § 9 BetrVG maßgeblichen Zahl der zu wählenden Betriebsratsmitglieder berücksichtigt.[173] Fraglich ist somit zunächst, welche Anforderungen das BetrVG an die Betriebszugehörigkeit stellt. Allgemein versteht man unter Betriebszugehörigkeit die Zugehörigkeit eines Arbeitnehmers zur Belegschaft des Betriebs.[174] Sie ist zunächst ein tatsächlicher Vorgang, an den sich beachtliche Rechtsfolgen knüpfen oder zumindest knüpfen können.[175] Sie knüpft an den Betriebsbegriff an und beschränkt sich damit auf die im Betrieb beschäftigten Arbeitnehmer.[176] Ein Betrieb ist diejenige organisatorische Einheit, innerhalb derer ein Arbeitgeber allein oder mit seinen Mitarbeitern mit Hilfe von sächlichen und immateriellen Mitteln bestimmte arbeitstechnische Zwecke fortgesetzt verfolgt, die sich nicht in der Befriedigung des Eigenbedarfs erschöpfen.[177] Der Betriebszugehörigkeit kommt – ähnlich wie dem Betriebsbegriff – in vielen betriebsverfassungsrechtlichen Zusammenhängen eine herausragende Bedeutung bei. Sie ist grundlegende Voraussetzung für die Einbeziehung eines Arbeitnehmers in die Betriebsverfassung. Von ihr hängt das aktive und passive Wahlrecht ab, die Zuständigkeit des Betriebsrats für einen Arbeitnehmer in dessen personellen Angelegenheiten, die Geltung einer Betriebsvereinbarung usw.

---

[172] **Fitting/Kaiser/Auffahrt/Heither**, BetrVG, § 7 Rn. 8; GK-BetrVG/**Kreutz**, § 7 Rn. 16

[173] BAG v. 18.01.1989, § 14 AÜG Betriebsverfassung Nr. 19

[174] **Boemke**, AR-Blattei SD Nr. 540, Rn. 1; **Röhsler**, DB 1963, 994 ff.

[175] **Röhsler**, DB 1963, 994 ff.

[176] **Boemke**, NZA 1992, 112 ff. (113)

[177] BAG std. Rspr. , zuletzt v. 27.06.1995, AP Nr. 7 zu § 4 BetrVG 1972; **Dietz/Richardi**, BetrVG, § 1 Rn. 57; **Fitting/Kaiser/Heither/Engels**, BetrVG, § 1 Rn. 55; **v. Hoyningen-Huene**, Betriebsverfassungsrecht, § 3 II 1, S. 23; **v. Hoyningen-Huene/Boemke**, Versetzung, S. 42; GK-BetrVG/**Kraft**, § 4 Rn.5; MünchArbR/**Richardi**, § 30 Rn. 5

2. Betriebszugehörigkeit und Arbeitsverhältnis

Der Betriebszugehörigkeit kommt nicht allein im Zusammenhang mit der Betriebsverfassung eine besondere Bedeutung zu, da sie auch Auswirkungen auf die individualrechtliche Rechtsstellung des Arbeitnehmers haben kann. So genießt nur der Arbeitnehmer den Kündigungsschutz des KSchG, der gem. § 23 Abs. 1 S. 2 KSchG einem Betrieb mit in der Regel sechs oder mehr Beschäftigten zugehört. Die Sozialauswahl bei einer betriebsbedingten Kündigung gem. § 1 Abs. 3 KSchG beschränkt sich auf die betriebszugehörigen Arbeitnehmer. Sie erstreckt sich nicht auf die Arbeitnehmer anderer Betriebe des gleichen Unternehmens oder gar eines Konzerns.[178] Nach allgemeiner Auffassung setzt die Betriebszugehörigkeit die Eingliederung des Arbeitnehmers in den Betrieb voraus.[179] Fraglich ist, ob neben der Eingliederung in den Betrieb ein Arbeitsverhältnis Voraussetzung für die Betriebszugehörigkeit ist. Weiterhin stellt sich die Frage, ob für dieses Arbeitsverhältnis neben dem arbeitsrechtlichen Erfüllungsverhältnis ein arbeitsrechtliches Grundverhältnis bestehen muss.[180] Ungeklärt ist, ob die Betriebszugehörigkeit ein tatsächliches, ein rechtliches oder sowohl ein tatsächliches als auch rechtliches Verhältnis zwischen Arbeitnehmer und Betrieb voraussetzt. Dazu werden unterschiedliche Meinungen vertreten.

a) Vertragstheorie[181]

Gelegentlich wird vertreten, dass zur Frage der Betriebszugehörigkeit allein darauf abzustellen ist, ob ein Arbeitsvertrag zwischen Betriebsinhaber und Arbeit-

---

[178] **Hueck/v. Hoyningen-Huene**, KSchG, § 1 Rn. 434 f.

[179] std. Rspr. des BAG, BAG v. 29.01.1992, AP Nr. 1 zu § 7 BetrVG 1972; **Boemke**, NZA 1992, 112 ff. (113); **Dietz/Richardi**, BetrVG, § 5 Rn. 69 ff.; **Erdlenbruch**, Die betriebsverfassungsrechtliche Stellung ..., S. 51 f.; **Fitting/Kaiser/Heither/Engels**, BetrVG, § 7 Rn. 8; **Hess/Schlochauer/Glaubitz**, BetrVG, § 7 Rn. 3; v. **Hoyningen-Huene/Boemke**, Versetzung, S. 42; **Hueck/Nipperdey**, Arbeitsrecht II/2, § 54 A I, S. 1131; **Joost**, Betrieb und Unternehmen ..., S. 305 ff.; MünchArbR/**Joost**, § 269 Rn. 49; **Mainzer**, Betrieb und Betriebszugehörigkeit, S. 48 ff.; **Monjau**, DB 1966, 1432 ff. (1433); **Nikisch**, Arbeitsrecht I, § 19 II, S. 163 ff.; **Oetker**, AuR 1991, 359 ff. (361 ff.); **Richardi**, NZA 1987, 145, 146; **Röhsler**, DB 1963, 994 ff.; **Säcker/Joost**, Die Betriebszugehörigkeit als Rechtsproblem ..., S. 39 ff.; **Trümner** in Däubler/Kittner/Klebe, BetrVG, § 5 Rn. 12 ff.

[180] so BAG v. 28.11.1977, AP Nr. 2 zu § 8 BetrVG 1972; v. 18.01.1989, AP Nr. 1 zu § 9 BetrVG 1972; v. 29.01.1992, AP Nr. 1 zu § 7 BetrVG 1972; **Dietz/Richardi**, BetrVG, § 5 Rn. 69 ff.; **Erdlenbruch**, Die betriebsverfassungsrechtliche Stellung ..., S. 51 ff.; **Fitting/Kaiser/Heither/ Engels**, BetrVG, § 7 Rn. 8

[181] vor allem **Hueck-Nipperdey**, Arbeitsrecht I, § 21 und die Rspr. des BAG, z. B. BAG v. 08.08.1958, AP Nr. 3 zu § 611 BGB Mittelbares Arbeitsverhältnis

63

nehmer vorliegt.[182] Auf diese Voraussetzung abzustellen ist allerdings für betriebsverfassungsrechtliche Angelegenheiten ungeeignet. Hat ein Unternehmer bzw. Betriebsinhaber mehrere Betriebe, lässt sich mit Hilfe der Vertragstheorie nicht feststellen, welchem Betrieb der Arbeitnehmer angehört. Allein die vertragliche Verbindung zum Betriebsinhaber kann keinen Aufschluss über die Betriebszugehörigkeit geben.

b)   Zwei-Komponenten-Theorie
Die wohl überwiegende Ansicht verlangt für die Betriebszugehörigkeit zwei Komponenten, nämlich zum einen die Eingliederung in den Betrieb und zum anderen ein wirksames oder fehlerhaftes Arbeitsverhältnis (Zwei-Komponenten-Theorie). „Betriebsangehörige Arbeitnehmer sind nur solche Personen, die in einem Arbeitsverhältnis zum Betriebsinhaber stehen und innerhalb der Betriebsorganisation des Arbeitgebers abhängige Arbeitsleistungen erbringen", so das BAG.[183] Die h. M. verlangt also ein rechtliches Verhältnis zwischen Arbeitnehmer und Betriebsinhaber, um die Betriebszugehörigkeit zu begründen. Der Leiharbeitnehmer geht nach der hier vertretenen Auffassung mit dem Entleiher ein arbeitsrechtliches Erfüllungsverhältnis ein, das die Betriebszugehörigkeit begründet. Es handelt sich dabei um ein Arbeitsverhältnis im Zustand der Erfüllung und genügt den Voraussetzungen an ein Rechtsverhältnis. Darüber hinaus ist kein arbeitsrechtliches Grundverhältnis erforderlich, da die Betriebszugehörigkeit zum Betrieb besteht und am Betriebsbegriff anknüpft.[184] Zum Betrieb als organisatorische Einheit kann aber keine rechtliche Leistungsverpflichtung bestehen, sodass Voraussetzung der Betriebszugehörigkeit nicht ein arbeitsrechtliches Grundverhältnis sein kann. Die h. M. stellt keinen ausreichenden Bezug zum Betriebsbegriff her.[185] Da es sich um Betriebs- und nicht um Arbeitgeberzugehörigkeit handelt, kann es nicht entscheidend auf eine Rechtsbeziehung zum Arbeitgeber in Form eines Arbeitsvertrags ankommen.

c)   Eingliederungstheorie[186]
Nach einer anderen Meinung kann die Betriebszugehörigkeit auch ohne ein arbeitsrechtliches Grundverhältnis begründet werden. Betriebszugehörig nach dieser Auffassung ist, wer weisungsgebunden in einen Betrieb eingegliedert ist,

---

[182] LAG Berlin v. 01.02.1988, EzAÜG BetrVG Nr. 28; **Hess/Schlochauer/Glaubitz**, BetrVG, § 7 Rn. 3
[183] BAG v. 18.01.1989, EzAÜG § 14 AÜG Betriebsverfassung Nr. 19
[184] **Boemke**, NZA 1992, 112 ff. (113)
[185] **Schuster**, Arbeitnehmer, Betrieb und Betriebszugehörigkeit im BetrVG, S. 387
[186] vor allem **Nikisch**, Arbeitsrecht I, § 19 II, S. 163 ff.

um dort einen arbeitstechnischen Zweck zu verfolgen.[187] Natzel vertritt die Auffassung, dass der Begriff der Betriebszugehörigkeit in einem weiten Sinne zu definieren ist, damit er den verschiedenen Facetten, in denen Betriebszugehörigkeit zum Ausdruck kommt, gerecht wird.[188] Betriebszugehörigkeit ist demnach die einverständliche, kraft eines tatsächlichen **oder** rechtlichen Aktes vollzogene Einordnung eines weisungsgebundenen Arbeitenden in den Organisationsbereich eines Arbeitgebers als Betriebsinhaber.[189] Auch ging das BAG in früheren Entscheidungen entgegen der o. g. Entscheidung vom 18.1.1989 davon aus, dass die Betriebszugehörigkeit nicht von einer formellen Rechtsstellung, sondern von der tatsächlichen Beziehung zum Betrieb abhängig sei.[190] Die betriebsverfassungsrechtliche Zuordnung eines Arbeitnehmers zum Betrieb setzte nicht ausnahmslos einen Arbeitsvertrag voraus. Vielmehr sei ein Arbeitnehmer schon dann in das Schutzsystem des BetrVG einzubeziehen, wenn er dem Direktionsrecht des Betriebsinhabers unterliegt.[191] Der Arbeitsvertrag kann keine Beziehung zum Betrieb, sondern nur zum Betriebsinhaber herstellen, da der Betrieb kein Rechtssubjekt ist. Die zum Betrieb durch das Merkmal der Betriebszugehörigkeit vermittelte Beziehung kann somit notwendigerweise nur eine tatsächliche sein.[192]

Auch die Vorschrift des § 8 Abs. 1 S. 2 BetrVG, wonach Tätigkeiten in einem anderen Betrieb eines anderen Konzernunternehmens auf die Sechsmonatsfrist des § 8 Abs. 1 S. 1 BetrVG anzurechnen sind, belegt, dass eine arbeitsvertragliche Beziehung zum Arbeitgeber vom Gesetz gerade nicht verlangt wird, um die Betriebszugehörigkeit zu begründen. Wechselt ein Arbeitnehmer in einen Betrieb, der mit dem gegenwärtigen Beschäftigungsbetrieb nur in einem Konzern und nicht durch das gleiche Unternehmen verbunden ist, wechselt er zugleich seine arbeitsvertragliche Verbindung bzw. es kommt eine weitere vertragliche Verbindung mit einem weiteren Arbeitgeber hinzu, denn mit einem Konzern als solchem kann kein Arbeitsvertrag zu Stande kommen. Das bedeutet auch, dass es für die Betriebszugehörigkeit nicht auf den Vertrag bzw. das arbeitsrechtli-

---

[187] LAG Frankfurt a. M. v. 25.01.1985, BB 1985, 2173; **Heinze**, ZfA 1976, 183 ff. (211 f.) für den Fall der echten Leiharbeit; **Natzel**, Die Betriebszugehörigkeit im Arbeitsrecht, S. 21, 196; **Trümner** in Däubler/Kittner/Klebe, BetrVG, § 5 Rn. 26

[188] **Natzel**, Die Betriebszugehörigkeit im Arbeitsrecht, S. 263

[189] **Natzel**, Die Betriebszugehörigkeit im Arbeitsrecht, S. 196

[190] BAG v. 11.04.1958, AP Nr. 1 zu § 6 BetrVG; v. 28.04.1964, AP Nr. 3 zu § 4 BetrVG

[191] BAG v. 27.07.1993, AP Nr. 3 zu § 93 BetrVG 1972

[192] **Natzel**, Die Betriebszugehörigkeit im Arbeitsrecht, S. 21; **Säcker/Joost**, Die Betriebszugehörigkeit als Rechtsproblem ..., S. 21; **Trümner** in Däubler/Kittner/Klebe, BetrVG, § 5 Rn. 25

che Grundverhältnis ankommen soll, da die Zeiten der Beschäftigung auf der Basis verschiedener Arbeitsverträge addiert werden sollen. D. h.: Die Zeiten der Beschäftigung können in der Summe sechs Monate überschreiten, mehrere Arbeitsverträge hingegen erreichen diese Dauer nicht und trotzdem soll nach allgemeiner Auffassung die Betriebszugehörigkeit zum aktuellen Beschäftigungsbetrieb begründet sein[193], sodass dort auch die Wählbarkeit i. S. d. § 8 BetrVG erreicht wird. Auf das Grundverhältnis kommt es also nicht an; nach allgemeiner Auffassung sind sechs Monate Betriebszugehörigkeit i. S. d. § 8 Abs. 1 S. 2 BetrVG erfüllt, wenn die tatsächliche Beschäftigung innerhalb eines Konzerns erfolgt ist.[194]

Ein weiteres Argument dafür, dass ein arbeitsrechtliches Grundverhältnis zur Begründung der Betriebszugehörigkeit nicht vorliegen muss, ist, dass das BetrVG vor allem an tatsächliche Verhältnisse anknüpft. Nur der Arbeitnehmer soll wählbar sein, der einen ausreichenden Überblick über die Verhältnisse des konkreten Betriebs gewonnen hat.[195] In Konzernen bestehen die Arbeitsverhältnisse der einzelnen Konzernbetriebsratsmitglieder nur zum Konzernunternehmen, nicht aber zum Konzern bzw. zum herrschenden Unternehmen des Konzerns, bei dem der Konzernbetriebsrat gebildet wird. Grundgedanke dabei ist, dass die Mitbestimmung dort angesiedelt sein soll, wo die unternehmerische Leistungsmacht tatsächlich entfaltet wird.[196] Unter diesem Aspekt betrachtet, gibt es allerdings keinen Grund dafür, warum es auf betrieblicher Ebene auf eine vertragliche Beziehung ankommen soll.[197]

Nichtsdestoweniger verlangt die h. M. eine Rechtsbeziehung zum Arbeitgeber, damit eine Betriebszugehörigkeit begründet werden kann. Nach der hier vertretenen Meinung wird das erforderliche rechtliche Verhältnis durch ein arbeitsrechtliches Erfüllungsverhältnis zwischen Leiharbeitnehmer und Entleiher begründet. Auf ein arbeitsrechtliches Grundverhältnis in der Form eines Vertrags kommt es hingegen nicht an.

---

[193] BAG, v. 28.11.1977, BB 1978, 255

[194] vgl. dazu **Fitting/Kaiser/Heither/Engels**, BetrVG, § 8 Rn. 18, § 5 Rn. 60 ff.; GK-BetrVG/ **Kreutz**, § 8 Rn. 40 ff.; **Oetker**, AuR 1991, 359 ff. (361); **Schaub**, Arbeitsrechts-Handbuch, § 217 Rn. 12; **Schneider** in Däubler/Kittner/Klebe, BetrVG, § 8 Rn. 7 ff.; **Stege/ Weinspach**, BetrVG, § 8 Rn. 4, 5

[195] **Fitting/Kaiser/Heither/Engels**, BetrVG, § 8 Rn. 13 ff.; GK-BetrVG/**Kreutz**, § 8 Rn. 23, 40

[196] BAG v. 18.06.1970, AP Nr. 20 zu § 76 BetrVG; v. 30.10.1986, AP Nr. 1 zu § 55 BetrVG 1972

[197] **Trümner** in Däubler/Kittner/Klebe, BetrVG, § 5 Rn. 24

d) Weisungszuständigkeit

Nach ganz allgemeiner Auffassung setzt also die Betriebszugehörigkeit zunächst die Einordnung bzw. Eingliederung des Arbeitnehmers in den Betrieb voraus.[198] Dabei kommt es entsprechend der Einstellung i. S. v. § 99 Abs. 1 BetrVG nicht auf die tatsächliche Arbeitsaufnahme durch den Arbeitnehmer an. Vielmehr ist die Zuweisung des Arbeitsbereichs durch den Arbeitgeber im Einverständnis mit dem Arbeitnehmer erforderlich und auch ausreichend.[199] Die Betriebszugehörigkeit bleibt also auch dann bestehen, wenn Unterbrechungen infolge von Pausen, Erkrankung, Urlaub[200], Wehrdienst[201], Erziehungsurlaub etc. eintreten, da sie an die Arbeitsplatzzuweisung anknüpft, die auch bei Ruhen des arbeitsrechtlichen Grundverhältnisses erhalten bleibt. Für die Beantwortung der Frage nach dem Wesen der Betriebszugehörigkeit kann auf einen der Betriebszugehörigkeit vorgelagerten Akt, nämlich die Einstellung i. S. d. § 99 Abs. 1 BetrVG zurückgegriffen werden. Dieser mitbestimmungspflichtige Tatbestand ist nämlich zugleich das die Betriebszugehörigkeit begründende Ereignis. Allerdings besteht auch im Hinblick auf den Einstellungsbegriff Uneinigkeit, ob es bei einer Einstellung eines Arbeitsvertrags bedarf. Es wird vertreten, dass unter Einstellung der Abschluss des Arbeitsvertrags zu verstehen ist.[202] Zu folgen ist allerdings der Auffassung, dass die Einstellung ein tatsächlicher Vorgang ist.[203] Das ergibt sich zum einen auf Grund der Tatsache, dass ein Arbeitsvertrag

---

[198] std. Rspr. des BAG, BAG v. 29.01.1992, AP Nr. 1 zu § 7 BetrVG 1972; **Boemke**, NZA 1992, 112 ff.; **Dietz/Richardi**, BetrVG, § 5 Rn. 69 ff.; **Erdlenbruch**, Die betriebsverfassungsrechtliche Stellung ..., S. 51 f.; **Fitting/Kaiser/Heither/Engels**, BetrVG, § 7 Rn. 8; **Hess/Schlochauer/ Glabitz**, BetrVG, § 7 Rn. 3; v. **Hoyningen-Huene/Boemke**, Versetzung, S. 42; **Hueck/Nipperdey**, Arbeitsrecht II/2, § 54 A I, S. 1131; **Joost**, Betrieb und Unternehmen ..., S. 305 ff.; MünchArbR/**Joost**, § 269 Rn. 49; **Mainzer**, Betrieb und Betriebszugehörigkeit, S. 48 ff.; **Monjau**, DB 1966, 1432 ff. (1433); **Nikisch**, Arbeitsrecht I, § 19 II, S. 163 ff.; **Oetker**, AuR 1991, 359 ff. (361 ff.); **Richardi**, NZA 1987, 145, 146; **Säcker/Joost**, Die Betriebszugehörigkeit als Rechtsproblem ..., S. 39 ff.; **Trümner** in Däubler/Kittner/Klebe, BetrVG, § 5 Rn. 12 ff.

[199] v. **Hoyningen-Huene**, FS Stahlhacke (1995), S. 173, 182; MünchArbR/**Joost**, § 296 Rn. 49; **Richardi**, NZA 1987 145 ff. (146); **Schüren**, AÜG, § 14 Rn. 23 ff.; **Staudinger/Richardi**, BGB, Vorbem. zu §§ 611 ff. Rn. 1195; **Trümner** in Däubler/Kittner/Klebe, BetrVG, § 5 Rn. 26

[200] **Fitting/Kaiser/Heither/Engels**, BetrVG, § 7 Rn. 9

[201] BAG, v. 29.03.1974, AP Nr. 2 zu § 19 BetrVG 1972

[202] **Däubler/Kittner/Klebe**, BetrVG, § 99 Rn. 37; **Fitting/Kaiser/Heither/Engels**, BetrVG, § 99 Rn. 7; GK-BetrVG/**Kraft**, § 99 Rn. 20; **Hess/Schlochauer/Glaubitz**, BetrVG, § 99 Rn. 15; **Stege/Weinspach**, BetrVG, § 99-101, Rn. 12a

[203] **Dietz/Richardi**, BetrVG, § 99 Rn. 23; **Mainzer**, Betrieb und Betriebszugehörigkeit, S. 77; **Matthes**, DB 1974, 2007 ff.; **Richardi**, NZA 1987, 146

den Arbeitnehmer nicht organisatorisch erfassen kann.[204] Zum anderen legt der Begriff „Einstellung" selbst den Schluss nahe, dass es sich um einen Vorgang tatsächlicher Art handelt. Außerdem gilt auch für die Einstellung, dass die Inanspruchnahme von Mitbestimmungsrechten durch den Betriebsrat erst dann möglich ist, wenn eine kollektive Betroffenheit der Arbeitnehmerschaft vorliegt. Daraus folgt, dass ein die Mitbestimmung auslösender Tatbestand nur dann vorliegen kann, wenn die Einstellung zu einer Veränderung der vorhandenen Organisationsstrukturen führt bzw. mit der Einstellung eine Veränderung am Arbeitsplatz droht. Ein womöglich abgeschlossener Arbeitsvertrag vermag die Interessen der Belegschaft aber nicht zu beeinträchtigen. Vielmehr ist das Umfeld der Arbeitnehmer erst dann betroffen, wenn die Eingliederung durch Zuweisung eines Arbeitsplatzes in die vorhandene Organisation vorgenommen wird. Deshalb ist die Einstellung ein tatsächlicher Vorgang, der durch die Zuweisung eines Arbeitsplatzes nach außen hin erkennbar wird und vom Abschluss eines Arbeitsvertrags unabhängig ist. Das hat zur Konsequenz, dass die Betriebszugehörigkeit als Folge der Einstellung durch die Eingliederung und damit unabhängig vom Abschluss eines Arbeitsvertrags begründet wird.[205]

Zu beachten ist in diesem Zusammenhang, dass die Betriebszugehörigkeit durch die Weisungszuständigkeit bestimmt wird.[206] Ausschlaggebend ist nämlich, von welchem Betrieb aus der Arbeitnehmer tatsächlich die auf sein Tätigwerden bezogenen Weisungen erhält und nicht der ihm zugewiesene Arbeitsort als solcher. Dies ergibt sich daraus, dass sich der Betriebsbegriff nicht auf die Betriebsstätte bezieht. Der Betriebsbegriff ist nicht in dem Sinne räumlich zu verstehen, dass mit der Grenze des Betriebsgrundstücks oder der Betriebsräume der Betriebsbereich ende.[207] Der Betrieb wird vielmehr als organisatorische Einheit zur Verfolgung eines arbeitstechnischen Zwecks verstanden.[208] Dabei bestimmt der Arbeitgeber darüber, welche, wie und mit welchen Mitteln diese Zwecke erfüllt werden. Dadurch bestimmt auch der Arbeitgeber durch die Ausübung des Weisungsrechts, welche Arbeitnehmer in die Organisationseinheit des Betriebs

---

[204] **Mainzer**, Betrieb und Betriebszugehörigkeit, S. 52
[205] ausf. dazu **Natzel**, Die Betriebszugehörigkeit im Arbeitsrecht, S. 19–20
[206] BAG 02.11.1993, AP Nr. 32 zu § 95 BetrVG 1972; **v. Hoyningen-Huene**, FS Stahlhacke (1995), S. 173, 182
[207] BAG v. 29.01.1992, AP Nr. 1 zu § 7 BetrVG 1972 (III 1 a bb)
[208] BAG std. Rspr., zuletzt v. 27.06.1995, AP Nr. 7 zu § 4 BetrVG 1972; **Dietz/Richardi**, BetrVG, § 1 Rn. 57; **Fitting/Kaiser/Heither/Engels**, BetrVG, § 1 Rn. 55; **v. Hoyningen-Huene**, Betriebsverfassungsrecht, § 3 II 1, S. 23; **v. Hoyningen-Huene/Boemke**, Versetzung, S. 42; GK-BetrVG/**Kraft**, § 4 Rn. 5; MünchArbR/**Richardi**, § 30 Rn. 5

einbezogen und welche Arbeiten dem Zweck des Betriebs förderlich sind.[209] So ist für die Betriebszughörigkeit nicht maßgeblich, wo der Arbeitnehmer tätig wird, sondern woher er seine tätigkeitsbezogenen Weisungen erhält.[210]

3. Neufassung des § 7 S. 2 BetrVG

a) Problemstellung

Das Gesetz zur Reform des Betriebsverfassungsgesetzes regelt u. a. das aktive Wahlrecht neu. In § 7 S. 1 BetrVG n. F. wurde eingefügt, dass Arbeitnehmer *des Betriebs* wahlberechtigt sind. Diese Neuerung ist insoweit unspektakulär, da sich ihr Inhalt schon zuvor aus dem systematischen Zusammenhang von § 1 und § 7 BetrVG erschloss. Darüber hinaus wurde neu § 7 S. 2 BetrVG eingefügt. Nach dieser Vorschrift erwerben Arbeitnehmer eines anderen Arbeitgebers, die dem Betriebsinhaber zur Arbeitsleistung überlassen sind, das Wahlrecht zum Betriebsrat, wenn sie länger als drei Monate im Betrieb eingesetzt werden sollen. Zu untersuchen ist somit, ob diese Neuregelung eine veränderte Bestimmung der Betriebszugehörigkeit brachte und damit Leiharbeitnehmer zur Belegschaft des Entleiherbetriebs zählen.

b) Zweck der Neuregelung

Nach der vorangegangenen Gesetzeslage hatten Leiharbeitnehmer im Entleiherbetrieb gem. § 14 Abs. 2 S. 1 AÜG weder das aktive noch das passive Wahlrecht. Durch Artikel 2 des Betriebsverfassungsreformgesetzes wird § 14 Abs. 2 S. 1 AÜG dahingehend geändert, dass nunmehr nur noch das passive Wahlrecht versagt bleibt. An diese Änderung knüpft § 7 S. 2 BetrVG n. F. an und stellt das aktive Wahlrecht überlassener Arbeitnehmer unter die Voraussetzung einer geplanten dreimonatigen Tätigkeit im Betrieb. Die Dreimonatsfrist berechnet sich nach §§ 187 ff. BGB und beginnt ab dem Zeitpunkt zu laufen, indem der Leiharbeitnehmer nach den Vereinbarungen im Arbeitnehmerüberlassungsvertrag im Entleiherbetrieb eingesetzt werden soll. Ausschlaggebend für das Erfüllen der Frist ist nicht, ob der Leiharbeitnehmer zum Zeitpunkt der Wahl bereits drei Monate im Betrieb tätig ist; maßgeblich ist vielmehr die geplante Überlassungsdauer.[211] Die Neuregelung soll Leiharbeitnehmer nach dem Wunsch des Gesetzgebers in die betriebliche Mitbestimmung integrieren.[212] Ob die Neuregelung dieses Ziel tatsächlich verfolgt und erreicht, kann hier dahinstehen. Fraglich ist allerdings, ob das neu erworbene aktive Wahlrecht Auswirkungen auf

---

[209] v. **Hoyningen-Huene**, SAE 1994, 112 ff. (113)

[210] **Boemke**, Schuldvertrag und Arbeitsverhältnis, § 9 VI 4 b) c) (1)

[211] **Boemke**, AÜG, § 14 Rn. 63; **Brors**, NZA 2002, 123 ff. (125); BT-Ds. 14/5741, S. 36

[212] BT-Ds. 14/5741, S. 24, 36

die Betriebszugehörigkeit des Leiharbeitnehmers im Entleiher- oder Verleiherbetrieb hat.

c) Auswirkungen auf die Betriebszugehörigkeit

§ 7 S. 2 BetrVG n. F. gewährt nur ein zusätzliches Wahlrecht und lässt die betriebsverfassungsrechtliche Stellung der Leiharbeitnehmer im Übrigen unberührt, insbesondere beseitigt die Vorschrift nicht die Streitigkeiten um die Betriebszugehörigkeit des Leiharbeitnehmers. Obwohl Leiharbeitnehmer nunmehr unter bestimmten Voraussetzungen im Entleiherbetrieb wahlberechtigt sind, ist weiterhin umstritten, ob sie zur Belegschaft zählen, ob also Betriebszugehörigkeit zum Entleiherbetrieb gegeben ist.

Nach wie vor wird in der Rechtsprechung[213] und Literatur die Meinung vertreten, dass die Betriebszugehörigkeit des Leiharbeitnehmers zum Entleiherbetrieb nicht vorliegt, da die Betriebszugehörigkeit ein Arbeitsvertragsverhältnis voraussetzt, was der Leiharbeitnehmer zum Entleiher gerade nicht hat.[214] Die Betriebszugehörigkeit knüpft nach dieser Auffassung an die arbeitsrechtlichen Hauptleistungspflichten an und lässt allenfalls Raum für eine partielle Zuordnung zum Entleiherbetrieb. Auf Grund des § 14 Abs. 1 AÜG soll eine umfassende Betriebszugehörigkeit kraft Gesetzes nur zum Verleiherbetrieb bestehen.[215] § 7 S. 2 BetrVG ändert daran nichts, da lediglich ein zusätzliches Wahlrecht für Leiharbeitnehmer in die Betriebsverfassung aufgenommen wurde. Eine Aussage zur Betriebszugehörigkeit erfolgte durch § 7 S. 2 BetrVG nicht. Vielmehr ist die Betriebszugehörigkeit Voraussetzung für die Wahlberechtigung, was durch § 7 S. 1 BetrVG nochmals klargestellt wurde, da „Arbeitnehmer des Betriebs" wahlberechtigt sind. Hätte der Gesetzgeber eine generelle Einbeziehung der Leiharbeitnehmer in die Betriebsverfassung der Entleiherbetriebe beabsichtigt und die Betriebszugehörigkeit nicht mehr an das Vorliegen eines arbeitsvertraglichen Verhältnisses knüpfen wollen, wäre eine entsprechende Klarstellung erforderlich gewesen. Eine Veränderung bzgl. der Voraussetzungen für die Betriebszugehörigkeit wäre nur dann eingetreten, wenn der Gesetzgeber einen allgemeinen Tatbestand geschaffen hätte, nach dem die tatsächliche Beschäftigung zur Wahlberechtigung führen würde, ohne dass es auf einen Arbeitsvertrag ankäme. Auswirkungen auf die Betriebszugehörigkeit hätte auch

---

[213] BAG v. 19.06.2001, BB 2001, 2582 ff.; BAG v. 18.01.1989, AP Nr. 1 zu § 9 BetrVG 1972; v. 15.12.1992, AP Nr. 7 zu § 14 AÜG

[214] **Lindemann/Simon**, NZA 2002, S. 365 ff. (367); **Löwisch**, BB 2001, 1734 ff. (1737); **Richardi**, NZA 2001, S. 346 ff. (350);

[215] **Erdlenbruch**, Die betriebsverfassungsrechtliche Stellung ..., S. 63 ff.; **Becker/Wulfgramm**, AÜG, § 14 Rn. 18 f.

eine Veränderung der Arbeitnehmerdefinition in § 5 Abs. 1 BetrVG gebracht. In § 5 Abs. 1 BetrVG hat der Gesetzgeber seit der Reform des BetrVG Regelungen über die im Außendienst und mit Telearbeit Beschäftigten verankert. Gerade die Leiharbeitnehmer wurden in § 5 Abs. 1 BetrVG aber nicht erwähnt. Die Nichterwähnung ist gleichwohl konsequent, da der Gesetzgeber ausweislich der amtlichen Begründung „behutsame Eingriffe" geplant hatte.[216] Die „Randbelegschaft" sollte nicht vollkommen der Betriebsverfassung unterstellt werden, sondern nur an die „Stammbelegschaft herangeführt" werden.[217] Eine spezifisch betriebsverfassungsrechtliche Neudefinition der Betriebszugehörigkeit der Leiharbeitnehmer ist für die Vertreter der Auffassung, dass für die Betriebszugehörigkeit ein Arbeitsvertragsverhältnis vorliegen muss, mit der Neuregelung des § 7 S. 2 BetrVG damit nicht eingetreten. Es wurde lediglich ein Sondertatbestand für das aktive Wahlrecht im Entleiherbetrieb geschaffen. Nach wie vor setzt nach dieser Auffassung die Betriebszugehörigkeit aber voraus, dass es sich um einen Arbeitnehmer i. S. d. BetrVG handelt und damit ein Arbeitsvertragsverhältnis vorliegen muss.

Nach der hier vertretenen Auffassung ist der Leiharbeitnehmer auch im Entleiherbetrieb betriebszugehörig.[218] Nicht die Betriebszugehörigkeit im jeweiligen Betrieb ist eingeschränkt, sondern nur die Anwendung der Bestimmungen, die an die Betriebszugehörigkeit Rechtsfolgen knüpfen.[219] Insoweit ist das aktive Wahlrecht in § 7 S. 2 BetrVG ein zusätzliches Recht, dass im Übrigen die betriebsverfassungsrechtliche Stellung des Leiharbeitnehmers nicht berührt. Hätte die Bestimmung der Betriebszugehörigkeit neugefasst werden sollen, wäre eine Ausnahmeregelung wie § 7 S. 2 BetrVG überhaupt nicht notwendig gewesen.[220] Da nach der hier vertretenen Auffassung der Leiharbeitnehmer betriebszugehöriger Arbeitnehmer im Entleiherbetrieb ist, ergibt sich seine Wahlberechtigung bereits aus § 7 S. 1 BetrVG. Eine Beseitigung der arbeitsrechtlichen Diskussion um die Betriebszugehörigkeit im Entleiherbetrieb hätte also erreicht werden können, wenn ein allgemeiner Tatbestand eingefügt worden wäre, nach dem die tatsächliche Beschäftigung zur Wahlberechtigung führt, ohne das ein Arbeitsvertragsverhältnis vorliegen muss. Erst damit wäre eine Vorschrift

---

[216] BT-Ds. 15/5741, S. 28
[217] BT-Ds. 15/5741, S. 28
[218] im Ergebnis ebenso: **Boemke**, Schuldvertrag und Arbeitsverhältnis, § 13 V 1 b); **Boemke**, AÜG, § 14 Rn. 52, 53; **Däubler**, AiB 2001, 684 ff. (684); **Wißmann**, NZA 2001, 409 ff. (412)
[219] **Boemke**, AÜG, § 14 Rn. 53
[220] **Brors**, NZA 2002, S. 123 ff. (125)

geschaffen worden, die die Betriebszugehörigkeit des Leiharbeitnehmers kraft Gesetzes regelt und nicht eine Sonderregelung zum aktiven Wahlrecht darstellt.

Im Ergebnis kann also festgehalten werden, dass § 7 S. 2 BetrVG n. F. keine Auswirkungen auf die Diskussion um die Betriebszugehörigkeit des Leiharbeitnehmers im Entleiherbetrieb hat.

4. Abgrenzung zur Unternehmens- und Konzernzugehörigkeit
Die Unternehmenszugehörigkeit knüpft am Begriff des Unternehmens an, also derjenigen organisatorischen Einheit, mit welcher der Unternehmer seine wirtschaftlichen oder ideellen Zwecke verfolgt. Der unternehmerische Geschäftszweck wird im Unternehmen durch arbeitstechnische Mittel des Betriebs realisiert. Die Unternehmenszugehörigkeit wird nicht durch eine Tätigkeit im Betrieb, sondern durch die zu Grunde liegende rechtliche Leistungsverpflichtung vermittelt, da sich die Tätigkeit im Betrieb in der Betriebszugehörigkeit erschöpft. Sie knüpft also nicht am Erfüllungs- sondern am Grundverhältnis an. Die Betriebszugehörigkeit knüpft an das tatsächliche Band an, welches durch Zuweisung eines Arbeitsplatzes zum Betrieb begründet wird; die Unternehmenszugehörigkeit ist indes durch das rechtliche Band zwischen dem Arbeitnehmer und dem Arbeitgeber als Inhaber der betrieblichen Organisationseinheit geprägt.[221] Ein Arbeitnehmer kann unternehmenszugehörig sein, ohne dem Betrieb anzugehören.[222] Das ist beispielsweise der Fall, wenn der Arbeitgeber einen Arbeitnehmer nach der Kündigung aber vor Ablauf der Kündigungsfrist von der Arbeitsleistung freistellt.[223]

Unter Konzern versteht man nach § 18 AktG allgemein die Zusammenfassung mehrerer rechtlich selbstständiger Unternehmen unter einheitlicher Leitung. Der Konzern als solcher ist nicht rechtsfähig, sodass keine individualarbeitsrechtlichen Beziehungen des Arbeitnehmers zum Konzern bestehen. Deshalb ist es auch fraglich, von einer Konzernzugehörigkeit im arbeitsrechtlichen Sinne zu sprechen. Für die Einordnung des Arbeitnehmers zu einer betrieblichen oder wirtschaftlichen Einheit kommt es entscheidend auf die tatsächliche oder rechtliche Verbindung zum Arbeitgeber[224] an. Diese Verbindungen können aber nicht zu einem Konzern bestehen.

---

[221] **Natzel**, Die Betriebszugehörigkeit im Arbeitsrecht, S. 21
[222] MünchArbR/**Joost**, § 296 Rn. 52; **Säcker/Joost**, Die Betriebszugehörigkeit als Rechtsproblem ..., S. 71; **a. A.:** MünchArbR/**Richardi**, § 30 Rn. 52
[223] **Boemke**, AR-Blattei SD Nr. 540, Rn. 10
[224] **Natzel**, Die Betriebszugehörigkeit im Arbeitsrecht, S. 22

5. Zwischenergebnis

Betriebszugehörig ist ein Arbeitnehmer, wenn er in den Betrieb eingegliedert und dem Weisungsrecht des Betriebsinhabers unterstellt wird. Die Betriebszugehörigkeit wird durch die Weisungszuständigkeit bestimmt und knüpft damit an das arbeitsrechtliche Erfüllungsverhältnis an. Die Betriebszugehörigkeit erfordert kein arbeitsrechtliches Grundverhältnis, da sie das Verhältnis zum Betrieb und nicht das zum Arbeitgeber vermittelt.

V. Zusammenfassung

Im Falle der gewerbsmäßigen Arbeitnehmerüberlassung besteht ein arbeitsrechtliches Grundverhältnis zwischen Verleiher und Leiharbeitnehmer sowie ein arbeitsrechtliches Erfüllungsverhältnis zwischen Entleiher und Leiharbeitnehmer als auch zwischen Verleiher und Leiharbeitnehmer. Der Leiharbeitnehmer geht somit ein Doppelarbeitsverhältnis ein.[225]

Dadurch, dass der Entleiher in seinem Betrieb die konkrete Arbeitsplatzzuweisung vornimmt, wird der Leiharbeitnehmer in den Betrieb des Entleihers eingegliedert. Somit erfüllt der Leiharbeitnehmer auch im Entleiherbetrieb den Arbeitnehmerbegriff des BetrVG und ist dort betriebszugehörig. Der Leiharbeitnehmer fällt also sowohl im Verleiher- als auch im Entleiherbetrieb in den persönlichen Geltungsbereich des BetrVG.

---

[225] **Mayer-Maly**, ZfA 1972, 1 ff. (23 f.); **Sturn**, BB 1969, 1436 ff. (1439); **a. A.: Säcker/ Joost**, Die Betriebszugehörigkeit als Rechtsproblem ..., S. 53

§ 6   Gesetzliche Regelung des § 14 AÜG

I.   Problemstellung

Wie bereits oben festgestellt, fällt der Leiharbeitnehmer sowohl im Verleiher-
als auch im Entleiherbetrieb in den Anwendungsbereich des BetrVG. Zu klären
ist somit, in welchem Umfang die Betriebszugehörigkeit im jeweiligen Betrieb
gegeben ist. Theoretisch möglich für den Fall der gewerbsmäßigen Arbeitnehmerüberlassung sind dabei folgende Konstellationen:

- Betriebszugehörigkeit zum Verleiher und partielle Betriebszugehörigkeit
  zum Entleiher
- Betriebszugehörigkeit zum Entleiher und partielle Betriebszugehörigkeit
  zum Verleiher
- partielle Betriebszugehörigkeit zum Verleiher und partielle Betriebszugehörigkeit zum Entleiher
- doppelte Betriebszugehörigkeit
- doppelte Betriebszugehörigkeit mit eingeschränkter Anwendbarkeit einzelner Regelungen.

Besonders zu berücksichtigen ist dabei die Regelung des § 14 AÜG, da es sich
dabei um die einzige Vorschrift handelt, die den betriebsverfassungsrechtlichen
Status des Leiharbeitnehmers anspricht.

II.   Entstehungsgeschichte des § 14 AÜG

In seiner ursprünglichen Fassung aus dem Jahre 1972 enthielt das AÜG weder
eine Regelung zur betriebsverfassungsrechtlichen Stellung des Leiharbeitnehmers noch zu den Mitwirkungs- oder Mitbestimmungsrechten der Arbeitnehmervertretungen im Entleiherbetrieb. Da der Leiharbeitnehmer in betriebsverfassungsrechtlicher Hinsicht ausschließlich dem Verleiher zugeordnet werden
sollte, hielt man eine entsprechende Vorschrift für überflüssig.[226] Diese unein-
geschränkte Zuordnung war aber in der Rechtsprechung[227] und der Literatur[228]

---

[226] vgl. BT-Ds. VI/3505, S. 4

[227] BAG v. 11.04.1958, AP Nr. 1 zu § 6 BetrVG; v. 14.05.1974, AP Nr. 2 zu § 99 BetrVG
1972 = EzAÜG § 14 Betriebsverfassung Nr. 1; BAG v. 06.06.1978, EzAÜG § 14 Betriebsverfassung Nr. 2 = AP Nr. 6 zu § 99 BetrVG 1972; BSG v. 29.07.1970, BSGE 31,
244 ff. (253); LAG Hamm v. 24.05.1973, BB 1973, 983

[228] **Becker/Wulfgramm**, AÜG, 2. Aufl., § 11 Rn. 39a; **Bulla**, DB 1975, 1795 ff.;
Dietz/Richardi, BetrVG, 5. Aufl., § 5 Rn. 24 ff.; **Galperin/Löwisch**, BetrVG, 5. Aufl., § 7
Rn. 12 ff.; **Halbach**, DB 1980, 2389 ff. (2390); **Heußner**, DB 1973, 1800 ff. (1801);
Hueck/Nipperdey, Arbeitsrecht I, § 54 IV 4 d, S. 525; **Hunold**, BB 1976, 648 ff.; **Mar-
schall**, DB 1975, 303 ff. (306); **Mayer-Maly**, ZfA 1972, 1 ff. (21 ff.); **Moritz**, BB 1972,
1569 ff. (1570)

heftig umstritten. Dies führte 1975 zu einem Referentenentwurf[229], der die Befugnisse der Arbeitnehmervertretungen in den Entleiherbetrieben umfassend auf die Leiharbeitnehmer erstreckte.[230] Der Referentenentwurf – im Unterschied zur später in Kraft getretenen gesetzlichen Regelung – sah vor, dass sich die Mitwirkungs- und Mitbestimmungsrechte der Arbeitnehmervertretung des Entleiherbetriebs auf die Leiharbeitnehmer beziehen, sofern es sich um Angelegenheiten handelt, die im Entleiherbetrieb zu regeln sind. (Der Referentenentwurf berücksichtigte noch nicht das Personalvertretungsrecht.) Im Rahmen des Gesetzes zur Bekämpfung illegaler Beschäftigung (BillBG) vom 15.12.1981 wurde eine entsprechende Regelung in den neu geschaffenen § 14 AÜG aufgenommen, der am 1.1.1982 in Kraft trat. Durch das BetrVerf-ReformG vom 23.7.2001 wurde die Regelung, dass Leiharbeitnehmer im Entleiherbetrieb nicht wahlberechtigt sind, gestrichen. Zugleich wurde § 7 BetrVG um einen Satz 2 ergänzt, wonach Arbeitnehmer eines anderen Arbeitgebers, die zur Arbeitsleistung überlassen sind, unter bestimmten Voraussetzungen wahlberechtigt sind.

Bis dahin hatte das BAG zwei grundlegende Entscheidungen getroffen, die zur Entwicklung des § 14 AÜG beigetragen haben. Zunächst billigte es 1974 dem Betriebsrat des Entleiherbetriebs das Mitbestimmungsrecht aus § 99 BetrVG beim Einsatz von Leiharbeitnehmern zu.[231] Mit einer weiteren Entscheidung aus dem Jahre 1978 wurde das Mitbestimmungsrecht konkretisiert (Einsicht in die Überlassungsverträge, aber keine Auskunft über Inhalt der Arbeitsverträge).[232]

III.   Regelungsgegenstand des § 14 AÜG

§ 14 AÜG versucht der Eigenart der gewerbsmäßigen Arbeitnehmerüberlassung, die im Drei-Personen-Verhältnis abgewickelt wird, im Hinblick auf die Betriebsverfassung gerecht zu werden. Die atypische Struktur des Leiharbeitsverhältnisses sorgt für Rechtsunsicherheit bei vielen betriebsverfassungs- und personalvertretungsrechtlichen Fragen. Im Wesentlichen setzt § 14 AÜG den damaligen Stand der BAG-Rechtsprechung um.[233]

---

[229] mitgeteilt bei **Becker**, ZRP 1976, 288 ff. (290)

[230] **Schüren**, AÜG, § 14 Rn. 2

[231] BAG v. 14.05.1974, AP Nr. 2 zu § 99 BetrVG 1972 = EzAÜG § 14 Betriebsverfassung Nr. 1

[232] BAG v. 06.06.1978, EzAÜG § 14 Betriebsverfassung Nr. 2 = AP Nr. 6 zu § 99 BetrVG 1972

[233] vgl. BAG v. 06.06.1978, EzAÜG § 14 Betriebsverfassung Nr. 2 = AP Nr. 6 zu § 99 BetrVG 1972; v. 14.05.1974, EzAÜG § 14 Betriebsverfassung Nr. 1 = AP Nr. 2 zu § 99 BetrVG 1972

§ 14 Abs. 1 AÜG stellt klar, dass der Leiharbeitnehmer auch während seines Einsatzes im Entleiherbetrieb dem Verleiherbetrieb zugehörig bleibt.

In § 14 Abs. 2 S. 1 AÜG n. F. wurde die Regelung, dass Leiharbeitnehmer im Entleiherbetrieb nicht wahlberechtigt sind, aufgehoben. Gem. § 14 Abs. 2 S. 1 AÜG n. F. darf der Leiharbeitnehmer nunmehr an den Wahlen der Arbeitnehmervertretungen im Entleiherbetrieb teilnehmen. Nach wie vor darf er allerdings nicht gewählt werden. Hierdurch sollen Leiharbeitnehmer näher an die Stammbelegschaft herangeführt werden.[234]

§ 14 Abs. 2 S. 2, 3 AÜG enthält eine beispielhafte Aufzählung von Teilnahme- und Zutrittsrechten des Leiharbeitnehmers, die dieser in Entleiherbetrieben wahrnehmen kann.

§ 14 Abs. 3 S. 1 AÜG bestätigt die Rechtsprechung des BAG: Der Betriebsrat des Entleiherbetriebs hat bei der Beschäftigung von Leiharbeitnehmern das Mitbestimmungsrecht aus § 99 BetrVG.

In § 14 Abs. 3 S. 2, 3 AÜG werden dem Entleiher gewisse Informationspflichten gegenüber seinem Betriebsrat auferlegt. Der Betriebsrat soll dadurch die Möglichkeit erhalten, zu prüfen, ob ihm Beteiligungsrechte im Zusammenhang mit dem Einsatz von Leiharbeitnehmern zustehen.[235]

§ 14 Abs. 4 AÜG erklärt schließlich Abs. 1 bis 3 auf den öffentlichen Dienst des Bundes für sinngemäß anwendbar. Auf Landesebene trifft der Landesgesetzgeber entsprechende Regelungen.

---

[234] BT-Ds. 14/5741 S. 28
[235] vgl. BT-Ds. 9/847 S. 9

§ 7 Zuordnung zu den Betrieben

I. Zuordnung zum Verleiherbetrieb

§ 14 Abs. 1 AÜG ordnet zwingend an, dass Leiharbeitnehmer auch während der Zeit ihrer Arbeitsleistung im Entleiherbetrieb Angehörige des entsendenden Verleiherbetriebs bleiben. Nach heute ganz allgemeiner Auffassung gehören Leiharbeitnehmer somit kraft gesetzlicher Regelung dem Verleiherbetrieb an.[236] Weitere Regelungen zur betriebsverfassungsrechtlichen Stellung der Leiharbeitnehmer im Verleiherbetrieb enthält § 14 AÜG nicht. Daraus kann der Schluss gezogen werden, dass Leiharbeitnehmer die Betriebsverfassungsrechte in vollem Umfang wie andere Arbeitnehmer wahrnehmen können.[237]

Ebenso sind die Organe der Betriebsverfassung umfänglich neben dem Stammpersonal für die Leiharbeitnehmer zuständig. Vor In-Kraft-Treten des heutigen § 14 AÜG war auch die Betriebszugehörigkeit zum Verleiherbetrieb umstritten. Da der Verleiher keine Betriebsorganisation unterhält, in die der Leiharbeitnehmer eingegliedert werden könnte, wurde teilweise die Betriebszugehörigkeit zum Verleiherbetrieb in Frage gestellt.[238]

Im Bereich der nichtgewerbsmäßigen Arbeitnehmerüberlassung ergibt sich die Zugehörigkeit zum Verleiherbetrieb aus allgemeinen Grundsätzen. Wesentlich für die Betriebszugehörigkeit ist die Weisungszuständigkeit. Im Leiharbeitsverhältnis liegt die primäre Weisungsbefugnis beim Verleiher, da dieser darüber entscheidet, bei welchem Entleiher der Leiharbeitnehmer eingesetzt wird. Somit besteht im Verhältnis zum Leiharbeitnehmer eine Weisungszuständigkeit des Verleihers und damit eine Zugehörigkeit zum Verleiherbetrieb.[239] Unwesentlich ist dabei, ob es sich um echte oder unechte, gewerbsmäßige oder nicht gewerbsmäßige Arbeitnehmerüberlassung handelt.

---

[236] BAG v. 18.01.1989, EzAÜG § 14 AÜG Betriebsverfassung Nr. 19 = AP Nr. 1 zu § 9 BetrVG 1972; v. 15.12.1992, AP Nr. 7 zu § 14 AÜG; **Becker** AuR 1982, 369 ff. (371); **Becker/ Kreikebaum**, Zeitarbeit, S. 183 ff.; **Becker/Wulfgramm**, AÜG, § 14 Rn. 18; **Dietz/Richardi**, BetrVG, § 5 Rn. 79 f.; **Erdlenbruch**, Die betriebsverfassungsrechtliche Stellung ..., S. 63 ff.; v. **Hoyningen-Huene**, SAE 1992, 112, Anm. zu BAG v. 15.12.1992; GK-BetrVG/**Kraft**, § 5 Rn. 14, 18; **Mumot**, Die betriebsverfassungsrechtlichen Beteiligungsrechte ..., S. 67; **Sandmann/Marschall**, AÜG, § 14 Anm. 3; **Schüren**, AÜG, § 14 Rn. 23 ff., 30 ff.; **Trümner** in Däubler/Kittner/Klebe, BetrVG, § 5 Rn. 77 ff.

[237] **Schüren**, AÜG, § 14 Rn. 102

[238] **Endemann**, BB 1951, 786 ff.; **Hessel**, BB 1970, 307 ff.

[239] **Boemke**, Schuldvertrag und Arbeitsverhältnis, AR-Blattei SD Nr. 540, Rn. 44

II. Zuordnung zum Entleiherbetrieb

1. Meinungsstand

Vor In-Kraft-Treten des AÜG ging die herrschende Meinung davon aus, dass der Leiharbeitnehmer sowohl dem Verleiher- als auch dem Entleiherbetrieb angehört.[240] Auch nach der Verabschiedung des AÜG hielt die überwiegende Meinung an der doppelten Betriebszugehörigkeit fest.[241] Zu einem Meinungsumschwung kam es erst mit In-Kraft-Treten des § 14 AÜG, der anordnet, dass der Leiharbeitnehmer auch während der Zeit seiner Arbeitsleistung beim Entleiher Angehöriger des entsendenden Verleiherbetriebs bleibt. Damit war zunächst klargestellt, dass eine ausschließliche Betriebszugehörigkeit zum Entleiherbetrieb ausgeschlossen ist. Aber auch für die doppelte Betriebszugehörigkeit sollte nach der nun h. M. kein Raum mehr sein. Das BAG und die wohl überwiegende Meinung in der Literatur folgern aus § 14 Abs. 1 AÜG, dass die Zuordnung des Leiharbeitnehmers zum Verleiherbetrieb ausschließlich zu verstehen sei.[242] Das BAG gesteht zwar zu, dass die tatsächliche Eingliederung der Leiharbeitnehmer wohl einzelne betriebsverfassungsrechtliche Rechte und Pflichten auslöst, aber keine vollständige Betriebszugehörigkeit begründet wird.[243] Damit sei eine gesetzliche Zuordnung des Leiharbeitnehmers in erster Linie zum Verleiherbetrieb gegeben; zum Entleiherbetrieb bleibt allenfalls Raum für eine partielle Zuordnung.

Nach anderer Auffassung ist weiterhin – also auch nach In-Kraft-Treten des § 14 AÜG – an der doppelten Betriebszugehörigkeit festzuhalten.[244] Schon der Wortlaut des § 14 Abs. 1 AÜG schließt eine Zugehörigkeit des Leiharbeitnehmers zum Entleiherbetrieb neben der Zugehörigkeit zum Verleiherbetrieb nicht aus.[245]

---

[240] BAG v. 11.04.1958, AP Nr. 1 zu § 6 BetrVG; v. 28.04.1964, AP Nr. 3 zu § 4 BetrVG

[241] BSG v. 29.07.1970, BSGE 31, 244 ff., 253; LAG Hamm v. 24.05.1973, DB 1973, 1511 ff.; ArbG Lörrach v. 04.07.1972, DB 1972, 1026; **Mayer**, AuR 1974, 353 ff. (363); **Mumot**, Die betriebsverfassungsrechtlichen Beteiligungsrechte ..., S. 75

[242] BAG v. 18.01.1989, EzAÜG § 14 AÜG Betriebsverfassung Nr. 19 = AP Nr. 1 zu § 9 BetrVG 1972; **Becker/Wulfgramm**, AÜG, § 14 Rn. 18; **Erdlenbruch**, Die betriebsverfassungsrechtliche Stellung ..., S. 64; **Sandmann/Marschall**, AÜG, § 14 Rn. 4

[243] BAG v. 18.01.1989, EzAÜG § 14 AÜG Betriebsverfassung Nr. 19 = AP Nr. 1 zu § 9 BetrVG 1972

[244] **Schüren**, AÜG, § 14 Rn. 30ff.; **Boemke**, Schuldvertrag und Arbeitsverhältnis, § 13 II 3 c)

[245] **Schüren**, AÜG, § 14 Rn. 30 ff.

2. Doppelte Betriebszugehörigkeit

An der vollständigen Zugehörigkeit des Leiharbeitnehmers zum Verleiher- als auch zum Entleiherbetrieb ist aus folgenden Gründen auch weiterhin festzuhalten: § 14 Abs. 1 AÜG sagt nichts über die Zuordnung zum Entleiherbetrieb aus. Damit wird deutlich, dass der Gesetzgeber eine Zugehörigkeit zum Entleiherbetrieb neben der Zugehörigkeit zum Verleiherbetrieb nicht ausschließen wollte. Vielmehr geht der Gesetzgeber selbst von einer grundsätzlichen doppelten Betriebszugehörigkeit aus.[246] Darüber hinaus handelt es sich bei § 14 AÜG nicht um eine abschließende Regelung.[247] Deshalb verbietet es sich aus § 14 Abs. 2, 3 AÜG den Umkehrschluss zu ziehen, dass mit Ausnahme der dort geregelten Rechte des Leiharbeitnehmers sonstige Rechte im Zusammenhang mit der Betriebszugehörigkeit ausgeschlossen sein sollen.

Des Weiteren muss sich die h. M. vorhalten lassen, dass sie nicht hinreichend die tatsächlichen Aspekte im Zusammenhang mit der Betriebszugehörigkeit berücksichtigt. Wie bereits oben dargestellt wird die Betriebszugehörigkeit durch die Eingliederung in die organisatorische Einheit des Betriebs und damit durch die Weisungszuständigkeit definiert. Es kommt gerade nicht auf eine bestehende Rechtsbeziehung an. Der Leiharbeitnehmer erbringt immerhin die Arbeitsleistung größtenteils im Entleiherbetrieb und untersteht dort den Weisungen des Betriebsinhabers. Schon deshalb ist von einer Zugehörigkeit des Leiharbeitnehmers zum Entleiherbetrieb auszugehen.

Darüber hinaus liefert der Wortlaut des § 14 AÜG ein Argument: Hätte der Gesetzgeber mit Abs. 1 eine ausschließliche Zuordnung zum Verleiher beabsichtigt, wäre Abs. 2 überflüssig. Das passive Wahlrecht im Entleiherbetrieb hätte nicht explizit ausgeschlossen werden müssen, wenn ohnehin keine Betriebszugehörigkeit zum Entleiherbetrieb bestehen soll. Hätte die Zuordnung des Leiharbeitnehmers in § 14 Abs. 1 AÜG exklusive Wirkung, hätte sich der Ausschluss des passiven Wahlrechts bereits aus Abs. 1 ergeben.[248] Nach der Vorstellung des Gesetzgebers kommt § 14 Abs. 2 S. 1 AÜG a. F. ausschließende und nicht nur klarstellende Wirkung zu, da es in der Begründung heißt: „... *schließt Abs. 2 S. 1 ... das aktive und passive Wahlrecht der Leiharbeitnehmer im Entleiherbetrieb aus ...*".[249] Ausgeschlossen werden kann aber nur eine zu-

---

[246] BT-Ds. 9/847 S. 8

[247] BAG v. 15.12.1992, SAE 1994, 109 ff. mit Anm. **v. Hoyningen-Huene; Becker**, AuR 1982, 369 ff. (375); **Becker/Wulfgramm**, AÜG, § 14 Rn. 4, 7; **Erdlenbruch**, Die betriebsverfassungsrechtliche Stellung ..., S. 67; **Schüren**, AÜG, § 14 Rn. 10, 54 f.; 122 f.

[248] **Schüren**, AÜG, § 14 Rn. 36

[249] vgl. BT-Ds. 9/847, S. 9

nächst vorhandene Rechtsposition. Das ist im Fall des § 14 Abs. 2 S. 1 AÜG a. F. das sich aus der Betriebszugehörigkeit des Leiharbeitnehmers zum Entleiherbetrieb ergebende Wahlrecht. Nichts anderes gilt für die neue Regelung des § 14 Abs. 2 S. 1 AÜG, nach dem nur noch das passive Wahlrecht ausgeschlossen ist. Auch das passive Wahlrecht ist eine Rechtsposition, die der Gesetzgeber offensichtlich ausschließen will.

Auch der Sinn und Zweck des AÜG verlangt eine doppelte Betriebszugehörigkeit. Gesteht man dem Leiharbeitnehmer allein im Verleiherbetrieb die Betriebszugehörigkeit zu und fehlt damit die Betriebszugehörigkeit im Entleiherbetrieb, schwächt man die Position des Leiharbeitnehmers. Das AÜG wurde aber gerade geschaffen, um dessen Position zu stärken und zu schützen.[250] Ohne ausdrückliche gesetzliche Regelung würde eine Schwächung der Position des Leiharbeitnehmers dem Gesetzeszweck widersprechen.[251]

3. Partielle Betriebszugehörigkeit zum Entleiherbetrieb
Die heute wohl überwiegende Meinung ordnet den Leiharbeitnehmer betriebsverfassungsrechtlich in erster Linie dem Verleiherbetrieb zu, wobei für den Entleiherbetrieb eine partielle Zugehörigkeit angenommen wird.[252] Damit wird versucht, den Besonderheiten der Arbeitnehmerüberlassung gerecht zu werden. Es wurde nicht übersehen, dass der Leiharbeitnehmer die Leistung im Entleiherbetrieb erbringt, dort eingegliedert und dem Entleiher gegenüber weisungsabhängig ist.[253] Der Betriebsrat des Verleiherbetriebs ist aber nicht befugt, die betriebsverfassungsrechtlichen Beteiligungsrechte im Entleiherbetrieb wahrzunehmen, die an die Eingliederung in den Betrieb oder die Weisungsabhängigkeit anknüpfen. Damit der Leiharbeitnehmer nicht schutzlos in diesen Bereichen ist, soll er partiell dem Entleiherbetrieb zugeordnet sein.[254]

---

[250] vgl. BT-Ds. 6/2303, S. 9

[251] **Boemke**, Schuldvertrag und Arbeitsverhältnis, § 13 II 3 c)

[252] BAG v. 18.01.1989, EzAÜG § 14 AÜG Betriebsverfassung Nr. 19 = AP Nr. 1 zu § 9 BetrVG 1972; **Becker**, AuR 1982, 369 ff. (371); **Becker/Kreikebaum**, Zeitarbeit, S. 383 ff.; **Becker/ Wulfgramm**, AÜG, § 14 Rn. 6; **Erdlenbruch**, Die betriebsverfassungsrechtliche Stellung ..., S. 66; GK-BetrVG/**Kreutz**, § 7 Rn. 40; **Trümner** in Däubler/Kittner/Klebe, BetrVG, § 5 Rn. 78

[253] **Erdlenbruch**, Die betriebsverfassungsrechtliche Stellung ..., S. 65

[254] BAG v. 18.01.1989, EzAÜG § 14 AÜG Betriebsverfassung Nr. 19 = AP Nr. 1 zu § 9 BetrVG 1972; **Becker/Wulfgramm**, AÜG, § 14 Rn. 18 ff.; **Erdlenbruch**, Die betriebsverfassungsrechtliche Stellung ..., S. 65; **Fitting/Kaiser/Heither/Engels**, BetrVG, § 5 Rn. 78

Nach einer anderen Auffassung besteht umfängliche Betriebszugehörigkeit zum Entleiherbetrieb, da die Betriebszugehörigkeit als solche nicht teilbar ist. Entweder der Arbeitnehmer gehört dem Betrieb an oder er gehört ihm nicht an.[255] Eine Rechtsposition wie die der Betriebszugehörigkeit lässt sich nicht aufteilen.

Letztlich geht es aber nur um terminologische Unterschiede und nicht um Unterschiede in der Sache. Der Sache nach geht es richtigerweise nicht um eine nur teilweise Betriebszugehörigkeit zum Entleiherbetrieb, sondern um die nur eingeschränkte Anwendung betriebsverfassungsrechtlicher Normen.[256] Dem steht die Annahme einer umfänglichen Betriebszugehörigkeit auch zum Entleiherbetrieb nicht entgegen. Da den Leiharbeitnehmer mit dem Entleiher nur ein arbeitsrechtliches Erfüllungsverhältnis verbindet, können z. B. die betriebsverfassungsrechtlichen Vorschriften, die ein arbeitsrechtliches Grundverhältnis voraussetzen, keine Anwendung im Entleiherbetrieb finden. Es ist also nicht die Betriebszugehörigkeit als solche eingeschränkt, sondern nur die Anwendung derjenigen Rechtsvorschriften, die an die Betriebszugehörigkeit bestimmte Rechtsfolgen knüpfen.

4.   Zwischenergebnis

§ 14 Abs. 1 AÜG steht einer doppelten Betriebszugehörigkeit nicht entgegen. Leiharbeitnehmer sind sowohl im Verleiher- als auch im Entleiherbetrieb Betriebsangehörige. In beiden Betrieben besteht eine umfängliche Betriebszugehörigkeit, da die Betriebszugehörigkeit als solche nicht teilbar ist. Im Ergebnis ist nicht die Betriebszugehörigkeit eingeschränkt, sondern die Anwendbarkeit einzelner Vorschriften.

Es bleibt also zu klären, welche Rechte der Leiharbeitnehmer bzw. die Betriebsräte in Verleiher- und Entleiherbetrieb wahrnehmen können.

---

[255] **Boemke**, AR-Blattei SD Nr. 540, Rn. 48; **Schüren**, AÜG, § 14 Rn. 45
[256] **Boemke**, Schuldvertrag und Arbeitsverhältnis, § 13 V 1 b)

Dritter Teil:
Betriebsverfassungsrechtliche Mitbestimmungs- und Beteiligungsrechte

§ 8 Wahlrecht des Leiharbeitnehmers (§§ 7, 8 BetrVG)

I. Geltende Rechtslage

Gem. §§ 14 Abs. 2 S. 1 AÜG a. F., 7 BetrVG a. F. hatten Leiharbeitnehmer im Entleiherbetrieb weder das aktive noch das passive Wahlrecht. Durch Artikel 2 des Betriebsverfassungsreformgesetzes wird § 14 Abs. 2 S. 1 AÜG dahingehend geändert, dass nunmehr nur noch das passive Wahlrecht versagt bleibt. An diese Änderung knüpft § 7 S. 2 BetrVG n. F. an und stellt das aktive Wahlrecht überlassener Arbeitnehmer unter die Voraussetzung einer geplanten dreimonatigen Tätigkeit im Betrieb. Die Dreimonatsfrist berechnet sich nach §§ 187 ff. BGB und beginnt ab dem Zeitpunkt zu laufen, in dem der Leiharbeitnehmer nach den Vereinbarungen im Arbeitnehmerüberlassungsvertrag im Entleiherbetrieb eingesetzt werden soll. Ausschlaggebend für das Erfüllen der Frist ist nicht, ob der Leiharbeitnehmer zum Zeitpunkt der Wahl bereits drei Monate im Betrieb tätig ist. Die Neuregelung soll Leiharbeitnehmer nach dem Wunsch des Gesetzgebers in die betriebliche Mitbestimmung integrieren.[257] Zu untersuchen ist, wie sich die veränderte Rechtslage auf das Wahlrecht des Leiharbeitnehmers im Verleiher- und Entleiherbetrieb auswirkt.

1. Wahlrecht des Leiharbeitnehmers im Verleiherbetrieb

Gem. § 14 Abs. 1 AÜG bleiben Leiharbeitnehmer auch während der Zeit ihrer Arbeitsleistung bei einem Entleiher Angehörige des entsendenden Betriebs des Verleihers. Aus dieser grundsätzlichen Zuordnung des Leiharbeitnehmers zum Verleiherbetrieb ergibt sich, dass Leiharbeitnehmer im betriebsverfassungsrechtlichen Sinne zur Belegschaft des Verleiherbetriebs gehören, dort den Betriebsrat wählen können (§ 7 S. 1 BetrVG) und unter den Voraussetzungen des § 8 BetrVG wählbar sind.[258] Bereits vor In-Kraft-Treten des § 14 AÜG war allgemein anerkannt, dass Leiharbeitnehmer bei Vorliegen der sonstigen gesetzlichen Voraussetzungen (§§ 7, 8 BetrVG) im Verleiherbetrieb wahlberechtigt und wählbar sind.[259] Bei der Feststellung der Betriebsratsfähigkeit des Verleiherbe-

---

[257] BT-Ds. 14/5741, S. 24, 36

[258] **Becker/Wulfgramm**, AÜG, § 14 Rn. 29; **Erdlenbruch**, Die betriebsverfassungsrechtliche Stellung ..., S. 76; **Mumot**, Die betriebsverfassungsrechtlichen Beteiligungsrechte ..., S. 67; **Sandmann/Marschall**, AÜG, § 14 Rn. 4; **Schüren**, AÜG, § 14 Rn. 46

[259] **Becker/Wulfgramm**, AÜG, 2. Aufl., § 11 Rn. 39 b; **Dietz/Richardi**, BetrVG, § 5 Rn. 75 ff.; **Fitting/Auffahrt/Kaiser**, BetrVG, 13. Aufl., § 5 Rn. 7b; **Galperin/Löwisch**, BetrVG, 6. Aufl., § 5 Rn. 11; **Müllner**, Aufgespaltene Arbeitgeberstellung ..., S. 68

triebs i. S. v. § 1 BetrVG sind die Leiharbeitnehmer zu berücksichtigen.[260] Das Gleiche gilt für alle betriebsverfassungsrechtlichen Angelegenheiten im Verleiherbetrieb, bei denen es auf die Zahl der Belegschaftsmitglieder ankommt.

2. Wahlrecht des Leiharbeitnehmers im Entleiherbetrieb

a) Wahlrecht des Leiharbeitnehmers im Entleiherbetrieb vor In-Kraft-Treten des § 7 Satz 2 BetrVG

Die bis zum In-Kraft-Treten des § 14 AÜG andauernde Uneinigkeit bzgl. des Wahlrechts im Entleiherbetrieb war von Bedeutung für die betriebsverfassungsrechtliche Einordnung des Leiharbeitnehmers, da nicht nur das aktive Wahlrecht in § 7 BetrVG betroffen war, sondern die Wahlberechtigung zum Betriebsrat auch Voraussetzung für die Anwendbarkeit anderer Vorschriften des BetrVG ist. So ist z. B. die Betriebsratsfähigkeit eines Betriebs von der Anzahl der wahlberechtigten Arbeitnehmer abhängig (§ 1 BetrVG) und die Zahl der Betriebsratsmitglieder hängt von der Anzahl der wahlberechtigten Arbeitnehmer ab (§ 9 BetrVG).

Ein aktives Wahlrecht im Entleiherbetrieb wurde im Schrifttum überwiegend mit dem Hinweis auf die fehlende vertragliche Verbindung zwischen Entleiher und Leiharbeitnehmer abgelehnt.[261] Auf Grund der doppelten Betriebszugehörigkeit wurde aber auch die Auffassung vertreten, dass der Leiharbeitnehmer sowohl im Verleiher- als auch im Entleiherbetrieb wahlberechtigt ist.[262] Auch die Rechtsprechung war hinsichtlich des aktiven Wahlrechts im Entleiherbetrieb uneinheitlich. Das BAG entschied sich vor In-Kraft-Treten des AÜG für das aktive Wahlrecht des Leiharbeitnehmers im Entleiherbetrieb.[263] Das Arbeitsgericht Düsseldorf[264] entschied sich gegen, das Arbeitsgericht Lörrach[265] für die Wahlberechtigung.

---

[260] **Becker/Wulfgramm**, AÜG, § 14 Rn. 30

[261] **Bulla**, DB, 1975, 1795 ff. (1796); **Dietz/Richardi**, BetrVG, § 5 Rn. 79; **Fitting/Auffahrt/Kaiser**, BetrVG, 13. Aufl. 1981, § 5 Rn. 7b; **Heußner**, DB 1973, 1800 ff. (1802); **Marschall**, DB 1975, 306 ff.; **Moritz**, BB 1972, 1569 ff. (1570); **Säcker/Joost**, Die Betriebszugehörigkeit als Rechtsproblem ..., S. 55

[262] **Franßen/Haesen**, AÜG, Einl. Rn. 37; **Halbach**, DB 1980, 2389 ff. (2390); **Hueck/Nipperdey**, Arbeitsrecht II, S. 1131 mit Fn. 6; **Mumot**, Die betriebsverfassungsrechtlichen Beteiligungsrechte ..., S. 165; **Ramm**, DB 1973, 1170 ff. (1174); **ders.** ZfA 1973, 263 ff. (284); **Windbichler**, DB 1975, 739 ff. (741);

[263] BAG v. 11.4.1958, AP Nr. 1 zu § 6 BetrVG; v. 28.4.1964, AP Nr. 3 zu § 4 BetrVG

[264] ArbG Düsseldorf v. 10.4.1972, BB Beilage 3/1973, S. 3

[265] ArbG Lörrach v. 4.7.1972, DB 1972, 1026

Das passive Wahlrecht wurde sowohl vom BAG[266] als auch von der überwiegenden Meinung in der Literatur abgelehnt.[267] Wesentlicher Grund war die zu dieser Zeit geltende Höchstüberlassungsdauer von 3 Monaten. Ein Leiharbeitnehmer konnte schon deshalb im Entleiherbetrieb die Voraussetzung des § 8 Abs. 1 S. 1 BetrVG – nämlich die sechsmonatige Betriebszugehörigkeit – gar nicht erfüllen.

Der Gesetzgeber hat mit der Vorschrift des § 14 Abs. 2 S. 1 AÜG a. F. ein Wahlrecht des Leiharbeitnehmers im Entleiherbetrieb ausdrücklich ausgeschlossen. Die Dauer der Überlassung sei zu kurz, um eine Wahlberechtigung des Leiharbeitnehmers im jeweiligen Entleiherbetrieb zu rechtfertigen.[268] Mit § 14 Abs. 2 S. 1 AÜG a. F. wurde der Meinungsstreit über das Wahlrecht von Leiharbeitnehmern im Entleiherbetrieb zunächst dahingehend beendet, dass Leiharbeitnehmer weder aktiv noch passiv im Entleiherbetrieb wahlberechtigt sind. Trotzdem war die Vorschrift des § 14 Abs. 2 S. 1 AÜG a. F. als solche umstritten. Der Ausschluss des Wahlrechts im Entleiherbetrieb war auf Grund der geltenden Höchstüberlassungsdauer von 12 Monaten bzw. 24 Monaten problematisch. Das gilt selbstverständlich erst Recht seit Wegfall der Höchstüberlassungsdauer mit In-Kraft-Treten des „Ersten Gesetzes für moderne Dienstleistungen am Arbeitsmarkt" am 1.1.2003. Nach der hier vertretenen Auffassung von einer doppelten Betriebszugehörigkeit, schloss diese Vorschrift das sich aus der Betriebszugehörigkeit im Entleiherbetrieb ergebende Wahlrecht aus. Nach anderer Auffassung bestand keine Betriebszugehörigkeit zum Entleiherbetrieb, da es an einer arbeitsvertraglichen Verbindung zwischen Entleiher und Leiharbeitnehmer fehlen soll.[269] Nach dieser Auffassung hatte § 14 Abs. 2 S. 1 AÜG allein klarstellende Funktion.

---

[266] BAG v. 14.05.1974, EzAÜG § 14 Betriebsverfassung Nr. 1 = AP Nr. 2 zu § 99 BetrVG 1972

[267] **Bulla**, DB 1975, 1795 ff. (1796); **Dietz/Richardi**, BetrVG, § 7 Rn. 79; **Fitting/Auffahrt/ Kaiser**, BetrVG, 13. Aufl., § 5 Rn. 7b; **Frerichs/Möller/Ulber**, Leiharbeit und betriebliche Interessenvertretung, S. 88; **Heinze**, ZfA 1976, 183 ff. (211); **Müllner**, Aufgespaltene Arbeitgeberstellung ..., S. 74; **Säcker/Joost**, Die Betriebszugehörigkeit als Rechtsproblem ..., S. 54 ff.

[268] BT-Ds. 9/847, S.9; **Sandmann/Marschall**, AÜG, § 14 Rn. 8

[269] vgl. oben § 5 IV. 2. a)

b)   Wahlrecht des Leiharbeitnehmers im Entleiherbetrieb nach In-Kraft-Treten des § 7 Satz 2 BetrVG

aa)   Aktives Wahlrecht im Entleiherbetrieb

Durch Artikel 2 des Betriebsverfassungsreformgesetzes wird § 14 Abs. 2 S. 1 AÜG dahingehend geändert, dass nunmehr nur noch das passive Wahlrecht versagt bleibt. An diese Änderung knüpft § 7 S. 2 BetrVG n. F. an und stellt das aktive Wahlrecht überlassener Arbeitnehmer unter die Voraussetzung einer geplanten dreimonatigen Tätigkeit im Betrieb. Für das aktive Wahlrecht sind die Voraussetzungen des § 7 BetrVG maßgeblich. Danach sind alle Arbeitnehmer des Betriebs wahlberechtigt, die das 18. Lebensjahr vollendet haben. Das aktive Wahlrecht knüpft somit nicht an eine bestimmte Dauer der Betriebszugehörigkeit an. Genau dies ist auch der Grund dafür, dass z. B. befristet eingestellte Aushilfskräfte wahlberechtigt sind, wenn sie am Wahltag Arbeitnehmer i. S. v. § 5 BetrVG und in den Betrieb eingegliedert sind.[270] Dagegen kann die Wählbarkeit am Wahltag gem. § 8 BetrVG fehlen, da die sechsmonatige Dauer der Betriebszugehörigkeit nicht oder noch nicht erfüllt ist.

Das in § 7 S. 2 BetrVG neu geregelte aktive Wahlrecht für Leiharbeitnehmer im Entleiherbetrieb setzt voraus, dass Leiharbeitnehmer länger als drei Monate im Betrieb eingesetzt werden. Die Dreimonatsfrist berechnet sich nach §§ 187 ff. BGB. Fraglich ist, zu welchem Zeitpunkt diese Frist zu laufen beginnt. Sie beginnt in dem Zeitpunkt zu laufen, in dem der Leiharbeitnehmer nach den Vereinbarungen im Arbeitnehmerüberlassungsvertrag im Entleiherbetrieb eingesetzt werden soll.[271] Dass der Leiharbeitnehmer zum Zeitpunkt der Wahl nicht bereits drei Monate im Betrieb tätig war, ist für das Erfüllen der Frist nicht ausschlaggebend. Das ergibt sich bereits aus der Wortwahl des § 7 S. 2 BetrVG, der das aktive Wahlrecht unter die Voraussetzung stellt, dass die überlassenen Arbeitnehmer länger als drei Monate im Betrieb eingesetzt werden. Hätte der Gesetzgeber eine Wartefrist bzw. eine abgeleistete Mindesteinsatzfrist – die im Übrigen für andere Arbeitnehmer auch nicht besteht – begründen wollen, hätte der Wortlaut so gefasst werden müssen, dass die Leiharbeitnehmer bereits für diese Zeit „eingesetzt worden sind". Maßgeblich ist daher die geplante Überlassungsdauer. Geht die geplante Überlassungsdauer über drei Monate hinaus, wird durch die Neuregelung ein aktives Wahlrecht für Leiharbeitnehmer konstitutiv begründet, wenn der Leiharbeitnehmer zum Zeitpunkt der Betriebsrats-

---

[270] **Becker**, AuR 1982, 369 ff. (372); **Fitting/Kaiser/Heither/Engels**, BetrVG, § 7 Rn. 5; GK-BetrVG/**Kreutz**, § 7 Rn. 25, 27; **Stege/Weinspach**, BetrVG, § 7 Rn. 3

[271] **Boemke**, Arbeitnehmerüberlassungsgesetz, § 14 Rn. 63; **a. A.: Maschmann**, DB 2001, 2446 ff. (2447)

wahl im Betrieb eingesetzt ist.[272] Der Leiharbeitnehmer ist in diesen Fällen auch dann wahlberechtigt, wenn er erst am Tag der Betriebsratswahl seine Tätigkeit im Entleiherbetrieb aufnimmt.[273]

Nach anderer Auffassung soll maßgeblich für den Anfangstermin der zu berechnenden Dreimonatsfrist der Tag der Stimmabgabe sein.[274] Dagegen spricht allerdings, dass sich weder im Gesetz oder in der Gesetzesbegründung noch in der Wahlordnung ausdrückliche Hinweise auf ein Stichtagsprinzip finden lassen. Die Bedenken von *Maschmann*, dass ohne dieses Stichtagsprinzip der Eindruck entstehen könnte, dass Leiharbeitnehmer, die irgendwann einmal in der Vergangenheit für länger als drei Monate im Entleiherbetrieb eingesetzt waren, wahlberechtigt sein sollen,[275] können nicht geteilt werden. Schon nach der Begründung des Gesetzgebers steht dem überlassenen Arbeitnehmer ab dem ersten Arbeitstag im Einsatzbetrieb das aktive Wahlrecht zu.[276] Der Gesetzgeber knüpft also das Wahlrecht auch an eine tatsächliche Bindung an den Einsatzbetrieb, sodass die Gefahr einer Wahlberechtigung von außenstehenden, ehemaligen Leiharbeitnehmern gar nicht droht. Darüber hinaus ist § 7 S. 2 BetrVG im Zusammenhang mit § 7 S. 1 BetrVG zu sehen, der voraussetzt, dass es sich bei den Wählern um Arbeitnehmer des Betriebs handeln muss. Es muss also zumindest ein arbeitsrechtliches Erfüllungsverhältnis zwischen Entleiher und Leiharbeitnehmer vorliegen, was bei ehemaligen Leiharbeitnehmern nicht mehr der Fall ist.

Fraglich ist weiterhin, wer zum Kreis der überlassenen Arbeitnehmer i. S. d. § 7 S. 2 BetrVG gehört. Nach ganz überwiegender Meinung lässt sich die Anwendung des § 7 S. 2 BetrVG nicht auf übrige Fälle des Einsatzes von Personal eines anderen Arbeitgebers, in denen keine Arbeitnehmerüberlassung vorliegt, ausdehnen.[277] Nach der amtlichen Begründung zu § 7 S. 2 BetrVG soll diese Regelung „insbesondere" Leiharbeitnehmern zugute kommen.[278] Schon dem Wortlaut der Vorschrift nach ist eine Ausdehnung auf eine werkvertragliche

---

[272] **Brors**, NZA 2002, 123 ff. (125); **Däubler**, AuR 2001, 285 ff. (286); **Maschmann**, DB 2001, 2446 ff. (2447)

[273] **Boemke**, Arbeitnehmerüberlassungsgesetz, § 14 Rn. 63

[274] **Maschmann**, DB 2001, 2446 ff. (2447)

[275] **Maschmann**, DB 2001, 2446 ff. (2446)

[276] BT-Ds. 14/5741 S. 36

[277] **Brors**, NZA 2002, 123 ff. (126); **Lindemann/Simon**, NZA 2002, 365 ff. (367); **Löwisch**, BB 2001, 1734 ff. (1737); **Maschmann**, DB 2001, 2446 ff. (2446); **Reichold**, NZA 2001, 857 ff. (861)

[278] BT-Ds. 14/5741, S. 36

Überlassung von Fremdpersonal fragwürdig, da § 7 S. 2 BetrVG voraussetzt, dass zu einer *Arbeitsleistung* überlassen wird.[279] Bei einer Abwicklung von Leistungen innerhalb eines Werkvertrags hat der Auftraggeber zwar die Befugnis zu werkvertraglichen Anweisungen, die arbeitsrechtlichen Weisungen obliegen aber dem Werkunternehmer. Ebenso scheidet eine Anwendung des § 7 S. 2 BetrVG auf arbeitnehmerähnliche Personen aus. Zu Recht fragt *Reichold*, wo auch das Interesse von lose verbundenen freien Mitarbeitern an der Mitbestimmung von sie häufig nur mittelbar oder gar nicht betreffenden Gegenständen wie Weiterbildung, Arbeitsplatzgestaltung oder Entgeltsystemen liegen soll.[280]

bb)   Passives Wahlrecht im Entleiherbetrieb
Der Gesetzgeber hat mit § 7 S. 2 BetrVG n. F. den Leiharbeitnehmern das aktive, nicht aber das passive Wahlrecht eingeräumt. Dementsprechend wurde § 14 Abs. 2 S. 1 AÜG durch das BetrVerf-ReformG geändert: Leiharbeitnehmern steht nicht das passive Wahlrecht im Entleiherbetrieb zu; sie sind also nicht wählbar.

Richtigerweise wurde das passive Wahlrecht vor Verlängerung der Überlassungsdauer auf 9 Monate nicht diskutiert, da ein Leiharbeitnehmer die Voraussetzungen des § 8 Abs. 1 S. 1 BetrVG gar nicht erfüllen konnte.[281] Seit der Verlängerung der Überlassungsdauer auf neun Monate (1. SKWPG vom 21.12.1993) war der Ausschluss des passiven Wahlrechts allerdings bedenklich, da die Wählbarkeit gem. § 8 Abs. 1 S. 1 BetrVG eine Betriebszugehörigkeit von nur sechs Monaten voraussetzt. Das galt erst recht seit In-Kraft-Treten des Gesetzes zur Reform der Arbeitsförderung (AFRG)[282] am 1.4.1997, da dieses Gesetz die Höchstüberlassungsdauer in § 3 Abs. 1 Nr. 6 AÜG auf 12 Monate verlängerte.[283] Sinn und Zweck der sechsmonatigen Betriebszugehörigkeit in § 8 Abs. 1 S. 1 BetrVG ist es, einen Zeitraum zu schaffen, in dem ein Überblick über die betrieblichen Verhältnisse erworben werden kann, der für die Ausübung des Betriebsratsamts erforderlich ist.[284] Der Gesetzgeber hat ausdrücklich be-

---

[279] **a. A.: Däubler**, AuR 2001, 285 ff. (286); **ders.** AiB 2001, 684 ff. (685); einschränkend **Hanau**, RdA 2001, 65 ff. (68)

[280] **Reichold**, NZA 2001, 857 ff. (861)

[281] BAG v. 14.5.1974; AP Nr. 2 zu § 99 BetrVG 1972 = NJW 1974, 1966 ff.; **Becker/Wulfgramm**, AÜG, § 14 Rn. 31; **Erdlenbruch**, Die betriebsverfassungsrechtliche Stellung ..., S. 81; **Sandmann/Marschall**, AÜG, § 14 Rn. 8

[282] BGBl. I, S. 594

[283] **Fitting/Kaiser/Heither/Engels**, BetrVG, § 7 Rn.6, § 5 Rn. 78; **Ratayczak**, Anm. zu LAG Baden-Württemberg, v. 16.9.1996, AiB 1997, 599 ff. (601); **Schüren**, AÜG, § 14 Rn. 49

[284] GK-BetrVG/**Kreutz**, § 8 Rn. 3

tont, dass ein Zeitraum von sechs Monaten dafür ausreicht.[285] Diesen Überblick kann sich der Leiharbeitnehmer problemlos verschaffen. Solange die Höchst-überlassungsdauer von 24 Monaten galt, konnte der Leiharbeitnehmer darüber hinaus weitere 18 Monate im Entleiherbetrieb tätig bleiben. Da seit 1.1.2003 die Regelungen zur Höchstüberlassungsdauer aufgehoben wurden, bestehen nun keinerlei Hindernisse mehr. Die Regelung des § 14 Abs. 2 S. 1 AÜG erweist sich somit auch im Hinblick auf das passive Wahlrecht nicht mehr als sachge-recht. Nichtsdestoweniger hat der Gesetzgeber in § 14 Abs. 2 S. 1 AÜG n. F. den Ausschluss des passiven Wahlrechts im Entleiherbetrieb aufrechterhalten.

II. Analoge Anwendung des § 14 AÜG auf nichtgewerbsmäßige Arbeit-nehmerüberlassung

Für das geltende Recht hat die Unterscheidung zwischen echter und unechter Leiharbeit grundsätzlich keine Bedeutung mehr.[286] Vielmehr muss zwischen gewerbsmäßiger und nicht gewerbsmäßiger Arbeitnehmerüberlassung unter-schieden werden, da grundsätzlich nur die gewerbsmäßige Arbeitnehmerüber-lassung in den Regelungsbereich des AÜG fällt.[287] Gewerbsmäßig ist die Ar-beitnehmerüberlassung dann, wenn sie auf eine gewisse Dauer angelegt und un-ter Gewinnerzielungsabsicht betrieben wird. Das AÜG findet daher mit Aus-nahme von § 1 Abs. 2 AÜG auf die unentgeltliche oder nur gelegentliche Ar-beitnehmerüberlassung keine Anwendung.[288]

Nach ganz überwiegender Meinung gilt das aktive Wahlrecht des § 7 S. 2 BetrVG für die nicht gewerbsmäßig überlassenen Arbeitnehmer ebenso wie für die gewerbsmäßig überlassenen Arbeitnehmern.[289] Auch diese sind nur dann wahlberechtigt, wenn sie länger als drei Monate im Entleiherbetrieb eingesetzt werden sollen.

Umstritten ist, ob auch die nicht gewerbsmäßigen Leiharbeitnehmer vom passi-ven Wahlrecht im Entleiherbetrieb ausgenommen sind. Nach einer in Recht-sprechung und Lehre verbreiteten Auffassung soll der Ausschluss des passiven Wahlrechts für Leiharbeitnehmer gem. § 14 Abs. 2 S. 1 AÜG analog auch für

---

[285] BT-Ds. VI/1786, S. 37

[286] **Hamann**, Erkennungsmerkmale, S. 48; **Mumot**, Die betriebsverfassungsrechtlichen Betei-ligungsrechte ..., S. 58 f.; **Sandmann/Marschall**, AÜG, Einl. Rn. 8

[287] **Boemke**, Schuldvertrag und Arbeitsverhältnis, S. 552

[288] **Boemke**, AÜG, Einl. Rn. 10

[289] **Boemke**, AÜG, Rn. 64; **Brors**, NZA 2002, 123 ff. (126); **Konzen**, RdA 2001, 76 ff. (83); **Lindemann/Simon**, NZA 2002, 365 ff. (367); **Löwisch**, BB 2001, 1734 ff. (1737); **Maschmann**, DB 2001, 2446 ff. (2446); **Reichold**, NZA 2001, 857 ff. (861)

nicht gewerbsmäßige Leiharbeitnehmer gelten, so lange die für die gewerbsmäßige Arbeitnehmerüberlassung zulässige Höchstüberlassungsdauer nicht überschritten wird.[290] Dieser Auffassung ist jedoch nicht zu folgen, weil mit dem AÜG lediglich die gewerbsmäßige Arbeitnehmerüberlassung geregelt werden soll.[291] Entscheidend hierfür ist, dass mit dem AÜG die Rechtsstellung der Leiharbeitnehmer verbessert werden sollte. Eine von den allgemeinen Bestimmungen abweichende Regelung zu Lasten nicht gewerbsmäßiger überlassener Arbeitnehmer hätte daher einer ausdrücklichen Bestimmung bedurft. Für eine Ausdehnung des Anwendungsbereichs des § 14 Abs. 2 S. 1 AÜG auf nicht gewerbsmäßig überlassene Arbeitnehmer besteht daher keine gesetzliche Grundlage.

III. Verfassungsrechtliche Bedenken

Die Vorschriften über das passive Wahlrecht im Entleiherbetrieb hat der Gesetzgeber nicht geändert. Leiharbeitnehmer gehören zwar zum Kreis der aktiv Wahlberechtigten im Entleiherbetrieb; als Kandidaten für den Betriebsrat im Entleiherbetrieb kommen sie aber nicht in Betracht. Das ergibt sich aus der Neufassung des § 14 Abs. 2 S. 1 AÜG, der das passive Wahlrecht versagt. § 2 Abs. 3 S. 2 WahlO weist nochmals ausdrücklich daraufhin. Nach einer Auffassung bestehen gegen diesen Ausschluss keine verfassungsrechtlichen Bedenken. Insbesondere soll es sich bei der Versagung des passiven Wahlrechts nicht um einen Verstoß gegen Art. 3 Abs. 1 GG handeln.[292] Der sachliche Grund für eine Differenzierung wird darin gesehen, dass eine engere Bindung der Stammarbeitnehmer an den Wahlbetrieb besteht und nicht nur eine tatsächliche Beschäftigung sondern darüber hinaus eine arbeitsvertragliche Beziehung vorliegt.[293] Dieser Auffassung kann aus folgenden Gründen nicht gefolgt werden. Der Ausschluss der Leiharbeitnehmer vom passiven Wahlrecht stellt sich gegenüber befristet Beschäftigten, die sich hinsichtlich der faktischen Eingliederung in den Betrieb durch nichts vom Leiharbeitnehmer unterscheiden, als unzulässige Ungleichbehandlung dar (Art. 3 Abs. 1 GG).[294] Der Gleichheitssatz fordert, dass Gleiches gleich und Verschiedenes nach seiner Eigenart zu behandeln ist.[295] Unterscheidungen dürfen nur nach sachlichen Gesichtspunkten vor-

---

[290] BAG v. 18.1.1989, AP Nr. 2 zu § 14 AÜG; v. 18.1.1989, AP Nr. 1 zu § 9 BetrVG 1972; MünchArbR/**Joost**, § 303 Rn. 60; **Ulber**, AÜG, § 14 Rn. 49

[291] **Boemke**, Schuldvertrag und Arbeitsverhältnis, S. 587; **ders.**, AÜG, § 14 Rn. 64; **Ziemann**, Anm. zu BAG v. 18.1.1989, AuR 1990, 58 ff. (62)

[292] **Maschmann**, DB 2001, 2446 ff. (2447)

[293] **Maschmann**, DB 2001, 2446 ff. (2447)

[294] **Ulber**, AÜG, § 14 Rn. 47

[295] **Maunz-Dürig**, GG, Rn. 303 ff.

genommen werden. Der Gleichheitssatz ist verletzt, wenn ein vernünftiger, sich aus der Natur der Sache ergebender oder sonst sachlich einleuchtender Grund für eine Ungleich- oder Gleichbehandlung nicht zu finden ist.[296] Es stellt sich also die Frage, ob es tatsächlich einen sachlichen Differenzierungsgrund im Vergleich zwischen Leiharbeitnehmern im Entleiherbetrieb und den dort direkt angestellten befristeten Arbeitnehmern im Hinblick auf das passive Wahlrecht gibt. In Betracht kommt dabei allenfalls der Umstand, dass der Leiharbeitnehmer mit dem Entleiher im Gegensatz zum befristet Beschäftigten nicht durch ein arbeitsrechtliches Grundverhältnis verbunden ist. Zweifelhaft erscheint allerdings, ob dieser Unterschied im arbeitsvertraglichen Bereich es rechtfertigt, dem Leiharbeitnehmer das passive Wahlrecht abzusprechen. Das BetrVG stellt in vielen Bereichen gerade nicht auf das Bestehen eines arbeitsrechtlichen Grundverhältnisses ab,[297] sondern knüpft die Rechtsfolgen vielmehr an die Eingliederung des Arbeitnehmers in den Betrieb bzw. an die Weisungsbefugnis des Arbeitgebers. Die Beteiligungsrechte aus §§ 87 Abs. 1 Nr. 6, 89, 90, 91 BetrVG beziehen sich z. B. ausschließlich auf die Erbringung der Arbeitsleistung. Deshalb ist es sachgerecht, auch den Leiharbeitnehmern das Recht zu gewähren, Mitglied der betriebsverfassungsrechtlichen Repräsentationsorgane im Entleiherbetrieb zu werden. Eine Gleichbehandlung mit befristet Beschäftigten wäre in Anbetracht der Tatsache, dass sich seit In-Kraft-Treten des § 14 AÜG die Höchstüberlassungsdauer zunächst verachtfacht hat und nunmehr vollständig aufgehoben wurde, mehr denn je geboten. Es ist nicht nachvollziehbar, warum einem für 24 Monate befristet eingestellten Arbeitnehmer das passive Wahlrecht nach dem BetrVG zusteht, während es einem ebenso lange eingesetzten Leiharbeitnehmer verwehrt ist.[298] Dabei ist insbesondere zu beachten, dass der Leiharbeitnehmer den befristet Beschäftigten in der Dauer der Betriebszugehörigkeit je nach Vereinbarung sogar überbieten kann, da der Einsatz eines Leiharbeitnehmers bei einem Entleiher seit 1.1.2003 nicht mehr einer Höchstdauer unterliegt. Diese Bedenken teilt auch *Maschmann*, der zwar sachliche Gründe für eine Differenzierung sieht, diese Unterschiede sich seiner Meinung nach aber relativieren, wenn man bedenkt, dass auch nur befristet eingestellte Stammarbeitnehmer das passive Wahlrecht genießen, wenn sie sechs Monate dem Wahlbetrieb angehören. Jedenfalls gebietet es das Demokratieprinzip, dass alle Belegschaftsgruppen die Chance auf eine effektive Repräsentation im Vertre-

---

[296] **Maunz-Dürig**, GG, Rn. 310, 311

[297] ebenso BAG v. 18.1.1989, EzAÜG § 14 AÜG Betriebsverfassung Nr. 19 = AP Nr. 1 zu § 9 BetrVG 1972;

[298] **Ratayczak**, Anm. zu LAG Baden-Württemberg, v. 16.9.1996, AiB 1997, 599 ff. (601)

tungsorgan Betriebsrat haben, was dadurch gewährleistet wird, dass eigene Vertreter in den Betriebsrat gewählt werden können.[299]

IV. Wahlrecht nach Übernahme durch den Entleiher

Im Zusammenhang mit § 14 Abs. 2 S. 1 AÜG und §§ 7, 8 BetrVG stellt sich die Frage, wie das Wahlrecht des Leiharbeitnehmers zu bewerten ist, wenn nach Abschluss der Überlassung eine Übernahme des Leiharbeitnehmers in die Stammbelegschaft des Entleihers erfolgt.

1. Aktives Wahlrecht

Im Bereich des aktiven Wahlrechts ergeben sich insoweit keine Probleme. § 7 BetrVG setzt für das aktive Wahlrecht allein voraus, dass der Arbeitnehmer das 18. Lebensjahr vollendet hat. Auf eine bestimmte Dauer der Betriebszugehörigkeit kommt es nicht an, sodass der volljährige Leiharbeitnehmer mit der Übernahme aktiv wahlberechtigt ist.

2. Passives Wahlrecht

Anders verhält es sich beim passiven Wahlrecht, da § 8 Abs. 1 S. 1 BetrVG für die Wählbarkeit eine Betriebszugehörigkeit von sechs Monaten voraussetzt. Häufig wird die Auffassung vertreten, dass die Zeiten, die ein Arbeitnehmer als Leiharbeitnehmer im Entleiherbetrieb gearbeitet hat, nicht auf die sechsmonatige Betriebszugehörigkeit i. S. d. § 8 BetrVG anzurechnen sind. Wesentlicher Grund soll dafür sein, dass die Betriebszugehörigkeit ein Arbeitsverhältnis voraussetze, das der Leiharbeitnehmer zum Entleiher aber nicht hat.[300]

Nach der hier vertretenen Auffassung sind die Zeiten der Leiharbeit bei späterer Übernahme im Entleiherbetrieb auf die Wartezeit des § 8 Abs. 1 S. 1 BetrVG anzurechnen. Wie bereits oben dargestellt, ist eine vertragliche Verbindung nicht notwendig, um die Betriebszugehörigkeit zu begründen. Da § 8 Abs. 1 S. 1 BetrVG für das passive Wahlrecht nur die Betriebszugehörigkeit von sechs Monaten voraussetzt, kann der Leiharbeitnehmer diese Voraussetzung bereits im Laufe der Arbeitnehmerüberlassung erfüllen. Die Wartezeit des § 8 BetrVG soll sicherstellen, dass der Wahlbewerber mit den betrieblichen Verhältnissen vertraut ist.[301] Dafür genügt eine tatsächliche Eingliederung in den Betrieb, die bei einem Leiharbeitnehmer zweifelsfrei gegeben ist. Nach Sinn und Zweck der

[299] **Hamann**, NZA 2003, 526 ff. (529)

[300] ArbG Berlin v. 23.05.1990, EzA § 8 BetrVG 1972 Nr.7; **Fitting/Kaiser/Heither/Engels**, BetrVG, § 8 Rn. 14; GK-BetrVG/**Kreutz**, § 8 Rn. 29, 30

[301] BT-Ds. VI/1786, S. 37

Vorschrift kommt es also auf ein bestehendes Arbeitsverhältnis nicht an.[302] Die Zeiten der Arbeitnehmerüberlassung sind somit auf die Wartezeit anzurechnen.[303]

Für die hier vertretene Auffassung spricht auch die Regelung des § 8 Abs. 1 S. 2 BetrVG. Wenn selbst Wartezeiten in einem anderen Betrieb desselben Unternehmens oder Konzerns angerechnet werden, dann müssen erst recht solche Beschäftigungszeiten angerechnet werden, die zwar ohne arbeitsrechtliches Grundverhältnis mit dem Betriebsinhaber, aber immerhin in demselben Beschäftigungsbetrieb zurückgelegt wurden.[304] Die Übernahme durch den Entleiher muss auch nicht nahtlos an die Zeit der Arbeitnehmerüberlassung anknüpfen. Hier genügt ein unmittelbarer zeitlicher Zusammenhang, was sich auch aus § 8 Abs. 2 S. 2 BetrVG ergibt. Ob dieser gewahrt ist, richtet sich einerseits nach Dauer und Anlass der Unterbrechung und andererseits nach den Gründen für die Übernahme in den Betrieb.[305]

V. Zwischenergebnis

Aus der grundsätzlichen Zuordnung des Leiharbeitnehmers zum Verleiherbetrieb in § 14 Abs. 1 AÜG ergibt sich, dass Leiharbeitnehmer im Verleiherbetrieb den Betriebsrat wählen können (§ 7 BetrVG) und unter den Voraussetzungen des § 8 BetrVG auch wählbar sind.

Gem. § 7 S. 2 BetrVG ist der Leiharbeitnehmer im Entleiherbetrieb wahlberechtigt, wenn sein Einsatz dort drei Monate andauern soll.

Kraft Gesetzes ist das passive Wahlrecht im Entleiherbetrieb ausgeschlossen (§ 14 Abs. 2 S. 2 AÜG), was heute nicht mehr sachgerecht ist.

Nach Übernahme des Leiharbeitnehmers in den Entleiherbetrieb ist im Hinblick auf das passive Wahlrecht die bereits i. R. d. Arbeitnehmerüberlassung zurückgelegten Beschäftigungszeiten auf die Wartezeit des § 8 Abs. 1 S. 1 BetrVG anzurechnen, sofern das neu begründete Arbeitsverhältnis zum ehemaligen Ent-

---

[302] **Becker/Wulfgramm**, AÜG, § 14 Rn. 37; **Schüren**, AÜG, § 14 Rn. 50

[303] ebenso: **Dietz/Richardi**, BetrVG, § 8 Rn. 15; **Erdlenbruch**, Die betriebsverfassungsrechtliche Stellung ..., S. 81; **Hess/Schlochauer/Glaubitz**, BetrVG, § 8 Rn. 16; **Schneider** in Däubler/Kittner/Klebe, BetrVG, § 8 Rn. 11; **Stege/Weinspach**, § 8 Rn. 4

[304] **Schüren**, AÜG, § 14 Rn. 51

[305] **Fitting/Kaiser/Heither/Engels**, BetrVG, § 8 Rn. 15; **Schüren**, AÜG, § 14 Rn. 53; GK-BetrVG, § 8 Rn. 44 ff.

leiherbetrieb in einem unmittelbaren zeitlichen Zusammenhang zur Arbeitnehmerüberlassung steht.

§ 9 Errichtung von Betriebsräten (§ 1 BetrVG)

I. Problemstellung

Gem. § 1 BetrVG können Betriebsräte nur in solchen Betrieben eingerichtet werden, die in der Regel mindestens fünf ständige wahlberechtigte Arbeitnehmer haben. Fraglich ist also, ob Leiharbeitnehmer ständige Arbeitnehmer und bei der Feststellung der Betriebsratsfähigkeit i. S. d. § 1 BetrVG zu berücksichtigen sind. Ständig beschäftigte Arbeitnehmer sind alle Arbeitnehmer, die nicht nur vorübergehend, etwa zur Aushilfe, sondern auf unbestimmte Zeit eingestellt sind. Entscheidend ist, ob der Arbeitnehmer für unbestimmte oder zumindest für eine erhebliche Dauer eingestellt wurde. [306] Nicht abzustellen ist auf den Arbeitsumfang, sodass Teilzeitbeschäftigte jedenfalls ständige Arbeitnehmer sind.[307]

II. Errichtung von Betriebsräten im Verleiherbetrieb

Gem. § 3 Abs. 1 Nr. 3 AÜG sind befristete Arbeitsverträge mit Leiharbeitnehmern nur in eingeschränktem Maße zulässig. Daraus folgt, dass ein Leiharbeitsverhältnis zwischen Verleiher und Leiharbeitnehmer grundsätzlich auf Dauer angelegt ist. Der wechselnde Beschäftigungseinsatz in Entleiherbetrieben ändert daran nichts. Leiharbeitnehmer sind somit ständige Arbeitnehmer des Verleiherbetriebs. Sie werden wie die Arbeitnehmer des Verleihers, die er nicht zum Zwecke der Überlassung an Dritte beschäftigt, bei der Feststellung der Betriebsratsfähigkeit im Verleiherbetrieb berücksichtigt.[308]

III. Errichtung von Betriebsräten im Entleiherbetrieb

Es stellt sich die Frage, ob ein Leiharbeitnehmer ein ständiger Arbeitnehmer im Entleiherbetrieb sein kann, was vor allem unter dem Aspekt relevant ist, dass es keine Höchstüberlassungsregeln mehr gibt. Immerhin kann auch ein befristet beschäftigter Arbeitnehmer berücksichtigt werden, wenn die Beschäftigung von erheblicher Dauer ist.[309]

Teilweise wird vertreten, dass Leiharbeitnehmer bei der Feststellung der Betriebsratsfähigkeit auch im Entleiherbetrieb zu berücksichtigen sind. Begründet wird dies damit, dass unter ständigen Arbeitnehmern nicht die ständig beschäf-

---

[306] **Fitting/Kaiser/Heither/Engels**, BetrVG, § 1 Rn. 242, 243; GK-BetrVG/**Kraft**, § 1 Rn. 62
[307] **Fitting/Kaiser/Heither/Engels**, BetrVG, § 1 Rn. 244; GK-BetrVG/**Kraft**, § 1 Rn. 63
[308] **Becker/Wulfgramm**, AÜG, § 14 Rn. 30; **Erdlenbruch**, Die betriebsverfassungsrechtliche Stellung ..., S. 83; **Fitting/Kaiser/Heither/Engels**, BetrVG, § 1 Rn. 245; **Ulber**, AÜG, § 14 Rn. 13
[309] GK-BetrVG/**Kraft**, § 1 Rn. 62

tigten Arbeitnehmer, sondern die ständig zu besetzenden Arbeitsplätze zu verstehen seien.[310]

Der eindeutige Wortlaut des § 1 BetrVG lässt jedoch nicht zu, dass die Berücksichtigung von den ständig zu besetzenden Arbeitsplätzen abhängig gemacht wird. Maßgeblich ist allein die Zahl der ständig beschäftigten Arbeitnehmer.[311] Im Vergleich zu einem befristet beschäftigten Arbeitnehmer lässt sich im Falle einer Arbeitnehmerüberlassung meistens nicht feststellen, wie lange die Überlassung überhaupt andauern soll. Die Praxis zeigt, dass Arbeitnehmerüberlassungsverträge zwischen Verleiher und Entleiher die zeitliche Komponente häufig offen lassen oder zunächst für einen bestimmten Zeitraum festlegen, der dann aber u. U. mehrere Male verlängert wird. Im Falle einer Befristung kann dagegen am Tag der Feststellung der Betriebsratsfähigkeit auch festgestellt werden, ob das befristete Arbeitsverhältnis noch für eine erhebliche Dauer bestehen bleibt. Darüber hinaus ist die Arbeitnehmerüberlassung stets auf einen vorübergehenden Zeitraum im Entleiherbetrieb angelegt. Der ständig beschäftigte Arbeitnehmer soll aber gerade nicht auf einen vorübergehenden Zeitraum festgelegt sein. Wesentlicher Unterschied zu der oben geführten Diskussion[312] um den Ausschluss des passiven Wahlrechts im Entleiherbetrieb ist, dass das passive Wahlrecht die Betriebszugehörigkeit von mindestens sechs Monaten voraussetzt. Zum Zeitpunkt der Betriebsratswahlen lässt sich dies problemlos feststellen. Die ständige Beschäftigung dagegen geht über die einfache Betriebszugehörigkeit hinaus. Die Betriebszugehörigkeit ist Voraussetzung einer ständigen Beschäftigung ohne eine zeitliche Komponente. Die ständige Beschäftigung ist somit eine Rechtsfolge der Betriebszugehörigkeit, die der Leiharbeitnehmer im Entleiherbetrieb nicht erfüllen kann und die allein auf wagen Vermutungen basieren könnte. Die Berücksichtigung von Leiharbeitnehmern im Rahmen des § 1 BetrVG würde zu einer Rechtsunsicherheit beitragen, da die ständige Beschäftigung eines Leiharbeitnehmers nicht einmal annähernd vermutet werden kann. Mangels ständiger Beschäftigung ist der Leiharbeitnehmer im Entleiherbetrieb somit bei der Feststellung der Betriebsratsfähigkeit nicht mitzuzählen.[313]

---

[310] **Fitting/Kaiser/Heither/Engels, BetrVG**, § 1 Rn. 242

[311] **Dietz/Richardi**, BetrVG, § 1 Rn. 127; **Hess/Schlochauer/Glaubitz**, BetrVG, § 1 Rn. 23

[312] vgl. oben § 8

[313] **Becker/Wulfgramm**, AÜG, Rn. 33; **Dietz/Richardi**, BetrVG, § 1 Rn. 128; **Erdlenbruch**, Die betriebsverfassungsrechtliche Stellung ..., S. 84-85; **Frerichs/Möller/Ulber**, Leiharbeit und betriebliche Interessenvertretung, S. 89; GK-BetrVG/**Kraft**, § 1 Rn. 64; **Mumot**, Die betriebsverfassungsrechtlichen Beteiligungsrechte ..., S. 166; **Stege/Weinspach**, BetrVG, § 1 Rn. 12

IV. Zwischenergebnis

Leiharbeitnehmer sind bei der Feststellung der Betriebsratsfähigkeit i. S. d. § 1 BetrVG im Verleiherbetrieb zu berücksichtigen. Im Entleiherbetrieb finden sie keine Berücksichtigung; die Betriebszugehörigkeit begründet keine ständige Beschäftigung i. S. d. § 1 BetrVG.

§ 10 Betriebsratsgröße (§ 9 BetrVG)

I. Problemstellung

Die Größe des Betriebsrats richtet sich gem. § 9 BetrVG nach der Anzahl der in der Regel wahlberechtigten Arbeitnehmer im Betrieb. Ab 101 Arbeitnehmern, die dem Betrieb angehören, kommt es auf deren Wahlberechtigung nicht mehr an. Im Gegensatz zu § 1 BetrVG verlangt § 9 BetrVG keine ständige Beschäftigung des Arbeitnehmers. Es stellt sich also die Frage, ob Leiharbeitnehmer im Entleiherbetrieb bei der Ermittlung der Betriebsratsgröße zu berücksichtigen sind.

II. Betriebsratsgröße im Verleiherbetrieb

Leiharbeitnehmer gehören dem Verleiherbetrieb an, sind dort wahlberechtigt[314] und werden dort bei der Feststellung der Betriebsratsfähigkeit berücksichtigt. Demzufolge sind sie ebenso wie das Stammpersonal bei der Bemessung der Betriebsratsgröße mitzuzählen. Hier ergeben sich keine besonderen Probleme.

III. Betriebsratsgröße im Entleiherbetrieb

Vor In-Kraft-Treten des § 7 S. 2 BetrVG wurden in Betrieben mit weniger als 151 Arbeitnehmern Leiharbeitnehmer nicht berücksichtigt, da in diesen kleineren Betrieben der zu berücksichtigende Arbeitnehmer auch wahlberechtigt sein muss. Das aktive Wahlrecht im Entleiherbetrieb war aber kraft Gesetzes ausgeschlossen (§ 14 Abs. 2 S. 1 AÜG a. F.). Ab der vierten Stufe bzw. 151 Arbeitnehmern setzte § 9 BetrVG nur noch eine regelmäßige Beschäftigung neben der Betriebszugehörigkeit voraus; auf die Wahlberechtigung kam es nicht mehr an. Es stellte sich also die Frage, ob ein Leiharbeitnehmer ein regelmäßiger Beschäftigter im Entleiherbetrieb ist.

Nach In-Kraft-Treten des § 7 S. 2 BetrVG sind Leiharbeitnehmer nun unter bestimmten Voraussetzungen im Entleiherbetrieb wahlberechtigt. Somit ist eine der Voraussetzungen der ersten drei Stufen des § 9 S. 1 BetrVG erfüllt. Es stellt sich allerdings weiterhin die Frage, ob Leiharbeitnehmer auch „in der Regel" im Entleiherbetrieb beschäftigt sind.

---

[314] vgl. oben § 8 I.

Nach einer Auffassung sind Leiharbeitnehmer dennoch bei der Bemessung der Betriebsratsgröße nicht zu berücksichtigen.[315] Nach dem von dieser Meinung vertretenem Verständnis von Betriebszugehörigkeit scheitert die Berücksichtigung an dem fehlenden arbeitsrechtlichen Grundverhältnis zwischen Leiharbeitnehmer und Entleiher. Eine solche Verbindung sei Voraussetzung der Betriebszugehörigkeit bzw. für eine regelmäßige Beschäftigung i. S. d. § 9 BetrVG.

Nach der hier vertretenen Auffassung sind – bei regelmäßiger Beschäftigung – Leiharbeitnehmer im Entleiherbetrieb im Rahmen des § 9 BetrVG grundsätzlich zu berücksichtigen; sie sind also mitzuzählen bei der Bestimmung der Betriebsratsgröße.[316] Zum einen setzt wie bereits oben dargestellt die Betriebszugehörigkeit kein arbeitsrechtliches Grundverhältnis voraus, zum anderen besteht ein arbeitsrechtliches Erfüllungsverhältnis zwischen Leiharbeitnehmer und Entleiher.[317] Leiharbeitnehmer können also nach der hier vertretenen Auffassung die Voraussetzungen des § 9 BetrVG erfüllen, wenn sie im Entleiherbetrieb regelmäßig beschäftigt sind. Die Zahl der in der Regel beschäftigten Arbeitnehmer bemisst sich nach der den Betrieb im allgemeinen kennzeichnenden Personalstärke. Es kommt also darauf an, wie viel Arbeitnehmer normalerweise im Betrieb beschäftigt werden.[318] Es kommt auf den im größten Teil des Jahres beste-

---

[315] BAG v. 16.4.2003 Pressemitteilung Nr. 35/03 vom 16.4.2003; BAG v. 18.1.1989 EzAÜG § 14 Betriebsverfassung Nr. 19 = BB 1989, 1406 = EzA § 9 BetrVG 1972 Nr. 4; ebenso LAG Baden-Württemberg v. 16.9.1996 AiB 1997, 599 (auf Grund der Neuregelung des § 7 S. 2 BetrVG dürfte diese Auffassung überholt sein; **Becker/Wulfgramm**, § 14 Rn. 33; **Hanau**, RdA 2001, 65 ff. (68); ders., NJW 2001, 2513 ff. (2515); **Konzen**, RdA 2001, 76 ff. (83); GK-BetrVG/**Kreutz**, § 9 Rn. 12; **Löwisch**, BB 2001, 1734 ff. (1737); **Maschmann**, DB 2001, 2446 ff. (2448)

[316] BT-Ds. 14/6352 S. 54 Beschlussempfehlung und Bericht des A u. S-Ausschusses; **Boemke**, Schuldvertrag und Arbeitsverhältnis, S. 437, 588; **Däubler**, AuR 2001, 1 ff. (4); ders. AuR 2001, 285 ff. (286); **Erdlenbruch**, Die betriebsverfassungsrechtliche ..., S. 88; **Fischer**, AiB 2001, 565 ff. (566); **Fitting/Kaiser/Heither/ Engels/Schmidt**, BetrVG, § 9 Rn. 21; **Hamann**, NZA 2003, 526 ff. (530); **Horstkötter**, AiB 2001, 561 ff. (563); **Ratayczak**, Anm. zu LAG Baden-Württemberg, v. 16.9.1996, AiB 1997, 599 ff. (601); **Reichold**, NZA 2001, 857 ff. (861); **Richardi**, NZA 2001, 346 ff. (350), der zumindest bei den ersten beiden Größenstufen des § 9 BetrVG die Leiharbeitnehmer berücksichtigen will; **Shahatit**, BArbBl. 2001, 15 ff.; **Thüsing/Lambrich**, NZA-Sonderheft 2001, 86 ff.; **Trümner** in Däubler/Kittner/Klebe, BetrVG, § 5 Rn. 78; **Ulber**, AÜG, § 14 Rn. 18a

[317] vgl. oben § 3 III. 3. b)

[318] BAG v. 22.2.1983, AP Nr. 7 zu § 113 BetrVG 1972; BAG v. 9.5.1995, NZA 1996, 166 ff. (167); **Boemke**, Schuldvertrag und Arbeitsverhältnis, S. 437; **Fitting/Kaiser/Heither/Engels/Schmidt**, BetrVG, § 9 Rn. 21, § 1 Rn. 272; **Schneider** in Däubler/Kittner/Klebe, BetrVG, § 9 Rn. 7

henden „normalen" Zustand an; es muss sich aber nicht um die Durchschnitts-
zahl der Arbeitnehmer handeln.[319] Leiharbeitnehmer werden bei der Bestimmung der Betriebsratsgröße im Entleiherbetrieb berücksichtigt, wenn sie auf
Arbeitsplätzen tätig werden, die mindestens für sechs Monate im Jahr besetzt
sind.[320] Nach der hier vertretenen Auffassung wird also bei der Ermittlung der
Betriebsratsgröße der wahlberechtigte Leiharbeitnehmer berücksichtigt, wenn er
auf einem Arbeitsplatz im Entleiherbetrieb arbeitet, der für einen Zeitraum von
mindestens 6 Monaten im Jahr besetzt ist.

Die gegenteilige Auffassung des BAG[321] dürfte auf Grund des neu geschaffenen
§ 7 S. 2 BetrVG überholt sein,[322] trotzdem hält das BAG auch in seiner neuesten
Entscheidung daran fest.[323] Die Argumentation des BAG kann aber nicht überzeugen: Nicht dem Betrieb angehörende Arbeitnehmer wie z. B. Leiharbeitnehmer sollen allenfalls partiell vom Betriebsrat repräsentiert werden.[324] Das
BAG geht also von einer partiellen Betriebszugehörigkeit des Leiharbeitnehmers im Entleiherbetrieb aus. Davon einmal abgesehen, dass die Betriebszugehörigkeit als solche nicht teilbar ist, muss die Aussage des BAG am Sinn und
Zweck des § 9 BetrVG gemessen werden. § 9 BetrVG sieht eine nach Betriebsgröße gestaffelte Anzahl von Betriebsratsmitgliedern vor, sodass ein angemes-
senes Verhältnis zwischen den regelmäßig beschäftigten Arbeitnehmern und der
Größe des Betriebsrats zu Stande kommt. Je mehr Arbeitnehmer im Betrieb
vorhanden sind, desto mehr Betriebsratsarbeit fällt an und desto größer muss
folglich der Betriebsrat sein, damit die Aufgaben i. S. d. BetrVG ordnungsge-
mäß erfüllt werden können. Da die Leiharbeitnehmer nach Auffassung des BAG
zumindest teilweise vom Betriebsrat im Entleiherbetrieb repräsentiert werden,
ist nicht ersichtlich, warum sich dieser zusätzliche Aufgabenbereich nicht auch
auf die Größe des Betriebsrats auswirken soll. Gerade weil das BAG erkennt,
dass die tatsächliche Eingliederung eines Leiharbeitnehmers in den Entleiherbetrieb unter betriebsverfassungsrechtlichen Aspekten bedeutsam ist, da dem Entleiherbetriebsrat Rechte und Pflichten zukommen, die nicht zwingend den

[319] **Fitting/Kaiser/Heither/Engels/ Schmidt**, BetrVG, § 1 Rn. 272;
[320] BAG v. 12.10.1976, AP Nr. 1 zu § 8 BetrVG 1972; **Boemke**, Arbeitsvertrag und Schuldrecht, S. 438, 588; ders., AÜG, § 14 Rn.57; MünchArbR/**Joost**, § 296 Rn. 103; **Schneider**
in Däubler/Kittner/Klebe, BetrVG, § 9 Rn. 9
[321] BAG v. 18.1.1989 EzAÜG § 14 Betriebsverfassung Nr. 19 = BB 1989, 1406 = EzA § 9
BetrVG 1972 Nr. 4;
[322] so auch **Fitting/Kaiser/Heither/Engels/Schmidt**, BetrVG, § 9 Rn. 21
[323] BAG v. 16.4.2003 Pressemitteilung Nr. 35/03 vom 16.4.2003
[324] BAG v. 18.1.1989 EzAÜG § 14 Betriebsverfassung Nr. 19 = BB 1989, 1406 = EzA § 9
BetrVG 1972 Nr. 4

rechtlichen Bestand eines Arbeitsverhältnisses zum Betriebsinhaber voraussetzen (z. B. im Bereich der Unfallverhütung, beim Einsatz von Leiharbeitnehmern, bei Fragen der Ordnung des Betriebs und des Verhaltens der Arbeitnehmer im Betrieb), hätte es konsequenterweise auch zu der Überzeugung kommen müssen, dass damit eine gewisse Mehrbelastung des Betriebsrats einhergeht. Die gesetzliche Zuerkennung von betriebsverfassungsrechtlichen Individualrechten an den Leiharbeitnehmer (§ 14 Abs. 2 Satz 3 AÜG) sowie die Zubilligung von Teilnahmerechten an Betriebs- und Jugendversammlungen (§ 14 Abs. 2 Satz 2 AÜG) tragen ebenfalls dem Umstand Rechnung, dass der Entleiherbetriebsrat beim Einsatz von Leiharbeitnehmern einer Mehrbelastung ausgesetzt ist, die einer Berücksichtigung bei der Anzahl seiner Mitglieder bedarf.

Gegen die Argumentation des BAG spricht letztlich auch ein Vergleich zu der von der h. M. vertretenen Definition für eine regelmäßige Beschäftigung. So hat das BAG entschieden,[325] dass Aushilfsarbeitnehmer zu berücksichtigen sind, wenn solche Arbeitnehmer regelmäßig für einen Zeitraum von mindestens sechs Monaten im Jahr beschäftigt werden.[326] Da Leiharbeitnehmer ebenso wie Aushilfsarbeitnehmer nicht ständig beschäftigt sind, ist hier ein Vergleich zwischen beiden Gruppen gerechtfertigt. Leiharbeitnehmer können ebenso wie Aushilfsarbeitnehmer sechs Monate und länger im Betrieb beschäftigt werden. Die fehlende arbeitsvertragliche Bindung von Leiharbeitnehmern zum Entleiherbetrieb rechtfertigt jedenfalls bei Arbeitsplätzen, die regelmäßig von Leiharbeitnehmern besetzt sind, keine andere Bewertung.[327] Die Größe des Betriebsrats soll sich immerhin nach der Arbeitnehmeranzahl richten, die vom ihm repräsentiert wird und nicht nach der Anzahl der Arbeitsverträge zwischen Inhaber und Arbeitnehmer. Selbst wenn der Betriebsrat nur „partiell" den Leiharbeitnehmer repräsentiert, so ist der Unterschied zur Repräsentanz des Aushilfsarbeitnehmers kaum ersichtlich.

IV. Zwischenergebnis

Im Ergebnis kann festgehalten werden, dass die Ablehnung der Berücksichtigung des Leiharbeitnehmers i. R. d. § 9 BetrVG nicht sachgerecht ist, da der Bestand eines Arbeitsverhältnisses nichts über den Bestand der betriebszugehörigen Arbeitnehmer aussagt und damit auch nicht repräsentativ für den

---

[325] BAG v. 12.10.1976, AP Nr. 1 zu § 8 BetrVG 1972; v. 29.5.1991, AP Nr. 1 zu § 17 BPersVG
[326] **Fitting/Kaiser/Heither/Engels**, BetrVG, § 9 Rn. 4; GK-BetrVG/**Kreutz**, § 9 Rn. 11
[327] **Erdlenbruch**, Die betriebsverfassungsrechtliche Stellung ..., S. 89

Anfall an Betriebsratsarbeit ist. Die Größe des Betriebsrats soll sich allein nach der Zahl der Arbeitnehmer richten, die von ihm repräsentiert werden. Dazu gehören auch die wahlberechtigten Leiharbeitnehmer. Leiharbeitnehmer sind deshalb i. R. d. § 9 BetrVG zu berücksichtigen, wenn sie Arbeitsplätze innehaben, die regelmäßig betrieblich besetzt sind – gleichgültig ob mit Stamm- oder Leiharbeitnehmern – oder soweit Leiharbeitnehmer regelmäßig im Betrieb beschäftigt werden.[328]

---

[328] ebenso: LAG Hamm v. 24.5.1973, DB 1973, 1511 ff.; **Erdlenbruch**, Die betriebsverfassungsrechtliche Stellung ..., S. 89; **Fitting/Kaiser/Heither/Engels**, BetrVG, § 9 Rn. 7; **Frerichs/ Möller/Ulber**, Leiharbeit und betriebliche Interessenvertretung, S. 89; **Ramm**, DB 1973, 1170 ff. (1174); **Ulber**, AÜG, § 14 Rn. 18a; **a. A.: Becker/Wulfgramm**, AÜG, § 14 Rn. 33; **Bulla**, DB, 1975, 1795 ff. (1797); **Fitting/Kaiser/Heither/Engels**, BetrVG, § 9 Rn. 4; **Müllner**, Aufgespaltene Arbeitgeberstellung ..., S. 76 ff.

§ 11 Allgemeine betriebsverfassungsrechtliche Grundsätze

I. Problemstellung

Das BetrVG enthält einige Grundsätze, die die Zusammenarbeit zwischen Betriebsrat und Arbeitgeber, die Gestaltung der Beziehung zwischen Arbeitgeber und Arbeitnehmer sowie die Ausübung der Rechte und Pflichten des Betriebsrats allgemein betrifft. Im Hinblick auf die betriebsverfassungsrechtliche Einordnung des Leiharbeitnehmers stellt sich die Frage, inwieweit der Leiharbeitnehmer in diese allgemeinen Prinzipien eingebunden ist und ob sich diese Grundsätze im Verleiher- und Entleiherbetrieb unterschiedlich auswirken. Im Einzelnen handelt es sich dabei um die vertrauensvolle Zusammenarbeit zum Wohl der Arbeitnehmer und des Betriebs in § 2 Abs. 1 BetrVG und um die Grundsätze für die Behandlung der Betriebsangehörigen in § 75 BetrVG.

II. Grundsatz der vertrauensvollen Zusammenarbeit (§ 2 Abs. 1 BetrVG)

1. Inhalt

Das Gebot der vertrauensvollen Zusammenarbeit in § 2 Abs. 1 BetrVG ist der gesetzlich vorgeschriebene Weg, die Ziele, die das BetrVG anstrebt, zu erreichen. Es handelt sich also um eine Verhaltensanordnung, die auf den gesamten Bereich der Betriebsverfassung, auf die Geltendmachung und Erfüllung aller Rechte und Pflichten einwirkt, die das Betriebsverfassungsgesetz vorsieht.[329] Die Zusammenarbeit zwischen Arbeitgeber und Betriebsrat soll dabei zum Wohl der Arbeitnehmer und des Betriebs erfolgen. Die Verfolgung der Interessen der Betriebsparteien unterliegt also einer Beschränkung[330] – sie findet ihre Grenzen am Wohl der Belegschaft und des Betriebs. Fraglich ist, ob Arbeitgeber und Betriebsrat bei der Prüfung eigener Interessen auch das Wohl der Leiharbeitnehmer berücksichtigen müssen. Im Hinblick auf die betriebsverfassungsrechtliche Einordnung von Leiharbeitnehmern fragt sich also, ob das Wohl der Arbeitnehmer auch das Wohl der Leiharbeitnehmer einschließt.

2. Verleiherbetrieb

Der Schutzbereich des § 2 Abs. 2 BetrVG erstreckt sich im Verleiherbetrieb zweifelsohne auf die Leiharbeitnehmer. Wenn auch der Leiharbeitnehmer im Rahmen seiner Arbeitsleistung wenig bis gar nichts mit dem Verleiherbetrieb zu

---

[329] **Fitting/Kaiser/Heither/Engels**, BetrVG, § 2 Rn 8 ff.; GK-BetrVG/**Kraft**, § 2 Rn. 13; **Stege/Weinspach**, BetrVG, § 2 Rn. 1 ff.

[330] **Fitting/Kaiser/Heither/Engels**, BetrVG, § 2 Rn. 34; **Stege/Weinspach**, BetrVG, § 2 Rn. 1; **Zöllner**, Arbeitsrecht, § 44 VII 1a

tun hat, so ist er doch an den Verleiherbetrieb gebunden. Sowie er von Maßnahmen des Verleiherbetriebs betroffen ist, muss sein Wohl i. R. d. § 2 Abs. 1 BetrVG berücksichtigt werden. Ebenso zeigt die grundsätzliche betriebsverfassungsrechtliche Zuordnung zum Verleiherbetrieb in § 14 Abs. 1 S. 1 AÜG, dass Leiharbeitnehmer ebenso wie das Stammpersonal des Verleihers in den Schutzbereich des § 2 Abs. 1 BetrVG einzubeziehen sind.[331]

3. Entleiherbetrieb

Nach der hier vertretenen Auffassung sind Leiharbeitnehmer im Entleiherbetrieb betriebszugehörige Arbeitnehmer.[332] Grundsätzlich bestehen also keine Bedenken gegen eine Einbeziehung des Leiharbeitnehmers in den persönlichen Geltungsbereich des § 2 Abs. 1 BetrVG im Entleiherbetrieb.

Bei § 2 Abs. 1 BetrVG handelt es sich – so die h. M. – um eine unmittelbar verpflichtende Rechtsnorm.[333] Diese Generalklausel enthält unmittelbar geltendes Recht.[334] Gelegentlich wird die Auffassung vertreten, dass diese Vorschrift vornehmlich programmatische Bedeutung habe und es sich dabei um eine Art Präambel bzw. einen Appell handele.[335] Wesentlich ist, dass § 2 Abs. 1 BetrVG neben dem Verhaltensgebot für Arbeitgeber und Betriebsrat als Auslegungsregel für die Bestimmung des Inhalts aller im BetrVG geregelten Rechte und Pflichten dient. Sie wirkt direkt auf Inhalt und Abgrenzung aller Einzelrechte und Pflichten aus dem BetrVG ein.[336] Allerdings enthält die Norm keine Kompetenzzuweisung, sodass aus ihr keine selbstständigen Rechte der Betriebspartner abgeleitet werden können. Ebenso wenig können Mitwirkungs- oder Mitbestimmungsrechte, die das Gesetz nicht vorsieht, aus § 2 Abs. 1 BetrVG hergeleitet werden.[337] § 2 Abs. 1 BetrVG setzt also voraus, dass eine andere betriebsverfassungsrechtliche Norm zur Anwendung kommt und dient dann als Auslegungsregel.

[331] ebenso **Erdlenbruch**, Die betriebsverfassungsrechtliche Stellung ..., S. 217
[332] vgl. oben § 7 II.
[333] BAG v. 21.2.1978, AP Nr. 1 zu § 74 BetrVG 1972 = BB 1978, 1116; **Fitting/Kaiser/Heither/Engels**, BetrVG, § 2 Rn. 10; GK-BetrVG/**Kraft**, § 2 Rn. 7; **Stege/Weinspach**, BetrVG, § 2 Rn. 1
[334] **Fitting/Kaiser/Heither/Engels**, BetrVG, § 2 Rn. 10; **v. Hoyningen-Huene**, BetrVG, S. 57; **Dietz/Richardi**, BetrVG, § 2 Rn. 8, 10
[335] **Weiss/Weyand**, BetrVG, § 2 Rn. 1, 2
[336] **Fitting/Kaiser/Heither/Engels**, BetrVG, § 2 Rn. 10; GK-BetrVG/**Kraft**, § 2 Rn. 15
[337] **Fitting/Kaiser/Heither/Engels**, BetrVG, § 2 Rn. 10; GK-BetrVG/**Kraft**, § 2 Rn. 15

Wie bereits oben dargestellt ist der Leiharbeitnehmer im Entleiherbetrieb umfassend betriebszugehörig, da es eine partielle Betriebszugehörigkeit nicht gibt.[338] Trotz Betriebszugehörigkeit können aber einzelne Bestimmungen des BetrVG auf Leiharbeitnehmer im Entleiherbetrieb nicht angewandt werden.[339] Die Anwendbarkeit der Vorschriften hängt davon ab, ob der Leiharbeitnehmer im Entleiherbetrieb die Tatbestandsvoraussetzungen der jeweiligen Vorschrift erfüllen kann. Dies ist z. B. nicht der Fall, wenn ein arbeitsrechtliches Grundverhältnis vorausgesetzt ist.

Wird § 2 Abs. 1 BetrVG zur Auslegung einer Norm herangezogen, die auch für den Leiharbeitnehmer im Entleiherbetrieb Anwendung findet, ist der Leiharbeitnehmer in diesem Zusammenhang auch in den Schutzbereich des § 2 Abs. 1 BetrVG einzubeziehen. Entleiher und Betriebsrat haben also dann zum Wohle des Leiharbeitnehmers zusammenzuarbeiten, wenn es sich um eine Angelegenheit handelt, die den Leiharbeitnehmer im Entleiherbetrieb betrifft und der Betriebsrat den Leiharbeitnehmer in diesem Zusammenhang zu repräsentieren hat.

III.   Grundsatz von Recht und Billigkeit (§ 75 Abs. 1 BetrVG)

1.   Sinn und Zweck der Vorschrift
Durch die Vorschrift des § 75 Abs. 1 BetrVG soll eine Behandlung der Betriebsangehörigen nach den Grundsätzen von Recht und Billigkeit und insbesondere der Gleichbehandlung sichergestellt werden.[340] Darüber hinaus dient sie als Grundsatz für die Gestaltung des Verhältnisses zwischen Arbeitgeber und Betriebsrat, als Maxime für die Ausübung der Beteiligungsrechte durch den Betriebsrat und als allgemeines Prinzip für das Verhalten der Belegschaft. Die Vorschrift hat unmittelbare materielle Bedeutung – es handelt sich nicht um unverbindliche Programmsätze. Darüber hinaus enthält die Vorschrift eine wichtige Auslegungsregel, vor allem für die inhaltliche und umfangmäßige Gestaltung der Beteiligungsrechte des Betriebsrats.[341] Für die betriebsverfassungsrechtliche Einordnung des Leiharbeitnehmers stellt sich die Frage ob und wie § 75 Abs. 1 BetrVG Auswirkungen auf den Leiharbeitnehmer im Verleiher- und Entleiherbetrieb hat.

---

[338] vgl. oben § 7 II. 3.
[339] **Boemke**, Schuldvertrag und Arbeitsverhältnis, § 13 V 1 b) aa)
[340] **Berg** in Däubler/Kittner/Klebe, BetrVG, § 75 Rn. 1, 3; **Fitting/Kaiser/Heither/Engels**, BetrVG, § 75 Rn.1; GK-BetrVG/**Kreutz**, § 75 Rn. 15; Stege/Weinspach, § 75 Rn. 1 ff.
[341] **Fitting/Kaiser/Heither/Engels**, BetrVG, § 75 Rn. 2

2. Verleiherbetrieb

Leiharbeitnehmer gehören betriebsverfassungsrechtlich dem Verleiherbetrieb an (§ 14 Abs. 1 AÜG). Schon aus diesem Grund findet § 75 Abs. 1 BetrVG Anwendung im Verleiherbetrieb. Da der Leiharbeitnehmer seine Arbeitsleistung allerdings bei verschiedenen Entleihern erbringt, hat der Verleiherbetriebsrat dann keine Einwirkungsmöglichkeit, wenn z. B. die Eingliederung eines Leiharbeitnehmers in die Betriebsorganisation beim Entleiher betroffen ist. Ausschließlich zuständig ist der Verleiherbetriebsrat hinsichtlich solcher Angelegenheiten, die eine arbeitsvertragliche Beziehung zum Betriebsinhaber zur Voraussetzung haben.[342] Im Verleiherbetrieb ist vor allem der in § 75 Abs. 1 BetrVG festgelegte Gleichbehandlungsgrundsatz zu beachten, da die Belegschaftsstruktur im Verleiherbetrieb atypisch ist. Eine Ungleichbehandlung zwischen Stammpersonal und Leiharbeitnehmern kann bei Vorliegen sachlicher Unterscheidungsmerkmale zulässig sein. Dies wiederum ergibt sich auch aus der Tatsache, dass die Interessen der Leiharbeitnehmer stark von den Interessen des Stammpersonals abweichen können. Soweit aber Beteiligungsrechte an die faktische Eingliederung eines Arbeitnehmers in die Betriebsorganisation anknüpfen, ist der Betriebsrat des Verleiherbetriebs nicht zuständig, da der Verleiher keine Einwirkungsmöglichkeiten auf die betriebliche Ausgestaltung des Entleihers hat. Weiterhin ist der Verleiherbetriebsrat nicht das zuständige Organ, wenn es sich um Beteiligungsrechte handelt, die als eine Begrenzung des Arbeitsgeberweisungsrechts zu verstehen sind, es sei denn, es handelt sich um Weisungsrechte, die sich der Verleiher im Arbeitnehmerüberlassungsvertrag vorbehalten hat.[343] Regelmäßig ist das z. B. der Fall bei der Anordnung von Überstunden.

3. Entleiherbetrieb

Bereits aus dem weitgefassten Wortlaut des § 75 Abs. 1 S. 1 BetrVG, der alle im Betrieb tätigen Personen nennt, ergibt sich, dass auch die Leiharbeitnehmer im Entleiherbetrieb von den Grundsätzen erfasst werden.[344] Die Vorschrift des § 75 Abs. 1 BetrVG bezieht sich also auch auf Leiharbeitnehmer im Verhältnis

---

[342] **Becker**, AuR 1982, 369 ff. (374); **Becker/Wulfgramm**, AÜG, § 14 Rn. 76, 78, 79; **Erdlenbruch**, Die betriebsverfassungsrechtliche Stellung ..., S. 220
[343] **Becker**, AuR 1982, 369 ff. (374)
[344] **Erdlenbruch**, Die betriebsverfassungsrechtliche ..., S. 220; **Fitting/Kaiser/Heither/Engels**, BetrVG, § 75 Rn. 8; **Mumot**, Die betriebsverfassungsrechtlichen ..., S. 114

zum Entleiher bzw. zum Entleiherbetriebsrat.[345] Nach anderer Auffassung findet
§ 75 Abs. 1 BetrVG keine Anwendung im Entleiherbetrieb im Hinblick auf
Leiharbeitnehmer. § 75 BetrVG beschränke sich auf betriebsangehörige Arbeitnehmer i. S. d. § 5 BetrVG, da § 75 BetrVG nur Grundsätze für die Behandlung
Betriebsangehöriger beinhalte.[346]

Leiharbeitnehmer von den Grundsätzen des § 75 Abs. 1 BetrVG auszuschließen, ist aber nicht sachgerecht. Leiharbeitnehmer haben im Entleiherbetrieb die
gleichen Interessen wie das Stammpersonal, wenn es um die Ausgestaltung der
Grundrechte aus Art. 3 GG geht. Und genau dieser Gleichheitssatz wird durch
§ 75 Abs. 1 BetrVG konkretisiert. Es gibt also keinen Anhaltspunkt, der die
Privilegierung des Stammpersonals im Hinblick auf die Grundsätze aus § 75
Abs. 1 BetrVG rechtfertigt. Allerdings ist damit nicht jede unterschiedliche Behandlung zwischen Stammpersonal und Leiharbeitnehmer ausgeschlossen.[347]
Die Besonderheiten der Arbeitnehmerüberlassung können im Rahmen einer In-
teressenabwägung sachliche Gründe und Kriterien liefern, die eine Ungleichbehandlung rechtfertigen. Eine Ungleichbehandlung ist gerechtfertigt, wenn die
unterschiedliche Behandlung durch die sachliche Ausgestaltung des konkreten
Arbeitsverhältnisses, insbesondere die zeitliche Dauer des betrieblichen Einsatzes oder das Fehlen eines Grundverhältnisses zum Betriebsinhaber, gerechtfertigt ist.[348] So besteht kein Anspruch der Leiharbeitnehmer auf Gleichbehandlung mit dem Stammpersonal des Entleihers bzgl. des Entgelts, weil die seine
Grundlage im Grundverhältnis findet und für Leiharbeitnehmer ein solches nur
zum Verleiher besteht.[349]

Ungleichbehandlungen, die nicht gerechtfertigt sind, sind z. B. Eingangskon-
trollen, bei denen nur Leiharbeitnehmer bestimmten Kontrollmaßnahmen unter-

---

[345] **Becker/Kreikebaum**, Zeitarbeit, S. 189; **Becker/Wulfgramm**, AÜG, § 14 Rn. 108; **Bulla**,
DB 1975, 1795 ff. (1797); **Berg** in Däubler/Kittner/Klebe, BetrVG, § 75 Rn. 5; **Däubler**,
Das Arbeitsrecht II, S. 907; **Dietz/Richardi**, BetrVG, § 75 Rn. 6; **Fitting/Kaiser/Heither/**
Engels, BetrVG, § 75 Rn. 5; **Frerichs/Möller/Ulber**, Leiharbeit und betriebliche Interes-
senvertretung; **Halbach**, DB 1980, 2389 ff. (2390); **Müllner**, Aufgespaltene Arbeitgeber-
stellung ..., S. 73; **Mumot**, Die betriebsverfassungsrechtlichen Beteiligungsrechte ..., S.
114; **Ramm**, DB 1973, 1170 ff. (1174); **Sandmann/Marschall**, AÜG, § 14 Rn. 15; **Stege/**
Weinspach, BetrVG, § 75 Rn. 2; **Ulber**, AÜG, § 14 Rn. 62

[346] GK-BetrVG/**Kreutz**, § 75 Rn. 11, 12 mit Hinweis auf die Überschrift

[347] ausf. dazu **Hallenberger**, Die Pflicht des Arbeitgebers zur Förderung der freien Persönlichkeitsentfaltung ..., S. 113

[348] **Boemke**, Schuldvertrag und Arbeitsverhältnis, § 13 V 2 b) aa)

[349] **Boemke**, Schuldvertrag und Arbeitsverhältnis, § 13 V 2 b) aa); **Schüren**, AÜG, Einl. Rn.
173

zogen werden. Ein Verstoß gegen § 75 Abs. 1 BetrVG läge ebenso vor, wenn Leiharbeitnehmer häufiger zu Überstunden[350] oder Sonntagsarbeit herangezogen werden als die Stammbelegschaft oder wenn nur Leiharbeitnehmer betriebliche Einrichtungen wie z. B. die Kantine nicht aufsuchen dürften.[351] In diesen Fällen ist beispielsweise kein sachlicher Grund ersichtlich, der eine Differenzierung rechtfertigt.

IV. Grundsatz der freien Entfaltung der Persönlichkeit (§ 75 Abs. 2 BetrVG)

1. Verleiherbetrieb
Im Verleiherbetrieb werden Leiharbeitnehmer in den Schutzbereich des § 75 Abs. 2 BetrVG einbezogen. Hinsichtlich des Verleiherbetriebs ergeben sich insoweit keine besonderen Probleme.

2. Entleiherbetrieb
§ 75 Abs. 2 BetrVG verpflichtet Arbeitgeber und Betriebsrat, die freie Entfaltung der Persönlichkeit der im Betrieb beschäftigten Arbeitnehmer zu schützen und zu fördern. Insoweit unterscheidet sich Abs. 2 von Abs. 1 des § 75 BetrVG, da Abs. 1 den Adressatenkreis der Vorschrift mit „alle im Betrieb tätigen Personen" beschreibt. Zwischen den Begriffen „tätig" und „beschäftigt" besteht aber im Betriebsverfassungsrecht kein sachlicher Unterschied. Nach der hier vertretenen Auffassung sind Leiharbeitnehmer betriebsangehörige Arbeitnehmer im Entleiherbetrieb. Insoweit besteht auch kein Zweifel an der Anwendbarkeit des § 75 Abs. 2 BetrVG auf Leiharbeitnehmer im Entleiherbetrieb.[352]

Nach anderer Auffassung allerdings, sind Leiharbeitnehmer nicht betriebszugehörig und sollen deshalb auch nicht in den Schutzbereich des § 75 Abs. 2 BetrVG einbezogen werden.[353] Eine solche Differenzierung ist aber nicht sachgerecht. Die Interessenlage des Leiharbeitnehmers im Hinblick auf die freie Entfaltung der Persönlichkeit unterscheidet sich nicht vom Interesse eines Stammmitarbeiters in derselben Angelegenheit. Da der Leiharbeitnehmer die Voraussetzungen des § 75 Abs. 2 BetrVG erfüllen kann, verbietet sich ein Ausschluss aus dem Anwendungsbereich. Etwas anderes kann nur gelten, wenn § 75 Abs. 2 BetrVG zur Auslegung herangezogen wird und die in Frage stehen-

[350] **Schaub**, Arbeitsrechts-Handbuch, § 112 Rn. 50
[351] vgl. dazu **Erdlenbruch**, Die betriebsverfassungsrechtliche Stellung ..., S. 221
[352] ausf. dazu **Hallenberger**, Die Pflicht des Arbeitgebers zur Förderung der freien Persönlichkeitsentfaltung ..., S. 113
[353] GK-BetrVG/**Kreutz**, § 75 Rn. 66, 11, 12

de Norm ein Tatbestandsmerkmal beinhaltet, das der Leiharbeitnehmer nicht erfüllen kann. Grundsätzlich sind unzulässigen Beeinträchtigungen des Persön-
lichkeitsrechts durch den anderen Betriebspartner, durch andere Arbeitnehmer
oder durch sonstige im Betrieb befindliche Personen entgegenzutreten.[354] Das
bedeutet, dass Arbeitgeber und/oder Betriebsrat einer von einem Leiharbeitnehmer ausgehenden Persönlichkeitsverletzung gegenüber einem anderen Arbeitnehmer entgegenzuwirken hätten. Im Umkehrschluss kann das selbstverständlich nur bedeuten, dass auch eine Persönlichkeitsverletzung gegenüber einem Leiharbeitnehmer zu unterbinden wäre. Es gibt keinen sachlichen Grund
dafür, die Betriebspartner von ihren Schutz- und Förderpflichten aus § 75 Abs.
2 BetrVG im Hinblick auf Leiharbeitnehmer zu entbinden und den Leiharbeitnehmer auf seine Rechte aus § 823 Abs. 2 BGB zu verweisen.

V. Zwischenergebnis

Im Ergebnis kann festgehalten werden, dass die betriebsverfassungsrechtlichen
Grundsätze aus §§ 2 Abs. 1, 75 BetrVG auf den Leiharbeitnehmer sowohl im
Verleiherbetrieb als auch im Entleiherbetrieb uneingeschränkt Anwendung finden. Im Rahmen der Gleichbehandlung können sich sachliche Unterschiede aus
der Tatsache ergeben, dass der Leiharbeitnehmer gegenüber dem Stammpersonal im Verleiher- und Entleiherbetrieb andere Interessen verfolgt.

---

[354] **Fitting/Kaiser/Heither/Engels**, BetrVG, § 75 Rn. 66

§ 12 Betriebsvereinbarungen und Leiharbeitnehmer

I. Inhalt

Eine Betriebsvereinbarung ist ein privatrechtlicher kollektiver Normenvertrag, der zwischen Arbeitgeber und Betriebsrat abgeschlossen wird und kraft staatlicher Ermächtigung unmittelbar und zwingend die betrieblichen Arbeitsverhältnisse gestaltet.[355] Von besonderer Bedeutung ist dabei, dass den Betriebsvereinbarungen ebenso wie den Tarifnormen normative Wirkung zukommt. Betriebsvereinbarungen haben also weitreichende Rechtswirkung, sodass sich die Frage stellt, ob und wie Leiharbeitnehmer in den persönlichen Geltungsbereich einer Betriebsvereinbarung einbezogen werden. Den sonstigen Regelungsabreden zwischen Arbeitgeber und Betriebsrat (Betriebsabsprachen) kommt keine normative Wirkung zu. Sie sind formlos gültig und wirken allein schuldrechtlich zwischen Arbeitgeber und Betriebsrat.

II. Verleiherbetrieb

Leiharbeitnehmer stehen in einem umfassenden Arbeitsverhältnis zum Verleiher. Deshalb erfassen die im Verleiherbetrieb geltenden Betriebsvereinbarungen grundsätzlich auch die Arbeitsverhältnisse der Leiharbeitnehmer, und zwar unabhängig davon, ob es um Regelungen des Grund- oder des Erfüllungsverhältnisses geht.[356] Die Betriebspartner können allerdings Betriebsvereinbarungen abschließen, die sich nicht auf Leiharbeitnehmer erstrecken und der Geltungsbereich z. B. auf die Stammmitarbeiter beschränkt wird. Werden allerdings begünstigende Regelungen auf eine bestimmte Arbeitnehmergruppe beschränkt (z. B. Stammpersonal), muss geprüft werden, ob der Ausschluss der Leiharbeitnehmer mit § 75 Abs. 1 S. 1 BetrVG vereinbar ist.

III. Entleiherbetrieb

Im Schrifttum wird vertreten, dass eine Betriebsvereinbarung im Entleiherbetrieb keine Wirkung für oder gegen den Leiharbeitnehmer entfaltet. Grund dafür soll sein, dass dem Betriebsrat im Entleiherbetrieb zumindest die potenzielle Legitimation durch die Leiharbeitnehmer fehle und der Betriebsinhaber nicht Partner des Arbeitsvertrags mit dem Leiharbeitnehmer ist.[357]

Diese Auffassung ist wenig überzeugend. Im Hinblick auf § 7 BetrVG n. F. ist der Betriebsrat des Entleiherbetriebs nun auch durch die Leiharbeitnehmer legi-

---

[355] **Fitting/Kaiser/Heither/Engels**, BetrVG, § 77 Rn. 13; GK-BetrVG/**Kreutz**, § 77 Rn. 6; 147, 182; **Stege/Weinspach**, BetrVG, § 77 Rn. 7
[356] **Boemke**, Schuldvertrag und Arbeitsverhältnis, § 13 V 2 a) cc)
[357] GK-BetrVG/**Kraft**, § 5 Rn. 25

timiert, die länger als drei Monate im Entleiherbetrieb eingesetzt werden. Von einer Legitimation über die Betriebsratswahl ganz abgesehen, ist der Betriebsrat ein Repräsentationsorgan, dass seine Mitwirkungsbefugnisse in Bezug auf sämtliche Belegschaftsmitglieder wahrnimmt. Er handelt unabhängig davon, ob alle von seinen Entscheidungen betroffenen Arbeitnehmer ihn nun tatsächlich gewählt haben oder nicht. Deutlich wird das z. B. auch anhand der Arbeitnehmer, die nach einer Betriebsratswahl in den Betrieb eingetreten sind und sodann vom Betriebsrat, den sie nicht gewählt haben und für dessen Wahl sie auf Grund fehlender Betriebszugehörigkeit auch kein Wahlrecht hatten, repräsentiert werden. Auch hier zeigt sich, dass der Betriebsrat im Hinblick auf alle Mitglieder der Belegschaft seine Rechte und Pflichten wahrnimmt.[358]

Ebenso wenig überzeugend ist die Auffassung, dass ein arbeitsrechtliches Grundverhältnis Voraussetzung für die Anwendbarkeit einer Betriebsvereinbarung ist, da Betriebsvereinbarungen nur das Arbeitsverhältnis zwischen Arbeitgeber und Arbeitnehmer gestalten können.[359] Richtigerweise erstreckt sich die Wirkung einer Betriebsvereinbarung grundsätzlich auf alle betriebszugehörigen Arbeitnehmer,[360] sodass auch Leiharbeitnehmer von der normativen Wirkung der im Entleiherbetrieb geltenden Betriebsvereinbarungen erfasst werden können.[361] Ob der betriebszugehörige Arbeitnehmer ohne arbeitsrechtliches Grundverhältnis in den Anwendungsbereich einer Betriebsvereinbarung fällt, hängt letztendlich vom Regelungsinhalt der Betriebsvereinbarung ab.[362] Knüpfen die Regelungen einer Betriebsvereinbarung an die arbeitsrechtlichen Hauptleistungspflichten wie z. B. Leistungs- und Vergütungspflicht an, kann das für einen Leiharbeitnehmer nur dort von Bedeutung sein, wo er ein arbeitsrechtliches Grundverhältnis hat. Dies ist im Entleiherbetrieb nicht der Fall, sodass solche Betriebsvereinbarungen des Entleiherbetriebs auch keine normative Wirkung für oder gegen den Leiharbeitnehmer entfalten. Umgekehrt hingegen sind Leiharbeitnehmer in den persönlichen Geltungsbereich von Betriebsvereinbarungen einzubeziehen, wenn diese Fragen des arbeitsrechtlichen Erfüllungsverhältnisses betreffen wie z. B. das Direktionsrecht. Betriebsvereinbarungen, die sich auf die Art und Weise der Erbringung der Arbeitsleistung beziehen, betreffen ausschließlich das arbeitsrechtliche Erfüllungsverhältnis, dass der Leiharbeitneh-

---

[358] **Boemke**, Schuldvertrag und Arbeitsverhältnis, § 13 V 2 b) cc)

[359] GK-BetrVG/**Kraft**, § 5 Rn. 25

[360] **Fitting/Kaiser/Heither/Engels**, BetrVG, § 5 Rn. 33

[361] ArbG Frankfurt v. 10.12.1985, EzAÜG § 11 Inhalt Nr. 1

[362] **Boemke**, Schuldvertrag und Arbeitsverhältnis, § 10 VII 4 c) bb) (3); **Erdlenbruch**, Die betriebsverfassungsrechtliche Stellung ..., S. 225; **Fitting/Kaiser/Heither/Engels**, BetrVG, § 77 Rn. 33; **Schüren**, AÜG, § 14 Rn. 233

mer mit dem Inhaber des Entleiherbetriebs eingeht. Dafür spricht vor allem der angestrebte effektive Leiharbeitnehmerschutz. Auf Grund des arbeitsrechtlichen Erfüllungsverhältnisses ergeben sich individualrechtliche Gestaltungsbefugnisse für den Arbeitgeber im Entleiherbetrieb. Diesen ist der Leiharbeitnehmer ebenso ausgesetzt wie der Stammmitarbeiter, sodass er in diesen Bereichen das gleiche Schutzbedürfnis wie ein Stammmitarbeiter hat. Um dem gerecht zu werden, müssen die Betriebsvereinbarungen normative Wirkung auch im Hinblick auf Leiharbeitnehmer haben.

Genauso falsch ist die Annahme, dass durch Betriebsvereinbarungen nur das Arbeitsverhältnis zwischen Arbeitgeber und Arbeitnehmer geregelt werden könne.[363] An keiner Stelle wird eine solche Begrenzung des Anwendungsbereichs für Betriebsvereinbarungen im BetrVG verlangt. Vielmehr können nach der h. M. alle formellen und materiellen Arbeitsbedingungen im weitesten Sinne mittels Betriebsvereinbarung geregelt werden.[364] Dazu gehört auch die Gestaltung des arbeitsrechtlichen Erfüllungsverhältnisses zwischen Entleiher und Leiharbeitnehmer. In Betracht kommen aber auch Regelungen solcher Rechtsverhältnisse, die neben dem Arbeitsverhältnis, aber dennoch in engem Zusammenhang zu ihm stehen. Zu denken ist dabei z. B. an Betriebsvereinbarungen, die die Nutzungsbedingungen sog. Werksmietwohnungen regeln, bei der der Betriebsrat ein Mitbestimmungsrecht nach § 87 Abs. 1 Nr. 9 BetrVG hat.[365]

IV.   Zwischenergebnis

Im Ergebnis kann festgehalten werden, dass Leiharbeitnehmer sowohl im Verleiher- als auch im Entleiherbetrieb von der normativen Wirkung der jeweils geltenden Betriebsvereinbarungen erfasst werden. Etwas anderes gilt nur, wenn im Entleiherbetrieb eine Betriebsvereinbarung Angelegenheiten des arbeitsrechtlichen Grundverhältnisses regelt. Diese Betriebsvereinbarungen entfalten

---

[363] GK-BetrVG/**Kraft**, § 5 Rn. 25
[364] siehe nur BAG v. 19.5.1978, AP Nr. 1 zu § 88 BetrVG 1972; GK-BetrVG/**Kreutz**, § 77 Rn. 68, 153
[365] GK-BetrVG/Kreutz, § 77 Rn. 154

keine Wirkung im Hinblick auf Leiharbeitnehmer, da diese kein arbeitsrechtliches Grundverhältnis mit dem Entleiher eingehen.[366]

---

[366] im Ergebnis ebenso **Becker/Kreikebaum**, Zeitarbeit, S. 185; **Becker/Wulfgramm**, AÜG, § 14 Rn. 10; **Däubler**, Das Arbeitsrecht II, S. 907; **Müllner**, Aufgespaltene Arbeitgeberstellung ..., S. 87; **Säcker/Joost**, Die Betriebszugehörigkeit als Rechtsproblem ..., S. 45; **a. A.**: GK-BetrVG/**Kraft**, § 5 Rn. 22

§ 13 Allgemeine Aufgaben des Betriebsrats (§ 80 BetrVG)

I. Inhalt

Das Gesetz sichert in § 80 BetrVG den allgemeinen Schutzauftrag des Betriebsrats durch die Aufzählung konkreter Aufgaben und Rechte ab. Der sozialen Schutzfunktion des Betriebsrats gegenüber Arbeitnehmern des Betriebs, für die in § 2 Abs. 1 BetrVG nur ein Rahmen abgesteckt ist, trägt § 80 Abs. 1 BetrVG in besonderem Maße Rechnung.[367] § 80 Abs. 1 BetrVG nennt eine Reihe von Zuständigkeiten und Kompetenzen, die sich auf den sozialen, personellen und wirtschaftlichen Tätigkeitsbereich des Betriebsrats beziehen. § 80 BetrVG räumt dem Betriebsrat weder ein Mitbestimmungsrecht noch einen gerichtlich durchsetzbaren Anspruch gegen den Arbeitgeber auf bestimmte Handlungen ein.[368] Der Arbeitgeber ist aber auf Grund des Gebots zur vertrauensvollen Zusammenarbeit verpflichtet, sich ernsthaft mit den Problemen und Anregungen, die der Betriebsrat im Rahmen seiner Zuständigkeit an ihn heranträgt, zu befassen und mit dem Betriebsrat zu verhandeln. Im Bereich der Arbeitnehmerüberlassung sind besonders § 80 Abs. 1 Nr. 1, 2, 3 und 7 BetrVG von Bedeutung. In diesen Zuständigkeitsbereichen sind die Rechte und Aufgaben des Betriebsrats im Hinblick auf Leiharbeitnehmer zu prüfen.

II. Überwachung von Rechtsnormen (§ 80 Abs. 1 Nr. 1 BetrVG)

1. Verleiherbetrieb

Aus der Aufgabe des Betriebsrats, nämlich über die Durchführung der in § 80 Abs. 1 Nr. 1 BetrVG genannten Aufgaben zu wachen, folgt kein Anspruch, vom Arbeitgeber die zutreffende Durchführung dieser Vorschriften verlangen zu können.[369] Unter Überwachung ist vielmehr die Befugnis zu verstehen, den Arbeitgeber auf festgestellte Rechtsverstöße hinzuweisen und auf Abhilfe zu drängen.[370] Um der Überwachungspflicht nachzukommen, hat der Betriebsrat umfassende Informationsrechte gem. § 80 Abs. 2 BetrVG und die Möglichkeit, einzelne Arbeitnehmer an ihren Arbeitsplätzen aufzusuchen.[371] Im Verleiherbetrieb hat der Betriebsrat also über die dort zu Gunsten der Arbeitnehmer geltenden Gesetze,[372] Verordnungen, Unfallverhütungsvorschriften,[373] Tarifverträge,

---

[367] GK-BetrVG/**Kraft**, § 80 Rn. 1
[368] GK-BetrVG/**Kraft**, § 80 Rn. 8
[369] BAG v. 10.6.1986, AP Nr. 26 zu § 80 BetrVG 1972
[370] BAG v. 24.2.1987, AP Nr. 28 zu § 80 BetrVG 1972
[371] **Fitting/Kaiser/Heither/Engels**, BetrVG, § 80 Rn. 16
[372] **Fitting/Kaiser/Heither/Engels**, BetrVG, § 80 Rn. 3; GK-BetrVG/**Kraft**, § 80 Rn. 11
[373] **Dietz/Richardi**, BetrVG, § 80 Rn. 7; GK-BetrVG/**Kraft**, § 80 Rn. 11

Betriebsvereinbarungen etc. zu wachen. Im Bereich der Arbeitnehmerüberlassung handelt es sich dabei insbesondere um das AÜG, sowie die zu Gunsten der Leiharbeitnehmer geltenden Unfallverhütungsvorschriften, Tarifverträge und Betriebsvereinbarungen.[374] Dazu gehören aber auch sämtliche zu Gunsten der Arbeitnehmer geltenden arbeitsrechtlichen Normen wie z. B. das Kündigungsschutzgesetz, das Bundesurlaubsgesetz oder das Entgeltfortzahlungsgesetz. Der Betriebsrat hat auch über die Beachtung und Einhaltung des BDSG,[375] des Gleichbehandlungsgrundsatzes[376] sowie der Fürsorgepflicht[377] durch den Verleiher zu wachen. In einem Verleiherbetrieb hat der Betriebsrat selten Möglichkeit, den Kontakt zum Leiharbeitnehmer zu pflegen und seine Überwachungsaufgabe am Arbeitsplatz des Einzelnen auszuüben. Da der Leiharbeitnehmer an wechselnden Einsatzorten tätig ist, ist die Überwachungsaufgabe des Verleiherbetriebsrats sehr schwierig. Gerade deshalb ist der Verleiherbetriebsrat auf die Informationsrechte gem. § 80 Abs. 2 BetrVG angewiesen. Der Verleiher ist demnach verpflichtet, dem Betriebsrat z. B. die Namen, die Arbeitsplätze und die geplante Einsatzdauer sämtlicher Leiharbeitnehmer unaufgefordert mitzuteilen und ihm Einsicht in die Arbeits- und die Arbeitnehmerüberlassungsverträge zu gewähren.[378] Nur wenn dem Betriebsrat diese Informationen gegeben bzw. diese Unterlagen gezeigt werden, ist es möglich, die Einhaltung des AÜG und der sonstigen zu Gunsten des Leiharbeitnehmers bestehenden Vorschriften sicherzustellen.[379] Entdeckt der Betriebsrat innerbetriebliche Missstände, ist die interne Beseitigung des Problems in der Auseinandersetzung mit dem Arbeitgeber das angestrebte Ziel. Führt dies nicht zum Erfolg, kann speziell im Bereich der Arbeitnehmerüberlassung die Bundesanstalt für Arbeit als Aufsichtsbehörde (§ 17 AÜG) eingeschaltet werden.

2. Entleiherbetrieb

Soweit Betriebsvereinbarungen oder Betriebsabsprachen des Entleiherbetriebs Leiharbeitnehmer einbeziehen, da Angelegenheiten des arbeitsrechtlichen Erfüllungsverhältnisses geregelt werden, trifft den Entleiherbetriebsrat die Überwachungspflicht in Bezug auf Leiharbeitnehmer. Gegenstand der Überwachungsaufgabe des Betriebsrats sind aber häufig Angelegenheiten, die ein arbeitsrechtliches Grundverhältnis voraussetzen wie z. B. das KSchG oder das BUrlG. Eine

---

[374] **Becker/Wulfgramm**, AÜG, § 14 Rn. 77; **Dietz/Richardi**, BetrVG, § 80 Rn. 3 ff.; GK-BetrVG/**Kraft**, § 80 Rn. 11; **Stege/Weinspach**, BetrVG, § 80 Rn. 2 ff.

[375] BAG v. 17.3.1987, AP Nr. 29 zu § 80 BetrVG 1972 = NZA 1987, 747 ff.

[376] BAG v. 11.7.1972, AP Nr. 1 zu § 80 BetrVG 1972

[377] BAG v. 18.9.1973, AP Nr. 3 zu § 80 BetrVG 1972

[378] **Erdlenbruch**, Die betriebsverfassungsrechtliche Stellung ..., S. 115

[379] **Fitting/Kaiser/Heither/Engels**, BetrVG, § 80 Rn. 40

solche Verbindung besteht zwischen Leiharbeitnehmer und Entleiher nicht, sodass auch den Entleiherbetriebsrat in diesen Bereichen keine Überwachungspflicht trifft.

In anderen Angelegenheiten, die an das arbeitsrechtliche Erfüllungsverhältnis
bzw. an die tatsächliche Beschäftigung anknüpfen, ist allerdings der Entleiherbetriebsrat zuständig, da ein angemessener Schutz durch den Verleiherbetriebsrat gar nicht gewährleistet werden kann. In Fragen des § 80 Abs. 1 Nr. 1
BetrVG besteht eine grundsätzliche Zuständigkeit des Entleihers und damit
auch ein Beteiligungsrecht des Betriebsrats des Entleiherbetriebs für die Leiharbeitnehmer.[380] Der Betriebsrat muss bei seiner Tätigkeit also prüfen, ob es
sich um Angelegenheiten handelt, die auf der tatsächlichen Beschäftigung beruhen oder um solche, die ein arbeitsrechtliches Grundverhältnis voraussetzen.
Die Zuständigkeit des Entleiherbetriebsrats ergibt sich danach in den Bereichen,
in denen Normen zum Schutz des Leiharbeitnehmers im Entleiherbetrieb existieren. Dazu gehören vor allem die sozialen Schutznormen des AÜG (§§ 1, 3, 9
Nr.1, 4, 11 Abs. 5, 6, 7 AÜG).[381] Eine wirksame Kontrolle ist dem Betriebsrat
aber nur dann möglich, wenn der Entleiher sämtliche persönlichen Daten des
beschäftigten Leiharbeitnehmers unaufgefordert dem Betriebsrat zur Verfügung
stellt.[382] Oft ist es dem Betriebsrat allerdings nicht möglich, anhand der ihm zur
Verfügung gestellten Informationen festzustellen, ob es sich um Arbeitnehmerüberlassung oder um sonstigen Einsatz von Fremdfirmen handelt. Erst wenn es
sich um einen Fall der Arbeitnehmerüberlassung handelt, hat auch der Betriebsrat Pflichten zu erfüllen. Wurden dagegen z. B. Werkverträge abgeschlossen,
hat der Betriebsrat nach der h. M. keine Überwachungsrechte nach § 80 Abs. 1
BetrVG.[383] Bei echten Dienst- oder Werkverträgen werden Personen tätig, die
weder ein arbeitsrechtliches Grund- noch Erfüllungsverhältnis mit dem Auftraggeber haben und deshalb auch dessen Betriebsrat nicht für die Überwachung
von Schutzvorschriften zuständig ist.

Um seine Zuständigkeit feststellen zu können, muss der Betriebsrat die Möglichkeit haben, alle Verträge mit Fremdfirmen einzusehen. Nur so kann er feststellen, ob sich Aufgaben für ihn ergeben oder nicht. Gerade weil sich Arbeit-

---

[380] BAG v. 14.5.1974, EzAÜG § 14 AÜG Betriebsverfassung Nr. 1
[381] BAG v. 14.5.1974, AP Nr. 2 zu § 99 BetrVG 1972 = BAGE 26, 149 = BB 1974, 1071; **Becker**, AuR 1982, 369 ff. (379); **Becker/Kreikebaum**, Zeitarbeit, S. 190; **Becker/Wulf-
gramm**, AÜG, § 14 Rn. 108; **Halbach**, DB 1980, 2389 ff. (2391)
[382] ArbG Frankfurt a. M., v. 26.9.1985 EzAÜG § 14 Betriebsverfassung Nr. 8; **Halbach** DB
1980, 2389 ff. (2391); **Hunold**, BB 1976, 648 ff.
[383] vgl. BAG v. 31.1.1989, DB 1989, 982 ff.

nehmerüberlassung gelegentlich hinter Scheinwerkverträgen verbirgt, kann der Betriebsrat seiner gesetzlichen Aufgabe nur nachkommen, wenn er alle Verträge einsehen kann. Er hat also bereits dann einen Informationsanspruch aus § 80 Abs. 2 S. 1, 2 BetrVG, wenn sich mit einer gewissen Wahrscheinlichkeit Aufgaben für ihn ergeben.[384] Nach Ansicht des BAG[385] soll der Arbeitgeber nicht verpflichtet sein, die Unterlagen bzw. Verträge mit Fremdfirmen unaufgefordert an den Betriebsrat zu übergeben. Im Ergebnis bedeutet dies, dass der Betriebsrat die Angaben vom Arbeitgeber verlangen muss, sobald nach seiner Überzeugung eine Aufgabe für den Betriebsrat entstehen könnte.

Handelt es sich beim geprüften Fremdfirmeneinsatz um erlaubte Arbeitnehmerüberlassung, so hat der Betriebsrat die Vorschriften des AÜG und ggf. Beteiligungsrechte aus dem BetrVG in Bezug auf Leiharbeitnehmer wahrzunehmen. Da Leiharbeitnehmer im gleichen Maße wie das Stammpersonal den Unfall- und Gesundheitsgefahren am Arbeitsort ausgesetzt sind, gehört dazu vor allem, dass der Betriebsrat z. B. über die Einhaltung des Arbeitssicherheitsgesetzes, der Arbeitszeitordnung, des Mutterschutzgesetzes oder des Schwerbehindertengesetzes i. S. d. § 80 Abs. 1 Nr. 1 BetrVG wacht.

Beim arbeitsrechtlichen Erfüllungsverhältnis handelt es sich um ein Arbeitsverhältnis, das dem arbeitsrechtlichen Grundverhältnis gleichwertig ist und schon deshalb einer tariflichen Regelung zugänglich sein muss.[386] Im Bereich der Tarifverträge ist eine Einbeziehung der Leiharbeitnehmer also möglich, da diese mit dem Entleiher ein arbeitsrechtliches Erfüllungsverhältnis eingehen. So können z. B. tarifliche Regelungen, die das Erfüllungsverhältnis betreffen, auf Leiharbeitnehmer im Entleiherbetrieb Anwendung finden. Ob diese Regelungen eingehalten werden, muss der Betriebsrat überwachen. In der Praxis wird der Entleiherbetriebsrat aber eher selten die Aufgabe haben, Regelungen eines Tarifvertrags im Hinblick auf Leiharbeitnehmer zu überwachen. Häufig wird es an der Tarifbindung des Leiharbeitnehmers bzw. an einer Allgemeingültigkeitserklärung fehlen.

Im Entleiherbetrieb hat der Entleiherbetriebsrat somit in allen Angelegenheiten, die das arbeitsrechtliche Erfüllungsverhältnis betreffen, sämtliche Normen (auch die der im Betrieb anwendbaren Tarifverträge) im Hinblick auf Leiharbeitnehmer zu überwachen.

---

[384] BAG v. 9.7.1991, AP Nr. 94 zu § 99 BetrVG 1972
[385] BAG v. 9.7.1991, AP Nr. 94 zu § 99 BetrVG 1972
[386] **Boemke**, Schuldvertrag und Arbeitsverhältnis, § 13 IV 3 b); a. A.: **Erdlenbruch**, Die betriebsverfassungsrechtliche Stellung ..., S. 118

III. Antragsrecht gegenüber dem Arbeitgeber (§ 80 Abs. 1 Nr. 2 BetrVG)

1. Verleiherbetrieb

In § 80 Abs. 1 Nr. 2 ist ein Initiativrecht[387] des Betriebsrats festgelegt. Er kann beim Arbeitgeber alle Maßnahmen beantragen, die dem Betrieb und der Belegschaft dienen, ohne Rücksicht darauf, ob für die einzelnen Maßnahmen auch ein konkretes Beteiligungsrecht besteht.[388] Unter Belegschaft ist die Gesamtheit der Arbeitnehmer i. S. d. BetrVG oder eine Gruppe von Arbeitnehmern zu verstehen.[389] Der Betriebsrat im Verleiherbetrieb kann deshalb z. B. für die Gruppe der Leiharbeitnehmer Maßnahmen auf sozialem, personellem oder wirtschaftlichem Gebiet beantragen. Der Betriebsrat kann aber die Befolgung seiner Anträge, auch wenn sie sachlich berechtigt sind, nur in den im Gesetz ausdrücklich genannten Fällen[390] erzwingen, also immer dann, wenn eine verbindliche Entscheidung der Einigungsstelle gem. § 76 Abs. 5 BetrVG erwirkt werden kann. Im Übrigen braucht der Arbeitgeber den Anregungen nicht stattzugeben. Er ist allerdings nach §§ 2 Abs. 1, 74 Abs. 1 BetrVG verpflichtet, sich ernsthaft mit den Anträgen zu beschäftigen.[391]

2. Entleiherbetrieb

Der Betriebsrat im Entleiherbetrieb kann ebenso Maßnahmen beantragen, die den Leiharbeitnehmern dienen. Es besteht keine Veranlassung § 80 Abs. 1 Nr. 2 BetrVG eng auszulegen,[392] was auch für den Begriff der Belegschaft gilt. In Betracht kommen also vor allem Maßnahmen, die die Eingliederung des Leiharbeitnehmers in den Entleiherbetrieb oder dessen Arbeitsleistung betreffen. Es sind also z. B. Vorschläge denkbar, die die Integration der Leiharbeitnehmer erreichen oder verbessern.[393]

---

[387] **Fitting/Kaiser/Heither/Engels**, BetrVG, § 80 Rn. 17; a. A.: GK-BetrVG/**Kraft**, § 80 Rn. 30, der ein formelles Antragsrecht im Sinne eines Initiativrechts ablehnt, da der Betriebsrat eine Entscheidung über seine Anträge unter Berufung auf § 80 Abs. 1 Nr. 2 BetrVG nicht erzwingen kann.

[388] **Fitting/Kaiser/Heither/Engels**, BetrVG, § 80 Rn. 17

[389] BAG v. 27.6.1989, AP Nr. 37 zu § 80 BetrVG 1972; **Dietz/Richardi**, BetrVG, § 80 Rn. 17; **Fitting/Kaiser/Heither/Engels**, BetrVG, § 80 Rn. 17; GK-BetrVG/**Kraft**, § 80 Rn. 31

[390] §§ 85 Abs. 2, 87, 91, 93, 95 Abs. 2, 98 Abs. 5, 103 Abs. 1, 104, 109, 112 Abs. 4 i. V. m. § 112 a BetrVG

[391] **Fitting/Kaiser/Heither/Engels**, BetrVG, § 80 Rn. 20; GK-BetrVG/**Kraft**, § 80 Rn. 31

[392] GK-BetrVG/**Kraft**, § 80 Rn. 32

[393] **Erdlenbruch**, Die betriebsverfassungsrechtliche Stellung ..., S. 120

IV. Entgegennahme von Anregungen (§ 80 Abs. 1 Nr. 3 BetrVG)

1. Verleiherbetrieb

Im Verleiherbetrieb hat der Betriebsrat Anregungen der Leiharbeitnehmer entgegenzunehmen, da es sich dabei um eine Gruppe der Arbeitnehmer handelt. Dabei kommen im Verleiherbetrieb vor allem Anregungen in Betracht, die im Zusammenhang mit dem arbeitsrechtlichen Grundverhältnis stehen, also z. B. Lohn- und Gehaltsfragen. Der Betriebsrat nimmt die Anregung entgegen und prüft, ob sie berechtigt erscheint. Ist dies der Fall, hat der Betriebsrat mit dem Arbeitgeber über die Möglichkeiten einer sachgerechten Erledigung zu verhandeln.[394]

2. Entleiherbetrieb

Auch der Betriebsrat des Entleihers hat die Anregungen der Leiharbeitnehmer entgegenzunehmen. In Betracht kommen dabei vor allem solche, die sich auf den Betriebsablauf oder die Arbeitsleistung beziehen. Das arbeitsrechtliche Erfüllungsverhältnis, dass den Leiharbeitnehmer mit dem Entleiher verbindet, grenzt den Bereich der Anregungen ein, die im Entleiherbetrieb in Betracht kommen. Hält der Betriebsrat die Anregungen für berechtigt, nimmt er Verhandlungen mit dem Entleiher zur sachgerechten Erledigung auf.[395]

V. Eingliederung Schutzbedürftiger und ausländischer Mitarbeiter (§ 80 Abs. 1 Nr. 4, 7 BetrVG)

Sowohl Verleiher- als auch Entleiherbetriebsrat haben die Aufgabe, besonders schutzbedürftige Personen oder Ausländer einzugliedern und das Verständnis zu fördern.[396] Da der Leiharbeitnehmer zumindest vorrangig im Entleiherbetrieb tatsächlich beschäftigt ist, ist diese Aufgabe eher für den Entleiherbetriebsrat von Bedeutung. In Betracht kommen vor allem spezielle Informationen zur Eingliederung und die Kontaktaufnahme sowohl mit den Stamm- als auch den Leiharbeitnehmern.

---

[394] **Becker/Wulfgramm**, AÜG, § 14 Rn. 77, 108; **Fitting/Kaiser/Heither/Engels**, BetrVG, § 80 Rn. 28; GK-BetrVG/**Kraft**, § 80 Rn. 36

[395] **Becker/Wulfgramm**, AÜG, § 14 Rn. 77, 108; **Fitting/Kaiser/Heither/Engels**, BetrVG, § 80 Rn. 28; **Gick**, Gewerbsmäßige Arbeitnehmerüberlassung ..., S. 135; GK-BetrVG/ **Kraft**, § 80 Rn. 36

[396] **Becker/Wulfgramm**, AÜG, § 14 Rn. 77; **Gick**, Gewerbsmäßige Arbeitnehmerüberlassung ..., S. 135

VI. Unterrichtung und Vorlage von Unterlagen (§ 80 Abs. 2 BetrVG)
Voraussetzung für eine sachgerechte Wahrnehmung der Aufgaben durch den
Betriebsrat ist seine vollständige und rechtzeitige Unterrichtung. Das BetrVG
verpflichtet in zahlreichen Vorschriften[397] den Arbeitgeber, zur Information der
Betriebsverfassungsorgane. Neben diesen Sondervorschriften kann der Betriebsrat auf Unterrichtung und die Vorlage von Unterlagen bestehen, soweit
diese zur Erfüllung einer konkreten Aufgabe erforderlich sind.[398] Im Entleiherbetrieb können dies also nur solche Informationen sein, die den Betriebsablauf
bzw. die Arbeitsleistung und die Person des Leiharbeitnehmers betreffen. Im
Verleiherbetrieb wiederum kommen nur solche Informationen bzw. Unterlagen
in Betracht, die der Verleiherbetriebsrat auf Grund des Arbeitsverhältnisses
zwischen Verleiher und Leiharbeitnehmer benötigt. Die Anwendung des § 80
Abs. 2 BetrVG ist nicht auf die allgemeinen Aufgaben des § 80 BetrVG beschränkt, sondern gilt für alle Bereiche der Mitbestimmung und Beteiligung des
Betriebsrats. Sofern die Durchführung ihrer Aufgaben betroffen ist, können sich
also sowohl der Verleiher- als auch der Entleiherbetriebsrat auf die Generalklausel des § 80 Abs. 2 BetrVG berufen. Siehe zu den konkreten Informationspflichten mehr im Rahmen der Sondervorschriften wie z. B. § 99 BetrVG.

VII. Zwischenergebnis
Von den allgemeinen Aufgaben des Betriebsrats nach § 80 Abs. 1 BetrVG sind
für Leiharbeitnehmer die Aufgaben aus Nr. 1, 2, 3 und 7 von Bedeutung. Sowohl Entleiher- als auch Verleiherbetriebsrat können sich auf die Generalklausel des § 80 Abs. 2 S. 2 BetrVG berufen, sofern die Durchführung ihrer Aufgaben betroffen ist.

---

[397] vgl. §§ 43 Abs. 2, 53 Abs. 2, 81 ff., 89 Abs. 2, 90, 92 Abs. 1, 96 ff., 99 Abs. 1, 102 Abs. 1,
105, 106 Abs. 2, 108 Abs. 5, 110, 111 BetrVG
[398] BAG v. 5.2.1991, AP Nr. 10 zu § 106 BetrVG 1972; **Fitting/Kaiser/Heither/Engels**,
BetrVG, § 80 Rn. 37

125

§ 14 Individualrechte

I. Recht zum Besuch der Sprechstunden (§ 39 BetrVG)

1. Inhalt

§ 39 BetrVG bietet die Möglichkeit, in allen Betrieben unabhängig von ihrer Größe Sprechstunden des Betriebsrats durchzuführen. Der einzelne Arbeitnehmer kann in den Sprechstunden seine Beschwerden, Wünsche und Anregungen dem Betriebsrat vortragen. Sinn der Sprechstunde ist es nicht, in ihr die Belegschaft über die Tätigkeit des Betriebsrats zu informieren. Dafür gibt es Betriebsversammlungen, Rundschreiben oder schwarze Bretter.[399] Arbeitnehmer, die eine Sprechstunde aufsuchen, können sich in den Angelegenheiten beraten lassen, die unmittelbar ihr eigenes Arbeitsverhältnis betreffen und in den Aufgabenbereich des Betriebsrats fallen.[400] § 39 BetrVG dient damit der betrieblichen Kommunikation zwischen Arbeitnehmer und Betriebsrat.

2. Verleiherbetrieb

Leiharbeitnehmer haben das Recht, an den Sprechstunden des Betriebsrats im Verleiherbetrieb teilzunehmen.[401] Dasselbe gilt für jugendliche Leiharbeitnehmer, die die Sprechstunde der Jugend- und Auszubildendenvertretung im Verleiherbetrieb aufsuchen möchten.[402]

Leiharbeitnehmer können aber nur in den Angelegenheiten die Sprechstunden im Verleiherbetrieb aufsuchen, die in den Zuständigkeits- und Verantwortungsbereich des Verleiherbetriebsrats fallen.[403] So wäre es z. B. unzulässig, wenn ein Leiharbeitnehmer die Sprechstunde des Verleiherbetriebsrats in der Absicht aufsucht, sich bei diesem über Fragen der betrieblichen Ordnung im Entleiherbetrieb zu beschweren (Kleiderordnung, Rauchverbot etc.), weil die betriebliche Ordnung im Entleiherbetrieb dem Einflussbereich des Verleiherbetriebsrats entzogen ist.[404] Die für Sprechstunden im Verleiherbetrieb benötigte Freizeit hat der Entleiher zu gewähren. Sofern keine anderweitigen Regelungen im Überlassungsvertrag getroffen wurden, muss der Entleiher für diese „Ausfallzeiten"

[399] **Fitting/Kaiser/Heither/Engels**, BetrVG, § 39 Rn. 1, 2
[400] **Dietz/Richardi**, BetrVG, § 39 Rn. 2; **Stege/Weinspach**, BetrVG, § 39 Rn. 3
[401] **Becker**, AuR 1982, 369 ff. (373); **Becker/Wulfgramm**, AÜG, § 14 Rn. 44; **Sandmann/Marschall**, AÜG, § 14 Rn. 5
[402] **Becker/Wulfgramm**, AÜG, § 14 Rn. 44
[403] **Becker**, AuR 1982, 369 ff. (373)
[404] **Erdlenbruch**, Die betriebsverfassungsrechtliche Stellung ..., S. 93

aber keine Vergütung an den Verleiher zahlen.[405] Beim Besuch einer Sprechstunde des Betriebsrats im Verleiherbetrieb handelt es sich um die Wahrnehmung eines betriebsverfassungsrechtlichen Rechts, das der Leiharbeitnehmer gegenüber dem Verleiher hat. Da der Verleiher das Lohnrisiko gemäß § 39 Abs. 3 BetrVG trägt, muss die versäumte Arbeitszeit nach dem Lohnausfallprinzip vergütet werden.[406] Der Leiharbeitnehmer hat also Anspruch auf das Arbeitsentgelt, dass er ohne die Arbeitsversäumnis verdient hätte.[407]

3. Entleiherbetrieb

Mit § 14 Abs. 2 AÜG hat der Gesetzgeber festgelegt, dass Leiharbeitnehmer die Sprechstunden des Betriebsrats im Entleiherbetrieb aufsuchen können. Damit werden aber nicht die entsprechenden Rechte im Verleiherbetrieb ausgeschlossen,[408] vielmehr treten die in § 14 Abs. 2 AÜG geregelten Rechte des Leiharbeitnehmers im Entleiherbetrieb hinzu. Schon vor In-Kraft-Treten des § 14 AÜG wurde in der Literatur vertreten, dass Leiharbeitnehmer die Sprechstunde des Betriebsrats im Entleiherbetrieb aufsuchen dürfen.[409] Den Leiharbeitnehmern sollte das Recht zustehen, sich in betriebsverfassungsrechtlichen Angelegenheiten, die das Verhältnis zum Entleiher betreffen, vom Betriebsrat beraten zu lassen.

Im Entleiherbetrieb gilt genauso wie im Verleiherbetrieb, dass das Aufsuchen der Sprechstunde erforderlich sein muss. Auf die betrieblichen Notwendigkeiten des Entleihers ist Rücksicht zu nehmen und es muss sich um eine Angelegenheit handeln, die in den Aufgabenbereich der Arbeitnehmervertretung des Entleiherbetriebs fällt.[410] Das kann z. B. eine Angelegenheit bzgl. der betrieblichen Ordnung im Entleiherbetrieb sein (Rauchverbot, Kleiderordnung etc.). Unzulässig wäre allerdings der Besuch der Sprechstunde im Entleiherbetrieb, wenn es um Fragen der Lohngestaltung ginge, da allein der Verleiherbetrieb die Lohn- und Gehaltszahlung trägt und damit Lohngestaltungsfragen zum Aufgabenbereich des Verleiherbetriebsrats zählen.

---

[405] **Becker**, AuR 1982, 369 ff. (373); **Sandmann/Marschall**, AÜG, § 14 Rn. 5

[406] **Becker**, AuR 1982, 369 ff. (373); **Becker/Wulfgramm**, AÜG, § 14 Rn. 44; **Sandmann/ Marschall**, AÜG, § 14 Rn. 5

[407] **Dietz/Richardi**, BetrVG, § 39 Rn. 25; **Fitting/Kaiser/Heither/Engels**, BetrVG, § 39 Rn. 24

[408] **Becker**, AuR 1982, 369 ff. (373)

[409] **Becker/Wulfgramm**, AÜG, § 14 Rn. 57; **Fitting/Auffahrth/Kaiser**, BetrVG, 13. Aufl., § 5 Rn. 7b; **Halbach**, DB 1980, 2389 ff. (2390); **Gick**, Gewerbsmäßige Arbeitnehmerüberlassung ..., S. 131

[410] **Erdlenbruch**, Die betriebsverfassungsrechtliche Stellung ..., S. 94

Die Arbeitszeit, die durch den Besuch einer Sprechstunde beim Verleiher versäumt wird, muss vom Verleiher gem. § 39 Abs. 3 AÜG vergütet werden. Grundsätzlich darf der Entleiher die mit dem Verleiher vereinbarte Überlassungsvergütung auch nicht um den Anteil mindern, der auf die Sprechstundenzeit entfällt. Das ist darauf zurückzuführen, dass die Inanspruchnahme der Sprechstunde im Entleiherbetrieb auf den betrieblichen Verhältnisse des Entleiherbetriebs beruht und somit in die finanzielle Risikosphäre des Entleihers fällt. Es besteht aber stets die Möglichkeit, im Arbeitnehmerüberlassungsvertrag eine andere Regelung zu vereinbaren.[411] Der Besuch der Sprechstunde – gleich ob im Entleiher- oder Verleiherbetrieb – kann aber auf keinen Fall zu einer Lohn- oder Gehaltsminderung des Leiharbeitnehmers führen, da § 39 Abs. 3 BetrVG unabdingbar ist.[412]

II. Recht zum Besuch der Betriebsversammlungen (§§ 42 ff.)

1. Inhalt

Als Forum zur Erörterung betrieblicher Belange kommt den Betriebsversammlungen eine nicht zu unterschätzende Bedeutung zu. Sie dient auf Grund ihrer regelmäßigen Wiederkehr als Basis für einen andauernden Meinungsaustausch und ist zugleich Grundlage einer kontinuierlichen vertrauensvollen Zusammenarbeit zwischen Unternehmer, Arbeitnehmer und Arbeitnehmervertretung. Außerdem ist sie die einzige Institution, die es dem Arbeitnehmer ermöglicht, in Anwesenheit des Arbeitgebers, der gesamten Belegschaft und des Betriebsrats Stellung zu nehmen und aktiv auf die Willensbildung des Betriebsrats Einfluss zu nehmen.[413] Die Betriebsversammlung ist ein Organ der Betriebsverfassung. Sie hat jedoch keine nach außen wirkende Funktion, insbesondere keine Vertretungsmacht. Die Betriebsversammlung kann keine rechtsgeschäftlichen Erklärungen abgeben. Die Betriebsversammlung kann dem Betriebsrat Vorschläge unterbreiten und zu seinen Beschlüssen Stellung nehmen, sie kann aber den Betriebsrat weder binden noch verpflichten.[414] Von weitaus größter Bedeutung ist die Befugnis und Aufgabe der Betriebsversammlung, die innerbetriebliche Aussprache über alle Angelegenheiten des Betriebs oder der Arbeitnehmer zu er-

---

[411] **Becker**, AuR 1982, 369 ff. (373); **Becker/Wulfgramm**, AÜG, § 14 Rn. 58; **Erdlenbruch**, Die betriebsverfassungsrechtliche Stellung ..., S. 94; **Sandmann/Marschall**, AÜG, § 14 Rn. 11; GK-BetrVG/**Wiese**, § 39 Rn. 29

[412] **Fitting/Kaiser/Heither/Engels**, BetrVG, § 39 Rn. 3; GK-BetrVG/**Wiese**, § 39 Rn. 4

[413] **Erdlenbruch**, Die betriebsverfassungsrechtliche Stellung ..., S. 95

[414] **Giese**, Die Betriebsversammlung, S. 8; **Erdlenbruch**, Die betriebsverfassungsrechtliche Stellung ..., S. 95

öffnen, in die der Arbeitgeber einbezogen ist.[415] Gerade weil es sich um ein Kommunikationsforum handelt, sollen nach allgemeiner Auffassung sämtliche im Betrieb beschäftigten Personen daran teilnehmen dürfen und zwar ohne Rücksicht auf ihre Wahlberechtigung, den Beschäftigungsumfang oder die Volljährigkeit.[416] Nicht teilnahmeberechtigt sind hingegen die in § 5 Abs. 2, 3 BetrVG genannten Personen, es sei denn, sie nehmen als Vertreter des Arbeitgebers an der Betriebsversammlung teil.

2. Verleiherbetrieb

Am Recht des Leiharbeitnehmers auf Teilnahme an den Betriebsversammlungen im Verleiherbetrieb bestehen keine Zweifel. Als Arbeitnehmer des Verleiherbetriebs haben sie ein berechtigtes Interesse an umfassender Information und an einer Aussprache über sämtliche Fragen, die das Verhältnis zum Verleiherbetrieb betrifft. Dabei kommt es nicht darauf an, dass der Leiharbeitnehmer in einem anderen Betrieb seine Arbeitsleistung erbringt und häufig große Teile der Weisungsbefugnis an den Entleiher abgetreten werden. Das berechtigte Interesse an der Teilnahme ergibt sich allein aus der Tatsache, dass eine vertragliche Verbindung zwischen Leiharbeitnehmer und Entleiher besteht und der Leiharbeitnehmer in gewissem Umfang von der personellen und wirtschaftlichen Situation des Verleihers abhängig ist.[417]

Der Verleiher hat für die grundsätzlich während der Arbeitszeit stattfindenden Betriebsversammlungen die entsprechende Freistellung zu ermöglichen. Handelt es sich um eine Betriebsversammlung, die gem. § 44 Abs. 1 S. 1 BetrVG wegen der Eigenart des Betriebs ausnahmsweise außerhalb der Arbeitszeit stattfindet, muss der Verleiher den Leiharbeitnehmern die Zeit der Teilnahme einschließlich der Wegezeiten wie Arbeitszeit vergüten. Hinzukommt, dass den Leiharbeitnehmern die zusätzlichen Fahrtkosten vom Verleiher zu ersetzen sind.[418] Für die ausgefallene Arbeitszeit beim Entleiher, muss dieser die vereinbarte Überlassungsvergütung nicht an den Verleiher bezahlen. Gegenteilige Vereinbarungen können im Arbeitnehmerüberlassungsvertrag getroffen werden.

---

[415] GK-BetrVG/**Fabricius**, vor § 42 Rn. 5

[416] **Berg** in Däubler/Kittner/Klebe, BetrVG, § 42 Rn. 7; **Dietz/Richardi**, BetrVG, § 42 Rn. 3 ff.; GK-BetrVG/**Fabricius**, § 42 Rn. 20, 21; **Fitting/Kaiser/Heither/Engels**, BetrVG, § 42, Rn.14, 15; **Giese**, Die Betriebsversammlung, S. 23

[417] **Erdlenbruch**, Die betriebsverfassungsrechtliche Stellung ..., S. 95

[418] **Becker/Wulfgramm**, AÜG, § 14 Rn. 45; GK-BetrVG/**Fabricius**, § 44 Rn. 64 ff.; **Fitting/Kaiser/Heither/Engels**, BetrVG, § 44 Rn. 36 ff.

3. Entleiherbetrieb

In § 14 Abs. 2 S. 2 AÜG hat der Gesetzgeber festgelegt, dass Leiharbeitnehmer im Entleiherbetrieb an Betriebs- sowie Jugend- und Auszubildendenversammlungen teilnehmen kann. Bereits vor In-Kraft-Treten wurde in der Literatur überwiegend vertreten, dass Leiharbeitnehmer eine Teilnahmeberechtigung haben.[419] Da in der Betriebsversammlung sämtliche Angelegenheiten, die den Betrieb oder die Arbeitnehmer betreffen, behandelt werden können, ist die Teilnahme der Leiharbeitnehmer berechtigt. Leiharbeitnehmer sind zum einen in den Angelegenheiten betroffen, die die Eingliederung in die Organisation des Betriebs betreffen. Darüber hinaus sind sie aber auch in allen Angelegenheiten des arbeitsrechtlichen Erfüllungsverhältnisses, das sie mit dem Entleiher verbindet, betroffen. Allein in den Angelegenheiten, die allein das arbeitsrechtliche Grundverhältnis betreffen, kann der Leiharbeitnehmer im Entleiherbetrieb nicht betroffen sein. Dies allein rechtfertigt aber nicht den Ausschluss des Leiharbeitnehmers von der Teilnahme an den Betriebsversammlungen im Entleiherbetrieb. Das gilt vor allem weil Leiharbeitnehmer in allen sozialpolitischen Fragen, die auf Schutz und Integration des Arbeitnehmers abstellen, wie Stammarbeitnehmer zu behandeln sind.[420] Schon auf Grund dieser Themen, die sich auf beide Gruppen (Stammarbeitnehmer und Leiharbeitnehmer) erstrecken, kann die Teilnahmeberechtigung nicht an leiharbeitnehmertypischen Fragen festgemacht werden.[421] Auch für den Leiharbeitnehmer muss eine innerbetriebliche Information und Diskussion im Entleiherbetrieb möglich sein.

Arbeitszeiten, die auf Grund der Teilnahme an einer Betriebsversammlung im Entleiherbetrieb versäumt werden, muss der Verleiher dem Leiharbeitnehmer vergüten.[422] Der Entleiher zahlt die Überlassungsvergütung an den Verleiher für die versäumte Arbeitszeit, da es sich um einen betriebsverfassungsrechtlichen Anspruch auf Teilnahme gegen den Betriebsrat im Entleiherbetrieb handelt. Im Arbeitnehmerüberlassungsvertrag kann allerdings Gegenteiliges vereinbart werden.

---

[419] **Fitting/Auffahrth/Kaiser**, BetrVG, 13. Aufl. 1981, § 42 Rn. 8; **Frerichs/Möller/Ulber**, Leiharbeit und betriebliche Interessenvertretung, S. 90; **Galperin/Löwisch**, BetrVG, § 42 Rn. 6; **Halbach**, DB 1980, 2389 ff. (2390); **Ramm**, DB 1973, 1170 ff. (1174); a. A.: **Müllner**, Aufgespaltene Arbeitgeberstellung ..., S. 77, der danach differenziert, ob die Themen der konkreten Betriebsversammlung den Leiharbeitnehmer berühren oder nicht.

[420] **Erdlenbruch**, Die betriebsverfassungsrechtliche Stellung ..., S. 97

[421] a. A.: **Müllner**, Aufgespaltene Arbeitgeberstellung ..., S. 77

[422] **Becker**, AuR 1982, 369 ff. (373); **Becker/Wulfgramm**, AÜG, § 14 Rn. 59; **Sandmann/Marschall**, AÜG, § 14 Rn. 11

III. Mitwirkungs- und Beschwerderechte des Arbeitnehmers (§§ 81 bis 86 BetrVG)

1. Inhalt

Die im zweiten Abschnitt (§§ 81-86 BetrVG) aufgeführten Mitwirkungs- und Beschwerderechte des einzelnen Arbeitnehmers sind im Zusammenhang mit dem Schutz des Persönlichkeitsbereichs (§ 75 Abs. 2 BetrVG) zu verstehen. Sie sollen dem einzelnen Arbeitnehmer ein unmittelbares Mitspracherecht „rund um seinen Arbeitsplatz" geben.[423] Sämtliche in den §§ 81 ff. BetrVG normierten Individualrechte sind als solche bereits aus der Treue- und Fürsorgepflicht des Arbeitgebers abzuleiten.[424] Insofern bedeuten die §§ 81 ff. BetrVG – zumindest für den Bereich des Betriebsverfassungsrechts – eine Klarstellung hinsichtlich der Geltung und des Inhalts dieser Rechte. Etwas anderes gilt für die in diesen Bestimmungen geregelte Mitwirkung des Betriebsrats und die Verfahrensvorschriften, die nicht aus dem Arbeitsvertragsrecht hergeleitet werden können, sondern ihren Rechtsgrund allein im Betriebsverfassungsrecht haben.[425] Die §§ 81 ff. BetrVG finden nach h. M. in allen Betrieben Anwendung, in denen ein Betriebsrat errichtet wurde und in den Betrieben, die betriebsratsfähig sind.[426] Auch wenn die Treue- und Fürsorgepflichten aus dem Arbeitsvertragsrecht konkretisiert werden, kann der Anwendungsbereich nicht auf die nicht betriebsratfähigen Betriebe ausgedehnt werden, da in diesen Betrieben das BetrVG schlechthin keine Anwendung findet.[427]

Bereits vor In-Kraft-Treten des § 14 AÜG wurde überwiegend vertreten, dass die §§ 81 ff. BetrVG im Entleiherbetrieb – zumindest teilweise – Anwendung

---

[423] amtliche Begründung zum RegE, BT-Ds. VI/1786, S. 47; **Fitting/Kaiser/Heither/Engels,** BetrVG, § 81 Rn. 1; **Wiese,** ZfA 1996, 439 ff. (474)

[424] **Buschmann** in Däubler/Kittner/Klebe, BetrVG, § 81 Rn. 1; **Dietz/Richardi,** BetrVG, vor § 81 Rn. 1, 6; **Fitting/Kaiser/Heither/Engels,** BetrVG, § 81 Rn. 2

[425] GK-BetrVG/**Wiese,** vor § 81 Rn. 18

[426] **Buschmann** in Däubler/Kittner/Klebe, BetrVG, § 81 Rn. 1, 3; **Dietz/Richardi,** BetrVG, vor § 81 Rn. 5

[427] GK-BetrVG/**Wiese,** vor § 81 Rn. 21; **Dietz/Richardi,** BetrVG, vor § 81 Rn. 5; a. M.: **Buschmann** in Däubler/Kittner/Klebe, BetrVG, § 81 Rn. 3; **Fitting/Kaiser/Heither/Engels,** BetrVG, § 81 Rn. 2; **Ulber,** AÜG, § 14 Rn. 54

131

auf die Leiharbeitnehmer finden.[428] Für die Arbeitnehmerüberlassung stellt sich
nach In-Kraft-Treten des § 14 AÜG insbesondere die Frage, ob sich Besonderheiten auf Grund der atypischen Struktur bzw. auf Grund der Tatsache ergeben,
dass den Leiharbeitnehmer mit dem Entleiher kein arbeitsrechtliches Grundverhältnis verbindet.

**2. Unterrichtungs- und Erörterungspflicht des Arbeitgebers
(§ 81 BetrVG)**

a) Inhalt

§ 81 Abs. 1 S. 1 BetrVG verpflichtet den Arbeitgeber, den Arbeitnehmer nicht
nur über seinen eigentlichen Aufgabenbereich und die dafür zu tragende Verantwortung, sondern darüber hinaus auch über die Bedeutung seiner Tätigkeit
im größeren Rahmen des Arbeitsablaufs des Betriebs zu unterrichten.[429] Eine
bestimmte Form der Unterrichtung ist nicht vorgeschrieben; sie kann mündlich
erfolgen. Mit der Unterrichtung erfüllt der Arbeitgeber eine mitbestimmungs-
freie[430] gesetzliche Pflicht.

b) Verleiherbetrieb

Grundsätzliche gelten die §§ 81-86 BetrVG für die Leiharbeitnehmer im Verleiherbetrieb.[431] Die Regelung des § 14 Abs. 2 S. 2 AÜG, der u. a. auf die Anwendbarkeit des § 81 BetrVG im Entleiherbetrieb für die dort tätigen Leiharbeitnehmer verweist, bedeutet für die Leiharbeitnehmer nicht den Ausschluss
der entsprechenden betriebsverfassungsrechtlichen Rechte im Verleiherbetrieb.[432]

Zunächst hat der Verleiher die Pflicht, den Leiharbeitnehmer gem. § 81 Abs. 1
S. 1 BetrVG vor dem ersten und jedem weiteren Einsatz rechtzeitig über den

[428] BAG v. 14.5.1974, AP Nr. 2 zu § 99 BetrVG 1972 = BAGE 26, 149 = BB 1974, 1071; **Be-
cker/Wulfgramm**, AÜG, 2. Aufl. 1981, § 11 Rn. 40 ff.; **Bulla**, DB 1975, 1795 ff. (1797);
Halbach, DB 1980, 2389 ff. (2390); **Mayer**, AuR, 1974, 353 ff. (363); **Ramm**, DB 1973,
1170 ff. (1174); einschränkend **Mumot**, Die betriebsverfassungsrechtlichen Beteiligungsrechte ..., S. 111 ff., der die §§ 81 ff. grundsätzlich im Entleiherbetrieb für anwendbar erachtet, davon aber § 82 Abs. 2 und § 83 BetrVG ausnehmen will.
[429] **Fitting/Kaiser/Heither/Engels**, BetrVG, § 81 Rn. 3
[430] BAG vom 28.1.1992, AP Nr. 1 zu § 96 BetrVG 1972; GK-BetrVG/**Wiese**, § 81 Rn. 9
[431] **Becker**, AuR 1982, 369 ff. (373); **Becker/Wulfgramm**, AÜG, § 14 Rn. 43; **Dietz/Richar-
di**, BetrVG, vor § 81 Rn. 4; **Fitting/Kaiser/Heither/Engels**, BetrVG, § 81 Rn. 1; **Gick**,
Gewerbsmäßige Arbeitnehmerüberlassung ..., S. 127; **Mumot**, Die betriebsverfassungsrechtlichen Beteiligungsrechte ..., S. 68; **Sandmann/Marschall**, AÜG, § 14 Rn. 5
[432] **Becker**, AuR 1982, 369 ff. (373)

Entleiherbetrieb, die zukünftige Beschäftigung, den Arbeitsplatz und die Arbeitsumgebung zu unterrichten. Die entsprechenden Informationen hat er rechtzeitig vor der Überlassung beim Entleiher einzuholen.[433]

Nach § 81 Abs. 1 S. 2 BetrVG hat der Verleiher den Leiharbeitnehmer vor Beginn einer Überlassung über die Unfall- und Gesundheitsgefahren, denen der Leiharbeitnehmer bei seiner Tätigkeit im Entleiherbetrieb ausgesetzt ist, sowie über die Maßnahmen und Einrichtungen zur Abwendung dieser Gefahren zu belehren. Es handelt sich dabei um eine Konkretisierung des § 11 Abs. 6 S. 1 AÜG, der ausdrücklich auf die selbstständige Belehrungspflicht des Verleihers neben der des Entleihers hinweist. Zudem ist die Übertragung dieser Belehrungspflicht auf den Entleiher ausgeschlossen. Wie der Begriff „belehren" besagt, begründet § 81 Abs. 1 S. 2 BetrVG nur die Pflicht des Arbeitgebers zur Belehrung, nicht aber zur Durchsetzung der Arbeitsschutzmaßnahmen.[434] Daraus folgt, dass § 81 Abs. 1 S. 2 BetrVG keine Pflicht für den Verleiher dahingehend begründet, dass dieser sich ständig über die Einhaltung der Schutzmaßnahmen im Entleiherbetrieb erkundigen oder selbige kontrollieren muss.[435] Entgegen dieser Auffassung wird vertreten, dass der Verleiher stichprobenartige Kontrollen durchzuführen hat, ob die Maßnahmen im Entleiherbetrieb durchgeführt werden.[436] Dieser Auffassung ist zu folgen, da die Durchführung dieser Maßnahmen im Anschluss an die Belehrung erforderlich ist. Ohne derartige Maßnahmen könnte der Verleiher seiner Fürsorgepflicht gegenüber dem Leiharbeitnehmer nicht in angemessenem Umfang gerecht werden. Das arbeitsrechtliche Erfüllungsverhältnis zwischen Entleiher und Leiharbeitnehmer ist einer Einflussnahme durch den Verleiher nicht entzogen. Die Pflichten des Verleihers auf eine ständige Überwachung oder Kontrollen im Entleiherbetrieb auszudehnen ist somit gerechtfertigt. Auf diesem Wege wird eine Benachteiligung der Leiharbeitnehmer ausgeschlossen.

Gem. § 81 Abs. 2 BetrVG hat der Arbeitgeber den Arbeitnehmer rechtzeitig über eine Veränderung des Arbeitsbereiches zu unterrichten. Steht eine Veränderung innerhalb des Entleiherbetriebs bevor, so setzt der Entleiher im Rahmen seiner Fürsorgepflicht aus dem arbeitsrechtlichen Erfüllungsverhältnis den

---

[433] vgl. **Becker/Wulfgramm**, AÜG, § 14 Rn. 46; **Erdlenbruch**, Die betriebsverfassungsrechtliche Stellung ..., S. 100; **Schüren**, AÜG, § 14 Rn. 112

[434] **Erdlenbruch**, Die betriebsverfassungsrechtliche Stellung ..., S. 101; **Galperin/Löwisch**, BetrVG, § 81 Rn. 7; GK-BetrVG/**Wiese**, § 81 Rn. 17

[435] **Erdlenbruch**, Die betriebsverfassungsrechtliche Stellung ..., S. 101; a. M.: **Becker/Wulfgramm**, AÜG, 3 14 Rn. 46; **Schüren**, AÜG, § 14 Rn. 113; **Ulber**, AÜG, § 14 Rn. 19

[436] **Schüren**, AÜG, § 14 Rn. 113

Leiharbeitnehmer in Kenntnis. Bei einer bevorstehenden Änderung des Arbeitsbereichs in einen neuen Einsatzbetrieb, entsteht erneut die Pflicht des Verleihers
zur Belehrung bzgl. der Unfall- und Gesundheitsgefahren im neuen Entleiherbetrieb.

Gem. § 81 Abs. 4 BetrVG ist der Arbeitgeber verpflichtet, den Arbeitnehmer
über die Planung und Einführung neuer Techniken zu unterrichten und Maßnahmen der Berufsbildung mit ihm zu erörtern. Fraglich ist, ob den Verleiher
diese Pflicht auch in Bezug auf Neuerungen in den Entleiherbetrieben trifft.
Zweck des § 81 Abs. 4 BetrVG ist, frühzeitig Maßnahmen zu planen, die einem
Verlust des Arbeitsplatzes entgegenwirken. Bzgl. des Entleiherbetriebs wird in
der Praxis der Verleiher aber nur selten über neue Techniken in den Entleiherbetrieben informiert werden. Schon deshalb kann § 81 Abs. 4 BetrVG bzgl.
technischer Neurungen im Entleiherbetrieb nur dann Anwendung finden, wenn
dem Verleiher bekannt ist, dass sich die Anforderungsprofile seiner Auftraggeber ändern werden. Eine Informations- oder Kontrollpflicht trifft den Verleiher
nicht. Steht fest, dass sich die Tätigkeit des Leiharbeitnehmers durch die Einführung neuer Techniken in den Einsatzbetrieben ändern wird und reichen seine
beruflichen Kenntnisse und Fähigkeiten zur Erfüllung der ihm dort obliegenden
Aufgaben nicht aus, hat der Verleiher gem. § 81 Abs. 4 S. 2 BetrVG Maßnahmen der Berufsbildung mit dem Leiharbeitnehmer zu erörtern.

c)   Entleiherbetrieb
Der Entleiher hat den Leiharbeitnehmer gem. § 14 Abs. 2 S. 3 AÜG i. V. m.
§ 81 Abs. 1 BetrVG umfassend über seine Pflichten und Funktionen sowie über
die Unfall- und Gesundheitsgefahren im Entleiherbetrieb zu unterrichten. Des
Weiteren hat der Entleiher den Leiharbeitnehmer über die Maßnahmen und Einrichtungen zur Abwehr dieser Gefahren zu belehren.[437] Insoweit wird die Vorschrift des § 11 Abs. 6 AÜG ergänzt, nach der die Tätigkeit des Leiharbeitnehmers den für den Entleiherbetrieb geltenden öffentlich-rechtlichen Vorschriften
des Arbeitsschutzrechts unterliegt. Da die Kenntnisse des Entleihers als Betriebsinhaber viel weitreichender bzgl. der Unfall- und Gesundheitsgefahren
sind als die des Entleihers, sind die Anforderungen an die Belehrung des Leiharbeitnehmers entsprechend umfangreicher. Eine allgemeine Unterrichtung
reicht nicht aus, vielmehr hat der Entleiher sämtliche in Frage kommenden Ge-
fahrenquellen gewissenhaft und exakt darzustellen, auf die einzelnen Gefahren

---

[437] **Becker**, AuR 1982, 369 ff. (373); **Becker/Wulfgramm**, AÜG, § 14 Rn. 60; **Sandmann/
Marschall**, AÜG, § 14 Rn. 13

hinzuweisen und die Sicherheitsvorschriften und die Maßnahmen zur Gefahren-
abwehr zu erläutern.[438]

Plant der Entleiher während des Arbeitseinsatzes des Leiharbeitnehmers Veränderungen in dessen Arbeitsbereich, so hat er den Leiharbeitnehmer gem. § 81
Abs. 2 BetrVG i. V. m. § 14 Abs. 2 S. 3 AÜG hierüber rechtzeitig zu unterrichten.[439]

Ebenso hat der Entleiher die Pflicht, den Leiharbeitnehmer gem. § 14 Abs. 2 S.
3 i. V. m. § 81 Abs. 4 BetrVG über die Planung und Einführung neuer Techniken zu unterrichten. Bei der mittlerweile geltenden Höchstüberlassung von einem Jahr ist diese Verpflichtung auch von praktischer Bedeutung, da technische
Neuerungen innerhalb eines Jahres durchaus Einzug halten können.[440]

3. Anhörungs- und Erörterungsrecht (§ 82 BetrVG)

a) Inhalt

§ 82 Abs. 1 BetrVG gibt dem Arbeitnehmer das Recht, in allen betrieblichen
Angelegenheiten, die ihn persönlich betreffen, gehört zu werden. Er hat sich
dabei zunächst und vorbehaltlich eines bestehenden betrieblichen Instanzenzugs
an den sachlich zuständigen unmittelbaren Vorgesetzten zu wenden. Dieser
muss sich die Zeit nehmen und auf das Anliegen des Arbeitnehmers eingehen.
Darüber hinaus wird dem Arbeitnehmer in § 82 Abs. 1 S. 2 BetrVG das Recht
zugestanden, zu Maßnahmen des Arbeitgebers, die Auswirkungen auf seinen
betrieblichen Arbeitsbereich oder seine persönliche Stellung im Betrieb haben,
Stellung zu nehmen. Gem. § 82 Abs. 2 BetrVG kann der Arbeitnehmer verlangen, dass ihm die Berechnung und Zusammensetzung seines Arbeitsentgelts er-
läutert wird. Des Weiteren kann er in angemessenen Zeitabständen verlangen,
dass mit ihm eine Beurteilung seiner Leistungen vorgenommen wird.

b) Verleiherbetrieb

Im Verleiherbetrieb gehören zu den betrieblichen Angelegenheiten, zu denen
der Arbeitnehmer ein Recht auf Anhörung und Stellungnahme hat, alle Fragen
der betrieblichen Organisation des Verleihers, die sich unmittelbar auf den

---

[438] **Becker/Wulfgramm**, AÜG, § 14 Rn. 60; **Erdlenbruch**, Die betriebsverfassungsrechtliche
Stellung ..., S. 103
[439] **Becker/Wulfgramm**, AÜG, § 14 Rn. 60
[440] anders noch **Erdlenbruch**, Die betriebsverfassungsrechtliche Stellung ..., S. 104

Leiharbeitnehmer auswirken.[441] Das sind vor allem Fragen der Einsatzplanung, der Leistung von Überstunden, der Planung des Urlaubs und der Abstimmung der Zusammenarbeit mit dem Stammpersonal des Verleihers. Aus § 82 Abs. 1 S. 2 BetrVG ergibt sich, dass dem Leiharbeitnehmer diesbzgl. nicht nur ein Anhörungsrecht, sondern auch das Recht zur Stellungnahme zusteht. Das erstreckt sich insbesondere auf Vorschläge zur Gestaltung des Arbeitseinsatzes im Entleiherbetrieb[442] bzw. auf eine Stellungnahme vor jeder weiteren Überlassung in einen anderen Entleiherbetrieb.[443]

Weiterhin hat der Verleiher dem Leiharbeitnehmer die Berechnung und Zusammensetzung seines Arbeitsentgelts sowohl seinem Gegenstand als auch der Höhe nach[444] zu erläutern (§ 81 Abs. 2 S. 1 BetrVG). Das ist für den Leiharbeitnehmer durchaus von Bedeutung, da § 14 Abs. 2 S. 3 AÜG nicht auf § 81 Abs. 2 S. 1 BetrVG verweist und somit die Vorschrift keine Anwendung im Entleiherbetrieb findet. Ferner hat der Leiharbeitnehmer das Recht, mit dem Verleiher die Beurteilung seiner Leistung und seine berufliche Entwicklung zu erörtern.[445]

c) Entleiherbetrieb

Durch die in § 14 Abs. 2 S. 3 AÜG enthaltene Bezugnahme auf § 82 Abs. 1 BetrVG ist klargestellt, dass dem Leiharbeitnehmer im Entleiherbetrieb das Recht zusteht, in betrieblichen Angelegenheiten, die seine Person betreffen, gehört zu werden und Stellung zu nehmen. Zu den betrieblichen Angelegenheiten gehören vor allem solche des Arbeitsablaufs, der Arbeitsleistung und der Betriebsorganisation im Entleiherbetrieb.[446] Bereits vor In-Kraft-Treten des § 14 AÜG wurde vertreten, dass sich § 82 Abs. 1 BetrVG auf die Leiharbeitnehmer im Entleiherbetrieb erstreckt, da diese spezifische Schutzfunktion auf die Besonderheiten des jeweiligen Betriebs abstellt und deshalb für alle im Betrieb Tätigen gelten muss.[447]

---

[441] **Becker/Wulfgramm**, AÜG, § 14 Rn. 47; **Erdlenbruch**, Die betriebsverfassungsrechtliche Stellung ..., S. 104; **Schüren**, AÜG, § 14 Rn. 115; **Ulber**, AÜG, § 14 Rn. 20

[442] **Becker/Wulfgramm**, AÜG, § 14 Rn. 47

[443] **Müllner**, Aufgespaltene Arbeitgeberstellung ..., S. 71

[444] **Fitting/Kaiser/Heither/Engels**, BetrVG, § 82 Rn. 8; GK-BetrVG/**Wiese**, § 82 Rn. 12

[445] **Becker/Wulfgramm**, AÜG, § 14 Rn. 48

[446] **Becker**, AuR 1982, 369 ff. (373); **Becker/Wulfgramm**, AÜG, § 14 Rn. 61; **Mumot**, Die betriebsverfassungsrechtlichen Beteiligungsrechte ..., S. 113

[447] **Halbach**, DB 1980, 2389 ff. (2390); **Mayer**, AuR 1974, 353 ff. (363); **Ramm**, DB 1973, 1170 (1174)

§ 14 Abs. 2 S. 3 AÜG verweist zu Recht nicht auf § 82 Abs. 2, S. 1, 1. Hs. BetrVG. Der Verleiher ist Schuldner des Arbeitsentgelts, das Hauptleistungspflicht des arbeitsrechtlichen Grundverhältnisses ist. Die Zusammensetzung des Entgelts und die Höhe fallen allein in den Aufgabenbereich des Verleihers, sodass kein Bedarf einer Anwendbarkeit dieser Vorschrift im Entleiherbetrieb besteht. Anders sieht es allerdings bzgl. der Leistungsbeurteilung und einer möglichen beruflichen Entwicklung des Leiharbeitnehmers im Entleiherbetrieb aus. Sicher kam eine berufliche Entwicklungsmöglichkeit bei einer nur sechsmonatigen Höchstüberlassungsdauer kaum in Frage.[448] Da mittlerweile die Höchstüberlassungsregeln abgeschafft wurden, ist eine berufliche Entwicklung im Entleiherbetrieb nicht mehr von vornherein auszuschließen. Zudem ist die Leistungsbeurteilung eine unmittelbare Folge der eigentlichen Arbeitsleistung, die der Leiharbeitnehmer im Entleiherbetrieb erbringt. Der Entleiher ist somit ebenso wie der Verleiher verpflichtet, eine Leistungsbeurteilung zu erstellen und berufliche Entwicklungsmöglichkeiten zu erörtern.[449] Von praktischer Bedeutung für den Leiharbeitnehmer ist dies insbesondere im Hinblick auf eine eventuelle Übernahme des Leiharbeitnehmers durch den Entleiher. Dieses Ziel verfolgt u. a. § 9 Nr. 5 AÜG, mit dem der Gesetzgeber die Möglichkeit zur Übernahme des Leiharbeitnehmers in ein Stammarbeitsverhältnis beim Entleiher gerade fördern will.

Die fehlende Verweisung in § 14 Abs. 2 S. 3 AÜG auf § 82 Abs. 2 BetrVG steht dieser Auffassung nicht entgegen, da der Gesetzgeber in § 14 Abs. 2 S. 3 AÜG nur einige wesentliche Rechte beispielhaft zum Zwecke der Rechtssicherheit aufgezählt hat. Diese Aufzählung ist nicht abschließend.[450] Die Anwendbarkeit sonstiger Bestimmungen des BetrVG bleibt unberührt; die Vorschrift lässt Rechtsprechung und Lehre Spielraum zur Ausgestaltung von Beteiligungsrechten des Betriebsrats im Verleiher- und Entleiherbetrieb.[451]

---

[448] **Erdlenbruch**, Die betriebsverfassungsrechtliche Stellung ..., S. 106

[449] **Ulber**, AÜG, § 14 Rn. 54 a; **a. A.: Becker**, AuR 1982, 369 ff. (373); **Erdlenbruch**, Die betriebsverfassungsrechtliche Stellung ..., S. 106, der auf eine sechsmonatige Höchstüberlassungsdauer abstellt.

[450] BT-Ds. 9/847, S. 9; BAG v. 15.12.1992, AP Nr. 7 zu § 14 AÜG

[451] BAG vom 15.4.1986, AP Nr. 35 zu § 99 BetrVG 1972; **Becker**, AuR 1982, 369 ff. (§75); **Becker/Wulfgramm**, AÜG, § 14 Rn. 4; **Gick**, Gewerbsmäßige Arbeitnehmerüberlassung ..., S. 134; **Marschall**, NJW 1982, 1363 ff. (1366); **Plander**, AiB 1990, 19 ff. (23); **Sandmann/Marschall**, AÜG, § 14 Rn. 2; **Ulber**, AÜG, § 14 Rn. 50, 54

4. Einsichtsrecht in die Personalakten (§ 83 BetrVG)

§ 83 Abs. 1 BetrVG räumt dem Arbeitnehmer das Recht ein, Einsicht in seine Personalakte zu nehmen.

a) Verleiherbetrieb

Leiharbeitnehmer haben dieses Recht ebenso wie die Stammarbeitnehmer im Betrieb des Verleihers.[452] Durch die Kenntnis seiner Personalunterlagen soll dem Arbeitnehmer das Gefühl genommen werden, Objekt undurchsichtiger fremder Beurteilung zu sein, und ihm die Möglichkeit gegeben werden, sich gegen unzutreffende Angaben zu wehren.[453] Unter Personalakten versteht man alle über einen Arbeitnehmer bestehenden und ihn persönlich betreffenden Unterlagen des Arbeitgebers. Gleichgültig ist dabei, ob der Arbeitgeber die Unterlagen gesammelt, geheftet, in einer Datenbank angelegt hat oder auf Mikrofilm festhält. Personalunterlagen, in die Einsicht genommen werden kann, sind u. a. Bewerbungsunterlagen, Personalfragebögen, ärztliche Beurteilungen, Eignungstests, der Arbeitsvertrag einschließlich späterer Änderungen, Beurteilungen, Zeugnisse, Lohn- und Gehaltsveränderungen, der gesamte Schriftwechsel zwischen Arbeitgeber und Arbeitnehmer bzw. Dritten usw.[454]

b) Entleiherbetrieb

§ 14 Abs. 2 S. 3 AÜG verweist nicht auf § 83 BetrVG. Daraus wird vielfach geschlossen, dass beim Entleiher kein Einsichtsrecht in die Personalakten besteht.[455] Grund dafür soll sein, dass auf Grund der kurzen Beschäftigungsdauer im Entleiherbetrieb vom Entleiher gar keine Personalunterlagen geführt werden.[456] Auch der Gesetzgeber ist davon ausgegangen, dass bei Leiharbeitnehmern kein Bedürfnis für eine Einsichtnahme in ihre Personalakten beim Entleiher bestünde.[457] Bei einer mittlerweile bestehenden Überlassungsdauer von bis zu 24 Monaten ist dieses Argument nicht mehr überzeugend. Es ist nicht auszu-

---

[452] **Becker**, AuR 1982, 369 ff. (373); **Becker/Wulfgramm**, AÜG, § 14 Rn. 49; **Gick**, Gewerbsmäßige Arbeitnehmerüberlassung ..., S. 127; **Mumot**, Die betriebsverfassungsrechtlichen Beteiligungsrechte ..., S. 68; **Sandmann/Marschall**, AÜG, § 14 Rn. 14

[453] GK-BetrVG/**Wiese**, § 83 Rn. 10

[454] **Fitting/Kaiser/Heither/Engels**, BetrVG, § 83 Rn. 4

[455] **Becker**, AuR 1982, 369 ff. (373); **Gick**, Gewerbsmäßige Arbeitnehmerüberlassung ..., S. 131; GK-BetrVG/**Kraft**, § 5 Rn. 21; **Mumot**, Die betriebsverfassungsrechtlichen Beteiligungsrechte ..., S. 112, 114, der diese Auffassung bereits vor In-Kraft-Treten des AÜG vertrat; **Sandmann/Marschall**, AÜG, § 14 Rn. 14; **Stege/Weinspach**, BetrVG, § 83 Rn. 1

[456] **Becker**, AuR 1982, 369 ff. (373); **Müllner**, Aufgespaltene Arbeitgeberstellung ..., S. 78; **Mumot**, Die betriebsverfassungsrechtlichen Beteiligungsrechte ..., S. 112; **Sandmann/Marschall**, AÜG, § 14 Rn. 14

[457] Begründung des RegE, BT-Ds. 9/847, S. 9

schließen, dass auch der Entleiher Unterlagen führt, die den Leiharbeitnehmer betreffen. In Betracht kommen dabei vor allem Personalfragebögen, Schriftwechsel des Entleihers mit dem Verleiher, betriebliche Beurteilungen etc.[458] Diese Unterlagen sind Personalunterlagen und nach dem materiellen Personalaktenbegriff, der von der h. M. vertreten wird,[459] fallen sie in den Anwendungsbereich des § 83 BetrVG. Der Inhalt von Personalakten bezieht sich nicht allein auf den arbeitsvertraglichen Bereich, der allein in den Zuständigkeitsbereich des Verleihers fällt,[460] sondern betrifft auch die Arbeitsleistung als solche.

Die Anwendbarkeit des § 83 BetrVG im Entleiherbetrieb ist auch nicht deshalb ausgeschlossen, weil § 14 Abs. 2 S. 3 AÜG diese Vorschrift ausklammert. § 14 Abs. 2 AÜG ist keine abschließende Regelung.[461] § 83 BetrVG findet nach der hier vertretenen Auffassung vom arbeitsrechtlichen Erfüllungsverhältnis unmittelbar Anwendung im Entleiherbetrieb,[462] da § 83 BetrVG kein arbeitsrechtliches Grundverhältnis im Sinne einer einklagbaren Leistungsverpflichtung voraussetzt.[463]

Nach der Auffassung, die den allgemeinen arbeitsrechtlichen Arbeitnehmerbegriff auch im BetrVG anwendet, ist eine direkte Anwendbarkeit ausgeschlossen, da den Leiharbeitnehmer nach dieser Meinung kein Vertragsverhältnis mit dem Entleiher verbindet und der Leiharbeitnehmer damit den Arbeitnehmerbegriff, den § 83 BetrVG voraussetzt, nicht erfüllt. Nach dieser Auffassung kommt aber eine analoge Anwendung in Betracht.[464]

---

[458] **Erdlenbruch**, Die betriebsverfassungsrechtliche Stellung ..., S. 108

[459] BAG v. 7.5.1980, AuR 1982, 124; **Dietz/Richardi**, BetrVG, § 83 Rn. 8; **Fitting/Kaiser/ Heither/Engels**, BetrVG, § 83 Rn. 5; **Stege/Weinspach**, BetrVG, § 83 Rn. 4; GK-BetrVG/ **Wiese**, § 83 Rn. 10 ff.

[460] **Ulber**, AÜG, § 14 Rn. 56; **a. M.: Sandmann/Marschall**, AÜG, § 14 Rn. 14; **Schüren**, AÜG, § 14 Rn. 85

[461] BAG vom 15.4.1986, AP Nr. 35 zu § 99 BetrVG 1972; BT-Ds. 9/847, S. 9; BAG v. 15.12.1992, AP Nr. 7 zu § 14 AÜG; **Becker**, AuR 1982, 369 ff. (§75); **Becker/Wulfgramm**, AÜG, § 14 Rn. 4; **Gick**, Gewerbsmäßige Arbeitnehmerüberlassung ..., S. 134; **Marschall**, NJW 1982, 1363 ff. (1366); **Plander**, AiB 1990, 19 ff. (23); **Sandmann/Marschall**, AÜG, § 14 Rn. 2; **Ulber**, AÜG, § 14 Rn. 50, 54

[462] **a. A.: Erdlenbruch**, Die betriebsverfassungsrechtliche Stellung ..., S. 109

[463] im Ergebnis ebenso **Ulber**, AÜG, § 14 Rn. 55, der eine Beschränkung der Anwendbarkeit auf den Verleiherbetrieb als eine Auslegung gegen den Wortlaut des § 83 BetrVG versteht.

[464] **Erdlenbruch**, Die betriebsverfassungsrechtliche Stellung ..., S. 109

5. Beschwerderecht (§§ 84-86 BetrVG)

a) Inhalt

Die §§ 84-86 BetrVG regeln das Beschwerderecht des Arbeitnehmers und das dabei zu beachtende Verfahren. Unter Beschwerde ist jedes Vorbringen eines Arbeitnehmers zu verstehen, mit dem er darauf hinweist, dass er sich entweder vom Arbeitgeber, von Vorgesetzten oder anderen Arbeitnehmern des Betriebs benachteiligt, ungerecht behandelt oder in sonstiger Weise beeinträchtigt fühlt, und mit dem er Abhilfe des ihn persönlich belastenden Zustands begehrt.[465] Beschwerdegegenstand ist die individuelle Benachteiligung bzw. Beeinträchtigung; eine sog. Popularbeschwerde wegen allgemeiner Missstände im Betrieb oder gemeinsamer Belange bestimmter Gruppen gibt es nicht.[466]

b) Verleiherbetrieb

Der Leiharbeitnehmer kann sich bei den zuständigen Stellen des Verleiherbetriebs beschweren, wenn er sich durch den Verleiher, die Stammarbeitnehmer oder andere Leiharbeitnehmer beeinträchtigt fühlt.[467] Der Kreis der beschwerdefähigen Angelegenheiten ist umfassend; es kommt allein auf den subjektiven Standpunkt des Arbeitnehmers an.[468] Die Beeinträchtigung muss sich allerdings aus dem Arbeitsverhältnis ergeben, sodass außerbetriebliche oder außerdienstliche Umstände, die keine Auswirkungen auf das Arbeitsverhältnis haben, für eine Beschwerde nicht geeignet sind.

Speziell im Rahmen der Arbeitnehmerüberlassung stellt sich die Frage, ob der Leiharbeitnehmer im Verleiherbetrieb sein Beschwerderecht bzgl. solcher Angelegenheiten, die ihren Ursprung in der betrieblichen Sphäre des Entleihers haben, ausüben kann. Nach der hier vertretenen Auffassung vom Doppelarbeitsverhältnis liegt es nahe, die Angelegenheiten, die das arbeitsrechtliche Grundverhältnis betreffen, dem Verleiherbetrieb zuzuordnen und die Angelegenheiten, die aus der Sphäre des arbeitsrechtlichen Erfüllungsverhältnis mit dem Entleiher stammen, dem Entleiherbetrieb zuzuordnen. Dabei ist es aber unverhältnismäßig, den Leiharbeitnehmer mit einer Entscheidung über die Zu-

---

[465] BAG v. 11.3.1982, 2 AZR 798/79; ArbG Mannheim v. 20.12.1978, BB 1979, 833; GK-BetrVG/**Wiese**, § 84 Rn. 7

[466] **Dietz/Richardi**, BetrVG, § 84 Rn. 5; **Fitting/Kaiser/Heither/Engels**, BetrVG, § 84 Rn. 4

[467] **Becker**, AuR, 1982, 369 ff. (374); **Becker/Wulfgramm**, AÜG, § 14 Rn. 50; **Mumot**, Die betriebsverfassungsrechtlichen Beteiligungsrechte ..., S. 68; **Sandmann/Marschall**, § 14 Rn. 5; **Schüren**, AÜG, § 14 Rn. 119

[468] **Fitting/Kaiser/Heither/Engels**, BetrVG, § 84 Rn. 4; **Stege/Weinspach**, BetrVG, § 84 Rn. 4; GK-BetrVG/**Wiese**, § 84 Rn. 8

ständigkeit für seine Angelegenheiten zu belasten. Es soll der Einschätzung des Leiharbeitnehmers überlassen bleiben, ob die Anrufung der zuständigen Stelle im Verleiher- oder im Entleiherbetrieb erfolgversprechender scheint. Deshalb ist es sachgerecht mit der h. M. davon auszugehen, dass das Beschwerderecht dem Leiharbeitnehmer im Verleiherbetrieb auch bzgl. der Angelegenheiten zusteht, die ihren Ursprung im Entleiherbetrieb haben.[469] Der Leiharbeitnehmer hat somit ein Wahlrecht bei der Ausübung seines Beschwerderechts nach § 84 BetrVG.

Der Verleiher hat bei einer Beschwerde über eine Angelegenheit aus dem Entleiherbetrieb auf den Entleiher einzuwirken, damit dieser für Abhilfe sorgt. Die Pflicht dazu ist in der allgemeinen Treue- und Fürsorgepflicht des Arbeitgebers begründet. Im Falle der Arbeitnehmerüberlassung steht auch die im Entleiherbetrieb erbrachte Arbeitsleistung im Zusammenhang mit dem Grundverhältnis, da der Verleiher den Einsatzbetrieb auswählt. Seine Fürsorgepflicht erstreckt sich also auch auf den Entleiherbetrieb, wenn es dort zu Problemen kommt, die eine Beschwerde des Leiharbeitnehmers rechtfertigen. Diese Fürsorgepflicht ist in § 11 Abs. 6 AÜG ausdrücklich in Bezug auf die Gesundheits- und Unfallgefahren normiert.

Beschwert sich der Leiharbeitnehmer beim Verleiher, so kann er gem. § 84 Abs. 1 S. 2 BetrVG ein Mitglied des Verleiherbetriebsrats zur Unterstützung und Vermittlung hinzuziehen. Trägt der Leiharbeitnehmer dem Verleiherbetriebsrat seine Beschwerde vor und erachtet dieser die Beschwerde für berechtigt, hat er beim Verleiher auf Abhilfe hinzuwirken. Der Verleiherbetriebsrat kann die Beschwerde selbstständig übernehmen und dem Verleiher gegenüber vertreten. Der Betriebsrat des Verleihers kann sich nicht an den Entleiher wenden, da sich seine Befugnisse auf den Betrieb beschränken, für den er gewählt wurde.[470]

c) Entleiherbetrieb

Gem. § 14 Abs. 2 S. 3 AÜG i. V. m. § 84 Abs. 1 S. 1 BetrVG kann sich der Leiharbeitnehmer bei den zuständigen Stellen im Entleiherbetrieb beschweren, wenn er sich vom Entleiher oder von den Arbeitnehmern des Entleiherbetriebs benachteiligt oder ungerecht behandelt oder in sonstiger Weise beeinträchtigt

---

[469] **Becker**, AuR 1982, 369 ff. (374); **Becker/Wulfgramm**, AÜG, § 14 Rn. 50; **Erdlenbruch**, Die betriebsverfassungsrechtliche Stellung ..., S. 110; **Mayer**, AuR 1974, 353 ff. (363); **Schüren**, AÜG, § 14 Rn. 20

[470] **Schüren**, AÜG, § 14 Rn. 120

fühlt.[471] Gegenstand der Beschwerde können im Entleiherbetrieb nur solche Angelegenheiten sein, die ihre Wurzeln im Entleiherbetrieb haben. Insoweit steht dem Leiharbeitnehmer kein Wahlrecht zu, denn der Entleiher hat weder Rechte noch Pflichten zur Einwirkung auf den Verleiher und dessen Betrieb. Ihn trifft allein eine Fürsorgepflicht gegenüber dem Leiharbeitnehmer (§ 11 Abs. 6 AÜG).

Die Zuständigkeit des Entleiherbetriebs für Beschwerden ergibt sich schon aus der allgemeinen Treue- und Fürsorgepflicht des Entleihers. Diese ist nämlich von jedem Arbeitgeber zu beachten, zu dem arbeitsrechtliche Beziehungen bestehen.[472] Nach der hier vertretenen Auffassung handelt es sich dabei um das arbeitsrechtliche Erfüllungsverhältnis. Das Beschwerderecht im Entleiherbetrieb dient dem umfassenden Schutz des Leiharbeitnehmers, der nicht auf den Umweg über den Verleiher verwiesen werden soll.[473] Auch wenn der Verleiher auf Grund seiner Treue- und Fürsorgepflicht angehalten ist, beim Entleiher gegebenenfalls auf Abhilfe zu drängen, kann letztendlich die Entscheidung, ob die Beschwerde eine Maßnahme zur Veränderung auslöst, allein der Entleiher treffen.

6. Vorschlagsrecht der Arbeitnehmer (§ 86 a BetrVG)

a) Inhalt

Das BetrVerf-ReformG regelt erstmals ausdrücklich ein Vorschlagsrecht der Arbeitnehmer gegenüber dem Betriebsrat. Hierdurch sollen die Arbeitnehmer auch außerhalb von Wahlen, Betriebsversammlungen oder Sprechstunden des Betriebsrats Einfluss auf die Arbeit des Betriebsrats und dessen Politik nehmen können. Den Arbeitnehmern steht jedoch kein gerichtlich durchsetzbarer Anspruch gegenüber dem Betriebsrat hinsichtlich der Behandlung des Antrags zu.

b) Verleiherbetrieb

Leiharbeitnehmer sind Betriebsangehörige des Verleiherbetriebs. Somit steht Ihnen auch das Antragsrecht nach § 86 a BetrVG im Verleiherbetrieb zu. Der Antrag kann formlos gestellt werden. Das Gesetz sieht keine Begrenzung des

[471] **Becker**, AuR 1982, 369 ff. (374); **Becker/Wulfgramm**, AÜG, § 14 Rn. 64; **Dietz/Richardi**, BetrVG, vor § 81 Rn. 4; **Gick**, Gewerbsmäßige Arbeitnehmerüberlassung ..., S. 131; **Sandmann/ Marschall**, AÜG, § 14 Rn. 14; **Schaub**, Arbeitsrechts-Handbuch, § 120 Rn. 91; **Schüren**, AÜG, § 14 Rn. 86 ff., 119; **Stege/Weinspach**, BetrVG, § 84-86 Rn. 1; GK-BetrVG/**Wiese**, vor § 81 Rn. 20
[472] **Mumot**, Die betriebsverfassungsrechtlichen Beteiligungsrechte ..., S. 110
[473] **Erdlenbruch**, Die betriebsverfassungsrechtliche Stellung ..., S. 112

Antragsrechts auf bestimmt Themen vor. Das Antragsrecht setzt vor allem keine individuelle Beschwerde des Antragstellers voraus, was den Unterschied zum Beschwerderecht gem. §§ 81 ff. BetrVG ausmacht. Allerdings ist das Antragsrecht auf Angelegenheiten beschränkt, für deren Behandlung der Betriebsrat zuständig ist.

c)   Entleiherbetrieb

Kommt es im Rahmen der gesetzlichen Bestimmungen auf die Belegschaftszugehörigkeit an, sind Leiharbeitnehmer uneingeschränkt zu berücksichtigen.[474] Da Leiharbeitnehmer nach der hier vertretenen Auffassung im Entleiherbetrieb betriebszugehörig sind und § 86 a BetrVG jedem betriebszugehörigen Arbeitnehmer das Antragsrecht einräumt, sind Leiharbeitnehmer auch im Entleiherbetrieb antragsberechtigt.[475] Das Antragsrecht ist nicht abhängig von einer bestimmten Dauer der Betriebszugehörigkeit.

---

[474] **Boemke**, AÜG, § 14 Rn. 55
[475] **Fitting/Kaiser/Heither/Engels/Schmidt**, BetrVG, § 86 a Rn. 4

§ 15 Mitwirkung und Mitbestimmung in sozialen Angelegenheiten (§§ 87-89 BetrVG)

I. Grundsatz

Besonderheiten der Arbeitnehmerüberlassung machen es erforderlich, jedes Beteiligungsrecht dahingehend zu überprüfen, ob es der Betriebsrat des Verleihers oder der Betriebsrat des Entleihers oder beide ausüben können. Dabei kommt es auf den Gegenstand und den Zweck der Beteiligungsrechte an. Welcher Betriebsrat im Einzelfall für die Ausübung der Mitbestimmung zuständig ist, richtet sich danach, ob es sich um eine Angelegenheit des Verleiher- oder des Entleiherbetriebs handelt. Handelt es sich um eine Maßnahme im Verleiherbetrieb, ist der Verleiherbetriebsrat zuständig. Für Maßnahmen im Betrieb des Entleihers ist der Entleiherbetriebsrat zuständig. Arbeitgeberhandeln des Verleihers kann daher nur der Kontrolle des Verleiherbetriebsrats unterliegen; Arbeitgeberhandeln des Entleihers unterliegt allein der Kontrolle des Entleiherbetriebsrats.[476] Das ergibt sich schon aus der Tatsache, dass der Entleiher mit dem Verleiherbetriebsrat bzw. der Verleiher mit dem Entleiherbetriebsrat nicht über einen Betrieb verbunden ist. Nur soweit bestimmte Maßnahmen sowohl auf Handlungen des Verleihers als auch des Entleihers beruhen, können im Einzelfall Mitbestimmungsrechte in beiden Betrieben bestehen.[477]

Leiharbeitnehmer gehören i. S. d. BetrVG sowohl dem Verleiher- als auch dem Entleiherbetrieb an. Im Verhältnis zwischen Leiharbeitnehmer und Entleiher liegt allerdings kein arbeitsrechtliches Grundverhältnis vor. Daraus folgt, dass der Entleiherbetriebsrat nicht in den sozialen Angelegenheiten zuständig ist, die ein arbeitsrechtliches Grundverhältnis voraussetzen (§ 87 Abs. 1 Nr. 2-5, 8-11 BetrVG).[478] Der Entleiherbetriebsrat ist hingegen ausschließlich zuständig für soziale Angelegenheiten, die an die Eingliederung in die Betriebsorganisation

---

[476] **Boemke**, Schuldvertrag und Arbeitsverhältnis, § 13 V 3 a) S. 712

[477] **Boemke**, Schuldvertrag und Arbeitsverhältnis, § 13 V 3 a) S. 712

[478] **Becker**, AuR 1982, 369 ff. (376); **Becker/Wulfgramm**, AÜG, § 14 Rn. 79; **Boemke**, Schuldvertrag und Arbeitsverhältnis, § 13 V 3. a) S. 712; **Erdlenbruch**, Die betriebsverfassungsrechtliche Stellung ..., S. 68, 123; **v. Hoyningen-Huene**, SAE 1994, 112 ff. (113) Anm. zu BAG v. 15.12.1992; **Müllner**, Aufgespaltene Arbeitgeberstellung ..., S. 71; **Rüthers/Bakker**, ZfA 1990, 245 ff. (311, 314)

des Entleihers und das Verhalten im Entleiherbetrieb anknüpfen (§ 87 Abs. 1 Nr. 1, 6, 7, 12 BetrVG).[479] Auf Grund dieser Unterschiede zwischen den einzelnen Mitbestimmungsrechten lässt sich die Frage der Zuständigkeit des Betriebsrats im Rahmen der Arbeitnehmerüberlassung nur beantworten, wenn die jeweiligen Regelungen im Einzelnen untersucht werden.

Die sozialen Angelegenheiten und insbesondere § 87 Abs. 1 BetrVG sind der Kernbereich der Mitbestimmung der Arbeitnehmerschaft.[480] Unter sozialen Angelegenheiten versteht das BetrVG Arbeitsbedingungen im weitesten Sinne.[481] Zweck der Mitbestimmung in sozialen Angelegenheiten ist der Schutz des Arbeitnehmers: Er soll über seine Interessenvertreter an der Gestaltung der wichtigsten Arbeitsbedingungen beteiligt werden. Der Betriebsrat wird durch die Mitbestimmung in sozialen Angelegenheiten gleichberechtigt an den die Arbeitnehmerschaft betreffenden Entscheidungen beteiligt. Durch die Mitbestimmung wird die individualrechtliche Gestaltungsmöglichkeit des Arbeitgebers zurückgedrängt und durch kollektive betriebliche Regelungen ersetzt.

II.   Beteiligung in sozialen Angelegenheiten (Katalog des § 87 Abs. 1 BetrVG)

1.   § 87 Abs. 1 Nr. 1 BetrVG (Ordnung des Betriebs und Verhalten der Arbeitnehmer im Betrieb)

a)   Gegenstand der Mitbestimmung

Das Mitbestimmungsrecht betrifft alle Maßnahmen des Arbeitgebers tatsächlicher oder rechtlicher Art, die die allgemeine Ordnung des Betriebs und/oder das Verhalten der Arbeitnehmer im Betrieb betreffen.[482] Zweck des Mitbestimmungsrechts ist die gleichberechtigte Beteiligung der Arbeitnehmer an der Gestaltung der Arbeitsbedingungen und der Zusammenarbeit von Arbeitgeber und Arbeitnehmer sowie der Arbeitnehmer untereinander. Die Fragen der Ordnung des Betriebs und des Verhaltens der Arbeitnehmer im Betrieb betreffen nicht

---

[479] BAG v. 15.12.1992, AP Nr. 7 zu § 14 AÜG = SAE 1994, 112 ff.; **Becker**, AuR 1982, 369 ff. (364, 375); **Becker/Wulfgramm**, AÜG, § 14 Rn. 80; **Boemke**, Schuldvertrag und Arbeitsverhältnis, § 13 V. 3 a); **Gick**, Gewerbsmäßige Arbeitnehmerüberlassung ..., S. 135 f.; **Halbach**, DB 1980, 2389 ff. (2390); GK-BetrVG/**Kraft**, § 5 Rn. 20; **Rüthers/Bakker**, ZfA 1990, 245 ff. (311, 314); **Schüren**, AÜG, § 14 Rn. 191, 271

[480] vgl. statt aller **Fitting/Kaiser/Heither/Engels**, BetrVG, § 87 Rn. 2

[481] **Dietz/Richardi**, BetrVG, § 87 Rn. 1; **Fitting/Kaiser/Heither/Engels**, BetrVG, § 87 Rn. 2; GK-BetrVG/**Wiese**, § 87 Rn. 3

[482] **Fitting/Kaiser/Heither/Engels**, BetrVG, § 87 Rn. 62

zwei verschiedene Regelungsbereiche.[483] Das BAG geht in ständiger Rechtsprechung von einem mitbestimmungspflichtigen Tatbestand betreffend das Ordnungsverhalten aus; das Arbeitsverhalten ist mitbestimmungsfrei.[484] Auch wenn in § 87 Abs. 1 Nr. 1 BetrVG das Verhalten der Arbeitnehmer angesprochen ist, geht es hierbei nur um das Verhalten der Arbeitnehmer in Bezug auf die betriebliche Ordnung.[485] Mitbestimmungspflichtige Tatbestände sind im Rahmen des § 87 Abs. 1 Nr. 1 BetrVG demnach z. B.: Vorschriften über Torkontrollen,[486] Anwesenheitskontrollen,[487] Einführung, Ausgestaltung und Nutzung von Werksausweisen,[488] Benutzungsregelungen für Parkplätze,[489] Regelungen über die Gestaltung der Arbeitskleidung[490] Vorschriften über Radiohören im Betrieb[491] Erlass von Rauch-[492] und Alkoholverboten[493] usw.

b)   Beteiligung des Verleiherbetriebsrats

Der Leiharbeitnehmer ist in den Betrieb des Entleihers eingegliedert und wird dort weisungsabhängig tätig. Dieser Bezug zum Arbeitsplatz wird bei den o. g. Maßnahmen deutlich. Im jeweiligen Entleiherbetrieb kommen die Fragen der Ordnung des Betriebs und des Verhaltens der Arbeitnehmer im Betrieb zum Tragen. Während der Überlassung ist der Leiharbeitnehmer an die Ordnung im Entleiherbetrieb und nicht an die des Verleiherbetriebs gebunden. Da der Verleiher nicht zur Regelung der betrieblichen Ordnung im Entleiherbetrieb berechtigt ist, trifft regelmäßig der Entleiher die Entscheidungen, die das Ordnungsverhalten der Leiharbeitnehmer betreffen. Grundsätzlich bezieht sich das

---

[483] **Dietz/Richardi**, § 87 Rn. 205; **Erdlenbruch**, Die betriebsverfassungsrechtliche Stellung ..., S. 124; GK-BetrVG/**Wiese**, § 87 Rn. 126; **Stege/Weinspach**, BetrVG, § 87 Rn. 43
[484] BAG zuletzt v. 08.11.1994, AP Nr. 24 zu § 87 BetrVG 1972 Ordnung des Betriebs; v. 21.01.1997, AP Nr. 27 zu § 87 BetrVG 1972 Ordnung des Betriebes
[485] a. A.: **Fitting/Kaiser/Heither/Engels**, BetrVG, § 87 Rn. 66 ff., die davon ausgehen, dass die Einschränkung dem Mitbestimmungsrecht nicht gerecht werden. Vielmehr müssten die mitbestimmungspflichtigen Tatbestände von den arbeitsbezogenen Einzelanweisungen an einen Arbeitnehmer abgegrenzt werden.
[486] BAG v. 26.5.1988, AP Nr. 14 zu § 87 BetrVG 1972 Ordnung des Betriebs
[487] BAG v. 25.5.1982, AP Nr. 53 zu § 611 BGB Dienstordnungs-Angestellte
[488] BAG v. 16.12.1986, AP Nr. 13 zu § 87 BetrVG 1972 Ordnung des Betriebs
[489] BAG v. 16.3.1966, AP Nr. 1 zu § 611 BGB Parkplatz
[490] BAG v. 01.12.1993, AP Nr. 20 zu § 87 BetrVG 1972 Ordnung des Betriebs
[491] BAG v. 14.1.1986, AP Nr. 10 zu § 87 BetrVG 1972 Ordnung des Betriebs
[492] BAG v. 15.12.1961, AP Nr. 3 zu § 56 BetrVG
[493] BAG v. 23.9.1986, AP Nr. 20 zu § 75 BPersVG

Mitbestimmungsrecht des Verleiherbetriebsrats nach § 87 Abs. 1 Nr. 1 BetrVG somit nicht auf die Leiharbeitnehmer.[494]

Allerdings gilt der Grundsatz, dass der Verleiherbetriebsrat kein Mitbestimmungsrecht nach § 87 Abs. 1 Nr. 1 BetrVG bzgl. der Leiharbeitnehmer hat nur dann, solange der Leiharbeitnehmer an einen Entleiher überlassen ist. Hält sich der Leiharbeitnehmer z. B. im Betrieb des Verleihers auf, weil er dort vorübergehend seine Arbeitsleistung erbringt oder weil eine Vertragsänderung oder ein neuer Einsatz zu besprechen ist, unterliegt er für diesen Zeitraum der betrieblichen Ordnung des Verleiherbetriebs. Deshalb sind die den Verleiherbetrieb betreffenden Regelungen, wie z. B. ein generelles Rauchverbot, auch von Leiharbeitnehmern zu beachten und besteht die Mitbestimmung des Verleiherbetriebsrats im Verleiherbetrieb für Leiharbeitnehmer.[495]

c)   Beteiligung des Entleiherbetriebsrats
Der Entleiherbetriebsrat ist für die im Entleiherbetrieb beschäftigten Leiharbeitnehmer nach § 87 Abs. 1 Nr. 1 BetrVG zuständig. Das ergibt sich auf Grund der Tatsache, dass Leiharbeitnehmer in den Betrieb des Entleihers eingegliedert sind und damit dort dem uneingeschränkten Direktionsrecht des Entleihers in Bezug auf dessen Betriebsordnung unterliegen. Entscheidungen des Entleihers bezüglich der betrieblichen Ordnung betreffen den Leiharbeitnehmer nämlich in gleichem Maße wie die Stammbelegschaft. Deshalb besteht ein berechtigtes Interesse von Seiten des Leiharbeitnehmers an einer Repräsentation durch den Betriebsrat im Entleiherbetrieb. Wollte man die Zuständigkeit des Entleiherbetriebsrats verneinen, wären Leiharbeitnehmer vom Schutz des § 87 Abs. 1 Nr. 1 BetrVG weitestgehend ausgenommen und damit im Ergebnis wegen ihrer Stellung als Leiharbeitnehmer benachteiligt.[496] Zudem darf es in Entleiherbetrieben – so das BAG – keine zwei Klassen von Arbeitnehmern geben.[497]

---

[494] **Becker**, AuR 1982, 369 ff. (374); **Becker/Wulfgramm**, AÜG, § 14 Rn. 80; **Boemke**, Schuldvertrag und Arbeitsverhältnis, § 13 V, 3. c) aa); **Erdlenbruch**, Die betriebsverfassungsrechtliche Stellung ..., S. 125; **Gick**, Gewerbsmäßige Arbeitnehmerüberlassung ..., S. 128; **Halbach**, DB 1980, 2389 ff. (2390); **v. Hoyningen-Huene**, SAE 1994, 112 ff. (113) Anm. zu BAG v. 15.12.1992; MünchArbR/**Marschall**, § 168 Rn. 131; **Mayer**, AuR 1974, 353 ff. (361); **Müllner**, Aufgespaltene Arbeitgeberstellung ..., S. 79 f.; **Mumot**, Die betriebsverfassungsrechtlichen Beteiligungsrechte ..., S. 121 ff.; **Schüren**, AÜG, § 14 Rn. 216 ff.; **a. A.**: wohl **Sandmann/Marschall**, AÜG, § 14 Rn. 6

[495] **Erdlenbruch**, Die betriebsverfassungsrechtliche Stellung ..., S. 125

[496] **Schüren**, AÜG, § 14 Rn. 217

[497] BAG v. 14.5.1974, AP Nr. 2 zu § 99 BetrVG 1972

Über die Mitbestimmung nach § 87 Abs. 1 Nr. 1 BetrVG sollen Regelungen für möglichst alle im Betrieb tätigen einheitlich gestaltet und die gesamte Belegschaft einer einheitlichen Betriebsordnung unterworfen werden.[498] Das hat nicht allein den Zweck einer gleichberechtigten Teilhabe der Belegschaft an Entscheidungen, die die betriebliche Ordnung betreffen, sondern auch Schutzfunktion für die gesamte Belegschaft. So kann die Belegschaft ein berechtigtes Interesse daran haben, dass z. B. Rauchverbote eingehalten werden. Mit solchen Regelungen werden die höchstpersönlichen Rechte des Einzelnen geschützt. Wären Leiharbeitnehmer von der betrieblichen Ordnung ausgenommen, müssten sie eine solche Regelung nicht zu beachten. Dies würde zu inakzeptablen Ergebnissen führen, da die Belegschaft insgesamt und auch der einzelne Arbeitnehmer ein berechtigtes Interesse daran hat, dass Betriebsordnungen gewahrt werden und die Belegschaft und der einzelne Arbeitnehmer nicht gestört oder belästigt werden, sei es durch andere Arbeitnehmer der Stammbelegschaft oder durch Leiharbeitnehmer. Der durch § 87 Abs. 1 Nr. 1 BetrVG gewährte Schutz für die Belegschaft würde also umgangen, nähme man den Leiharbeitnehmer aus dem Anwendungsbereich einer Betriebsordnung im Entleiherbetrieb heraus.

Umgekehrt hat aber auch der Leiharbeitnehmer ein berechtigtes Interesse daran, in die Betriebsordnung miteinbezogen zu werden, da aus einer solchen Ordnung nicht nur Pflichten, sondern auch Rechte erwachsen. Immerhin kann eine Betriebsordnung dazu beitragen, dass auf die Rechte des Leiharbeitnehmers Rücksicht genommen wird. Wäre der Leiharbeitnehmer von der Betriebsordnung im Entleiherbetrieb ausgeschlossen, wären ihm die kollektiven Rechte genommen, die ihm gegen eine willkürliche Arbeitsordnung oder gegen die missbräuchliche Handhabung des Direktionsrechts zustehen.[499] Würde man den Leiharbeitnehmer darauf verweisen, seine kollektiven Rechte im Verleiherbetrieb wahrzunehmen, würden diese dort ins Leere laufen, da der Leiharbeitnehmer dem Entleiher gegenüber weisungsabhängig bzgl. der täglichen Erfüllung seiner Arbeitsleistung ist. Außerdem würde auch das AÜG umgangen, schließe man den Leiharbeitnehmer von der betrieblichen Ordnung des Entleiherbetriebs aus. Schließlich ist ein Ziel des Gesetzes, den sozialen Schutz des Leiharbeitnehmers zu gewährleisten. Es ist demnach zulässig und geboten, dass der Betriebsrat des

[498] **Dietz/Richardi**, BetrVG, vor § 87 Rn. 5; **Müllner**, Aufgespaltene Arbeitgeberstellung ..., S. 80; **Mumot**, Die betriebsverfassungsrechtlichen Beteiligungsrechte ..., S. 121
[499] **Mayer**, AuR 1974, 353 ff. (362)

Entleiherbetriebs nach § 87 Abs. 1 Nr. 1 BetrVG für die dort tätigen Leiharbeitnehmer zuständig ist.[500]

Fraglich ist, ob § 87 Abs. 1 Nr. 1 BetrVG auch das Recht umfasst, Leiharbeitnehmer, die gegen die betriebliche Ordnung im Entleiherbetrieb verstoßen, mittels Betriebsbußen zu sanktionieren. Das Gesetz erwähnt die Möglichkeit der Verhängung von betrieblichen Disziplinarmaßnahmen nicht ausdrücklich. Die Zulässigkeit folgt aber aus der umfassenden Regelungsbefugnis der Betriebspartner in sozialen Angelegenheiten. Die den Betriebspartnern übertragene Ordnungsfunktion ist erst in vollem Umfang gewährleistet, wenn Sanktionen für den Fall des Verstoßes gegen die erlassenen Vorschriften und damit zur Durchsetzung und Bewahrung der betrieblichen Ordnung verhängt werden können.[501] Nach h. M. umfasst die Mitbestimmung nach § 87 Abs. 1 Nr. 1 BetrVG daher auch die Aufstellung einer Betriebsbußenordnung als auch die Verhängung einer konkreten Sanktion im Einzelfall.[502]

Die Betriebsbuße soll begangenes Unrecht sanktionieren und dient nicht dazu, den Arbeitnehmer auf ein pflichtwidriges Verhalten hinzuweisen und ein pflichtgemäßes Verhalten zu verlangen. Die Betriebsbuße ist deshalb von der Abmahnung abzugrenzen, die mitbestimmungsfrei ist und allein einen Anspruch des Arbeitgebers als Gläubiger konkretisiert.[503]

Auch ohne arbeitsrechtliches Grundverhältnis zwischen Leiharbeitnehmer und Entleiher unterliegt der Leiharbeitnehmer der betrieblichen Ordnung im Entleiherbetrieb. Deshalb ist es auch gerechtfertigt, in einer Betriebsbußenordnung Regelungen für Leiharbeitnehmer zu treffen und gegen sie bei Verstößen Be-

---

[500] BAG v. 14.5.1974, AP Nr. 2 zu § 99 BetrVG 1972; LAG Hamm v. 24.5.1973, DB 1973, 1511 ff.; **Becker**, AuR 1982, 369 ff. (375); **Becker/Wulfgramm**, AÜG, § 14 Rn. 109; **Boemke**, Schuldvertrag und Arbeitsverhältnis, § 13 V. 3 c) aa); **Bulla**, DB 1975, 1795 ff. (1797); **Erdlenbruch**, Die betriebsverfassungsrechtliche Stellung ..., S. 127; **Frerichs/ Möller/Ulber**, Leiharbeit und betriebliche Interessenvertretung, S. 82; **Gick**, Gewerbsmäßige Arbeitnehmerüberlassung ..., S. 136; **Halbach**, DB 1980, 2389 ff. (2390); **Mumot**, Die betriebsverfassungsrechtlichen Beteiligungsrechte ..., S. 121 f.; **Plander**, AiB 1990, 19 ff. (27)

[501] GK-BetrVG/**Wiese**, § 87 Rn. 237

[502] BAG v. 5.12.1975, AP Nr. 1 zu § 87 BetrVG 1972 Betriebsbuße; **Fitting/Kaiser/Heither/ Engels**, BetrVG, § 87 Rn. 76 f.; MünchArbR/**Matthes**, § 325 Rn. 22 f.; **Stege/Weinspach**, BetrVG, § 87 Rn. 52; GK-BetrVG/**Wiese**, § 87 Rn. 236

[503] GK-BetrVG/**Wiese**, § 87 Rn. 243, 244

triebsbußen zu verhängen.[504] Im Entleiherbetrieb können allerdings nur solche Betriebsbußen gegen Leiharbeitnehmer verhängt werden, die kein arbeitsrechtliches Grundverhältnis zum Entleiher voraussetzen. Deshalb kommt z. B. eine Kürzung des Arbeitsentgelts nicht in Betracht. Allerdings können Sanktionen wie z. B. Verwarnungen, Verweise, Missbilligungen oder Geldbußen gegen Leiharbeitnehmer verhängt werden.[505]

2.   § 87 Abs. 1 Nr. 2 BetrVG (Lage der Arbeitszeit)

a)   Gegenstand der Mitbestimmung
Das Mitbestimmungsrecht des § 87 Abs. 1 Nr. 2 BetrVG bezieht sich auf Beginn und Ende der täglichen Arbeitszeit und der Pausen einschließlich der vorherigen Verteilung einer vorgegeben wöchentlichen Arbeitszeit auf die einzelnen Wochentage.[506] Die Regelung der geschuldeten Arbeitszeit ist hingegen nicht mitbestimmungspflichtig; die Mitbestimmung beschränkt sich auf die Lage der Arbeitszeit.[507] Zweck des Mitbestimmungsrechts ist es, die Interessen der Arbeitnehmer vor allem an der Lage ihrer Arbeitszeit und damit zugleich der Freizeit für die Gestaltung ihres Privatlebens zur Geltung zu bringen.[508]

b)   Beteiligung des Verleiherbetriebsrats
Bei der Mitbestimmung bzgl. der Arbeitszeit muss für die Zuständigkeit von Entleiher- und Verleiherbetriebsrat unterschieden werden, ob es um die Lage der Arbeitszeit im Rahmen des arbeitsrechtlichen Erfüllungsverhältnisses oder um die Leistungsverpflichtung aus dem arbeitsrechtlichen Grundverhältnis geht. Arbeitszeitregelungen i. S. d. § 87 Abs. 1 Nr. 2 BetrVG betreffen die Arbeitspflicht und damit das arbeitsrechtliche Grundverhältnis zwischen Verleiher und Leiharbeitnehmer. Die Lage der täglichen Arbeitszeit und deren Verteilung auf die einzelnen Wochentage richtet sich grundsätzlich nach den Vereinbarungen zwischen Verleiher und Leiharbeitnehmer. Solange der Leiharbeitnehmer nicht

---

[504] **Boemke**, Schuldvertrag und Arbeitsverhältnis, § 13 V 3. c) aa); **Erdlenbruch**, Die betriebsverfassungsrechtliche Stellung ..., S. 128; **Frerichs/Möller/Ulber**, Leiharbeit und betriebliche Interessenvertretung, S. 82; **Müllner**, Aufgespaltene Arbeitgeberstellung ..., S. 80; **Mumot**, Die betriebsverfassungsrechtlichen Beteiligungsrechte ..., S. 123; **Schüren**, AÜG, § 14 Rn. 218

[505] **Erdlenbruch**, Die betriebsverfassungsrechtliche Stellung ..., S. 128

[506] GK-BetrVG/**Wiese**, § 87 Rn. 275

[507] h. M.: BAG v. 4.8.1981, AP Nr. 5 zu § 87 BetrVG 1972 Arbeitszeit; **Dietz/Richardi**, BetrVG, § 87 Rn. 205, 211, 239; **Schüren**, AÜG, § 14 Rn. 219; **Stege/Weinspach**, BetrVG, § 87 Rn. 62; GK-BetrVG/**Wiese**, § 87 Rn. 276; a. A.: **Fitting/Kaiser/Heither/Engels**, BetrVG, § 87 Rn. 102 ff.

[508] BAG v. 15.12.1992, AP Nr. 7 zu § 14 AÜG = DB 1993, 888 f.

bzw. noch nicht in einem Entleiherbetrieb tätig wird und der Verleiher damit sein Recht nicht bzw. noch nicht an einen Entleiher übertragen hat, ist die Lage der Arbeitszeit somit vom Verleiher und dem Betriebsrat im Verleiherbetrieb festzulegen.

Leiharbeitnehmer erbringen ihre Arbeitsleistung in aller Regel im Entleiherbetrieb, wobei die Ausgestaltung der Tätigkeit im Einzelnen, auch im Hinblick auf den Zeitpunkt, dem Direktionsrecht des Entleihers unterliegt.[509] Die Lage der Arbeitszeit der Leiharbeitnehmer, die in einem Entleiherbetrieb tätig sind, ist also eine Angelegenheit des Entleihers und insoweit der Mitbestimmung des Verleiherbetriebsrats entzogen.[510] Etwas anderes kann nur dann gelten, wenn sich der Verleiher im Arbeitnehmerüberlassungsvertrag dem Entleiher gegenüber vorbehalten hat, die Lage der Arbeitszeit selbst festzulegen. Dies ist allerdings in der betrieblichen Praxis nicht üblich, da den Bedürfnissen des Entleihers nur dann Rechnung getragen werden kann, wenn die Lage der Arbeitszeit des Leiharbeitnehmers an die Stammbelegschaft angepasst bzw. auf sie abgestimmt werden kann. Das Mitbestimmungsrecht nach § 87 Abs. 1 Nr. 2 BetrVG übt der Verleiherbetriebsrat also nur so lange aus, so lange der Leiharbeitnehmer nicht bzw. noch nicht in einem Entleiherbetrieb tätig ist.

c)   Beteiligung des Entleiherbetriebsrats
Die Ausgestaltung der Tätigkeit des Leiharbeitnehmers im Entleiherbetrieb im Einzelnen, unterliegt – auch im Hinblick auf den Zeitpunkt – dem Direktionsrecht des Entleihers.[511] Damit hat der Entleiherbetriebsrat – unter Beachtung eventueller gesetzlicher oder tariflicher Vorgaben (z. B.: ArbZG, JArbSchG, MuSchG) – nach § 87 Abs. 1 Nr. 2 BetrVG bzgl. der Lage der Arbeitszeit der Leiharbeitnehmer mitzubestimmen.[512] Eine starre Arbeitszeitregelung im Leih-

---

[509] **Boemke**, Schuldvertrag und Arbeitsverhältnis, § 13 V. 3 b) aa)
[510] BAG v. 15.12.1992, AP Nr. 7 zu § 14 AÜG; **Becker**, AuR 1982, 369 ff. (376); **Erdlenbruch**, Die betriebsverfassungsrechtliche Stellung ..., S. 129; **Gick**, Gewerbsmäßige Arbeitnehmerüberlassung ..., S. 136; **v. Hoyningen-Huene**, SAE 1994, 112 ff. (113) Anm. zu BAG v. 15.12.1992; **Rüthers/Bakker**, ZfA 1990, 245 ff. (311); **Schüren**, AÜG, Einl. Rn. 152, § 14 Rn. 219 f.; **a. A.: Mumot**, Die betriebsverfassungsrechtlichen Beteiligungsrechte ..., S. 125
[511] **Boemke**, Schuldvertrag und Arbeitsverhältnis, § 13 V 3. b) aa)
[512] BAG v. 15.12.1992, AP Nr. 7 zu § 14 AÜG = DB 1993, 888 ff.; **Becker**, AuR 1982, 369 ff. (376); **Becker/Wulfgramm**, AÜG, § 14 Rn. 109; **Erdlenbruch**, Die betriebsverfassungsrechtliche Stellung ..., S. 130; **Gick**, Gewerbsmäßige Arbeitnehmerüberlassung ..., S. 136; MünchArbR/**Marschall**, § 168 Rn. 131; **Müllner**, Aufgespaltene Arbeitgeberstellung ..., S. 81 f.; **a. A.: Mumot**, Die betriebsverfassungsrechtlichen Beteiligungsrechte ..., S. 125 f.

arbeitsvertrag würde die Einsatzmöglichkeiten eines Leiharbeitnehmers zu sehr einschränken und die unerlässliche Integration in den Betriebsablauf des Entleihers wesentlich erschweren. Deshalb ist es in der betrieblichen Praxis üblich, bzgl. der Lage der Arbeitszeit allenfalls Rahmenvereinbarungen im Leiharbeitsvertrag zu treffen. Damit wird der Entleiher regelungsbefugt gegenüber dem Leiharbeitnehmer, sodass es nur konsequent ist, dem Entleiherbetriebsrat das Mitbestimmungsrecht hinsichtlich der Leiharbeitnehmer soweit zu zubilligen, wie der Entleiher regelungsbefugt ist.[513]

Ebenso richten sich die Ruhepausen nach dem konkreten Arbeitsplatz, auf dem ein Arbeitnehmer beschäftigt ist. Beim Leiharbeitnehmer handelt es sich somit um den Arbeitsplatz beim Entleiher, der bzgl. der Ruhepausen die Arbeitnehmerschutzvorschriften wie z. B. § 4 ArbZG zu beachten hat. Der Betriebsrat des Entleihers hat deshalb gem. § 87 Abs. 1 Nr. 2 BetrVG über Pausenregelungen für Leiharbeitnehmer mitzubestimmen.

3.   § 87 Abs. 1 Nr. 3 BetrVG (Arbeitszeitdauer)

a)   Gegenstand der Mitbestimmung
Die Vorschrift des § 87 Abs. 1 Nr. 3 BetrVG hat zunächst die Funktion, den Arbeitgeber bei der vorübergehenden Änderung der betriebsüblichen Arbeitszeit an die Zustimmung des Betriebsrats zu binden und seine individualrechtlichen Befugnisse entsprechend zu beschränken.[514] Zweck dieser Mitbestimmung ist nach der Rechtsprechung des BAG[515] die Regelungsfrage, wie vorübergehender zusätzlicher oder geringerer Arbeitsbedarf zu bewältigen ist. Der Betriebsrat soll mitentscheiden bei der Verteilung der Arbeitsspitze auf die Belegschaft. Dieser Schutzzweck betrifft vor allem die Verteilungsgerechtigkeit, und zwar ebenso unter dem Aspekt der möglichst gleichmäßigen Belastung der Arbeitnehmer als auch der Sicherung der Verdienstchancen durch Leistung von Überstunden wie der Möglichkeit, ein Freizeitguthaben anzusparen.[516] Neben diesem Mitbestimmungsrecht enthält § 87 Abs. 1 Nr. 3 BetrVG eine eigenständige Ermächtigungsgrundlage zur Einwirkung auf den Inhalt der Arbeitsverhältnisse der Belegschaft durch Betriebsvereinbarungen.[517] Im Gegensatz zum

[513] **Schüren**, AÜG, § 14 Rn. 220
[514] GK-BetrVG/**Wiese**, § 87 Rn. 362; **Stege/Weinspach**, BetrVG, § 87 Rn. 73
[515] BAG v. 23.7.1996, BB 1997, 206
[516] **Stege/Weinspach**, BetrVG, § 87 Rn. 73a
[517] GK-BetrVG/**Wiese**, § 87 Rn. 363

Arbeitgeber steht dem Betriebsrat hinsichtlich der vorübergehenden Veränderung der betriebsüblichen Arbeitszeit kein Initiativrecht zu.[518]

b)   Beteiligung des Verleiherbetriebsrats

Die Mitbestimmung nach § 87 Abs. 1 Nr. 3 BetrVG betrifft die vorübergehende Veränderung der Dauer der Arbeitszeit. Diese Veränderung setzt also ein arbeitsrechtliches Grundverhältnis voraus, da das Arbeitszeitvolumen im Rahmen eines arbeitsrechtlichen Grundverhältnisses festgelegt ist.[519] Ein solches besteht nur zwischen Verleiher und Leiharbeitnehmer, sodass die Zuständigkeit des Verleiherbetriebsrats grundsätzlich gegeben ist.

Fraglich ist aber, ob sich eine vorübergehende Veränderung der betriebsüblichen Arbeitszeit im Verleiherbetrieb überhaupt auf den einzelnen Leiharbeitnehmer auswirkt. Zunächst steht fest, dass unter der betriebsüblichen Arbeitszeit die regelmäßige betriebliche Arbeitszeit zu verstehen ist.[520] Bei Veränderung dieser Arbeitszeit ist also zum einen der Umfang der Arbeitspflicht der Arbeitnehmer betroffen[521] und zum anderen eine Veränderung der Arbeitsaufgaben, die sich aus dem Betriebszweck ergeben. Im Verleiherbetrieb sind der Betriebszweck und damit die Aufgaben, die an den Betrieb gestellt werden, die entgeltliche Überlassung von Leiharbeitnehmern an wechselnde Entleiher.[522] Der Verleiher reagiert damit auf die Nachfrage an Leiharbeitnehmern. Ändert sich diese Nachfrage in dem einen oder anderen Betrieb, kann der Verleiher mit einer vorübergehenden Veränderung der Arbeitszeit in seinem Betrieb nichts ausrichten, was eine Auftragsspitze oder Auftragsflaute im Bereich seiner eigenen Aufgaben auffangen könnte. Dies ergibt sich bereits aus der Natur der Sache, da der einzelne Leiharbeitnehmer die regelmäßige betriebliche Arbeitszeit des Entleihers wahrnimmt und keinen Bezug zur betriebsüblichen Arbeitszeit des Verleihers hat. Im Verleiherbetrieb sind allein die Arbeitnehmer von einer betriebsüblichen Arbeitszeit erfasst, die nicht zum Leiharbeitspersonal gehören, sondern einer ständigen Beschäftigung im Verleiherbetrieb selbst nachgehen. Der Leiharbeitnehmer nimmt also die betriebsübliche Arbeitszeit i. S. d. § 87 Abs. 1 Nr. 3 BetrVG im Verleiherbetrieb nicht wahr. Damit scheidet zwar ein Mitbestimmungsrecht des Betriebsrats im Verleiherbetrieb in Bezug auf Leihar-

[518] GK-BetrVG/**Wiese**, § 87 Rn. 367

[519] **Boemke**, Schuldvertrag und Arbeitsverhältnis, § 10 VII 5. b) aa)

[520] BAG v. 21.11.1978, AP Nr. 2 zu § 87 BetrVG 1972 Arbeitszeit; GK-BetrVG/**Wiese**, § 87 Rn. 381, 396

[521] GK-BetrVG/**Wiese**, § 87 Rn. 396

[522] **Erdlenbruch**, Die betriebsverfassungsrechtliche Stellung ..., S. 131

beitnehmer nicht aus,[523] vielmehr ist der Verleiherbetriebsrat grundsätzlich zuständig,[524] wenn gleich die Auswirkungen in der betrieblichen Praxis kaum erkennbar sind.

Was die vorübergehende Veränderung der betriebsüblichen Arbeitszeit in Form von z. B. Überstunden oder Kurzarbeit im Entleiherbetrieb betrifft, hat der Verleiherbetriebsrat ein Mitbestimmungsrecht, wenn die diesbzgl. Anordnungen vom Verleiher ausgehen.[525] Der Betriebsrat des Verleiherbetriebs hat nach § 87 Abs. 1 Nr. 3 BetrVG mitzubestimmen, wenn auf Grund der Entsendeentscheidung des Verleihers feststeht, dass sich die vertraglich geschuldete Arbeitszeit des Leiharbeitnehmers wegen einer davon abweichenden betriebsüblichen Arbeitszeit im Entleiherbetrieb vorübergehend verlängert.[526] Entscheidet der Verleiher, den Leiharbeitnehmer in einen Betrieb zu entsenden, in dem eine betriebsübliche Arbeitszeit besteht, die die individuelle Arbeitszeit des Leiharbeitnehmers übersteigt, handelt es sich um eine Maßnahme, die das arbeitsrechtliche Grundverhältnis zwischen Verleiher und Leiharbeitnehmer betrifft. Das ergibt sich aus der Tatsache, dass das Arbeitszeitvolumen im Rahmen des arbeitsrechtlichen Grundverhältnisses festgelegt ist. Der Abschluss eines Arbeitnehmerüberlassungsvertrags, in dem eine andere betriebsübliche Arbeitszeit im Vergleich zu der in den Leiharbeitsverträgen geregelten Arbeitszeit vereinbart ist, löst also bereits Beteiligungsrechte des Verleiherbetriebsrats aus.

Selbst dann, wenn der Entleiher selbst unmittelbar die Anordnung von Überstunden trifft, kommt eine Mitbestimmung des Verleiherbetriebsrats in Betracht.[527] Mitbestimmungspflichtig ist dabei nicht die Anordnung der Überstunden selbst, sondern die Übertragung der Überstundenanordnungsbefugnis auf den Entleiher. Die Übertragung der entsprechenden Rechte auf den Entleiher löst die Mitbestimmungsrechte des Verleiherbetriebsrats aus, weil nur über diese Möglichkeit einer Begrenzung der Übertragungsbefugnis ein effektiver Schutz des Leiharbeitnehmers gewährt werden kann.[528]

---

[523] **a. A.: Erdlenbruch**, Die betriebsverfassungsrechtliche Stellung ..., S. 132; **Schüren**, AÜG, § 14 Rn. 294,
[524] **Boemke**, Schuldvertrag und Arbeitsverhältnis, § 13 V 3. b) bb)
[525] BAG v. 19.6.2001, BB 2001, 2582 ff. mit Anm. *Ankersen*; **Boemke**, Schuldvertrag und Arbeitsverhältnis, § 13 V 3. b) bb); **Boemke**, Arbeitnehmerüberlassungsgesetz, § 14 Rn. 34
[526] BAG v. 19.6.2001, BB 2001, 2582 ff. mit Anm. *Ankersen*
[527] **Ankersen**, Anm. zu BAG v. 19.6.2001, BB 2001, 2582 ff. (2586); **Boemke**, Arbeitnehmerüberlassungsgesetz, § 14 Rn. 34
[528] **Ankersen**, Anm. zu BAG v. 19.6.2001, BB 2001, 2582 ff. (2586)

c) Beteiligung des Entleiherbetriebsrats

Der Entleiher kann aus betrieblichen Gründen gezwungen sein, die betriebsübliche Arbeitszeit vorübergehend zu verkürzen oder zu verlängern. Der Leiharbeitnehmer ist in die betrieblichen Ablaufprozesse und die Organisation des Entleiherbetriebs eingebunden. Deshalb ist der Entleiher daran interessiert, auch die Arbeitsleistung des Leiharbeitnehmers in diesen Fällen an die betrieblichen Bedürfnisse anzupassen. Steigt oder sinkt das Arbeitsvolumen im Entleiherbetrieb, so liegt es im wirtschaftlichen Interesse des Entleihers, auch die Arbeitszeiten der Leiharbeitnehmer anzupassen. Der Entleiher ist aber grundsätzlich nicht befugt, die zwischen Verleiher und Leiharbeitnehmer vereinbarten Arbeitszeiten zu ändern, da diese Bestandteil des arbeitsrechtlichen Grundverhältnisses sind.[529] Es stellt sich also die Frage, ob Entleiher und Entleiherbetriebsrat überhaupt in der Lage sind, die Arbeitszeiten der Leiharbeitnehmer vorübergehend zu ändern. Dazu bedarf es beim Entleiher einer Berechtigung, die einen entsprechenden Eingriff in das Arbeitszeitvolumen rechtfertigt. Diese Berechtigung kann sich allein aus dem arbeitsrechtlichen Grundverhältnis mit dem Verleiher ergeben, da die Arbeitszeitregelung auf dem arbeitsrechtlichen Grundverhältnis beruht.[530] D. h.: Leiharbeitnehmer und Verleiher müssen im Leiharbeitsvertrag vereinbaren, dass vorübergehend die Arbeitszeit verkürzt oder verlängert werden kann. Ist diese Voraussetzung nicht geschaffen, kann es bereits aus diesem Grund keine Mitbestimmung des Entleiherbetriebsrats geben.

Besteht eine solche Berechtigung zur einseitigen vorübergehenden Veränderung der Arbeitszeit, dann kommt es weiterhin für die Mitbestimmung des Entleiherbetriebsrats darauf an, ob der Verleiher dem Entleiher im Arbeitnehmerüberlassungsvertrag das Recht zur Ausübung dieser einseitigen Veränderung eingeräumt hat oder nicht. Ist der Entleiher berechtigt nach dem Arbeitnehmerüberlassungsvertrag gegenüber dem Leiharbeitnehmer Überstunden oder Kurzarbeit anzuordnen, dann ist hierbei der Betriebsrat des Entleiherbetriebs gem. § 87 Abs. 1 Nr. 3 BetrVG zu beteiligen.[531] Geht die Anweisung zur Leistung von Mehrarbeit vom Verleiher aus, steht dem Entleiherbetriebsrat hinsichtlich der konkreten Umsetzung im Entleiherbetrieb das Mitbestimmungsrecht zu. Hat

---

[529] im Ergebnis ebenso **Erdlenbruch**, Die betriebsverfassungsrechtliche Stellung ..., S. 132, der darauf abstellt, dass es sich um eine materielle Arbeitsbedingung handelt

[530] **Boemke**, Schuldvertrag und Arbeitsverhältnis, § 13 V. 3 b) bb)

[531] ArbG Mannheim v. 1.4.1987, AiB 1987, S. 141 f.; **Becker**, AuR 1982, 369, 376; **Boemke**, Schuldvertrag und Arbeitsverhältnis, § 13 V. 3. b) bb); **Erdlenbruch**, Die betriebsverfassungsrechtliche Stellung ..., S. 133; **Gick**, Gewerbsmäßige Arbeitnehmerüberlassung ..., S. 136; **v. Hoyningen-Huene**, Anm. zu BAG v. 15.12.1992, SAE 1994, 112, 113; **Schüren**, AÜG, Einl. Rn. 153, § 14 Rn. 221

sich der Verleiher das Recht zur vorübergehenden Arbeitszeitänderung vorbehalten, besteht kein Mitbestimmungsrecht des Entleiherbetriebsrats, wenn der Verleiher den Leiharbeitnehmer anweist, mehr oder weniger Arbeitsstunden zu leisten, als im arbeitsrechtlichen Grundverhältnis vereinbart waren und geschuldet werden.[532] Das gilt auch dann, wenn der Verleiher sich dieses Recht vorbehalten hat, den Wünschen des Entleihers auf Veränderung aber trotzdem nachkommt. Die rechtlich verbindliche Weisung gegenüber dem Leiharbeitnehmer geht nämlich vom Verleiher aus und ist damit der Mitbestimmung durch den Entleiherbetriebsrat entzogen. Das Handeln des Verleihers unterliegt nicht der Kontrolle des Entleiherbetriebsrats.[533]

Im Ergebnis kann also festgehalten werden, dass das grundsätzliche Recht auf Mitbestimmung i. S. d. § 87 Abs. 1 Nr. 3 BetrVG bzgl. der Leiharbeitnehmer beim Verleiherbetriebsrat liegt. Ist der Verleiher zur vorübergehenden Veränderung der Arbeitszeit auf Grund des Leiharbeitsvertrags berechtigt und räumt er dieses Recht dem Entleiher i. R. d. Arbeitnehmerüberlassungsvertrages ein, ist im Falle einer Anordnung durch den Entleiher der Entleiherbetriebsrat zu beteiligen. Geht die Anweisung zur Mehrarbeit vom Verleiher aus, ist der Entleiherbetriebsrat hinsichtlich der konkreten Umsetzung im Entleiherbetrieb mitbestimmungsberechtigt.

4. § 87 Abs. 1 Nr. 4 BetrVG (Arbeitsentgelte)

a) Gegenstand der Mitbestimmung
Das Mitbestimmungsrecht des § 87 Abs. 1 Nr. 4 BetrVG betrifft nicht den Umfang der Verpflichtung zur Leistung der Arbeitsentgelte, insbesondere nicht die Höhe der Arbeitsentgelte, sondern lediglich die Art und Weise ihrer Auszahlung. Unter Arbeitsentgelte i. S. d. § 87 Abs. 1 Nr. 4 BetrVG sind die dem Arbeitnehmer vom Arbeitgeber geschuldete Vergütung (§ 611 Abs. 1 BGB) sowie sämtliche Sozialleistungen zu verstehen.[534]

b) Beteiligung des Verleiherbetriebsrats
Die Zahlung des Arbeitsentgelts ist Hauptleistungspflicht des Verleihers aus dem arbeitsrechtlichen Grundverhältnis.[535] Die Auszahlung der Arbeitsentgelte

---

[532] **Boemke**, Schuldvertrag und Arbeitsverhältnis, § 13 V. 3. b) bb); **a. A.:** ArbG Mannheim v. 1.4.1987, AiB 1987, S. 141 f.

[533] **Boemke**, Schuldvertrag und Arbeitsverhältnis, § 13 V. 3. b) bb)

[534] **Hess/Schlochauer/Glaubitz**, BetrVG, § 87 Rn. 214; **Stege/Weinspach**, BetrVG, § 87 Rn. 87, 88; GK-BetrVG/**Wiese**, § 87 Rn. 425, 426

[535] **Boemke**, Schuldvertrag und Arbeitsverhältnis, § 7 II. 1 b); **Löwisch**, Arbeitsrecht, Rn. 948

ist somit alleinige Angelegenheit des Verleihers. Für die Ausübung der Mitbestimmung nach § 87 Abs. 1 Nr. 4 BetrVG heißt das, dass der Betriebsrat des Verleiherbetriebs zuständig ist.[536]

c)   Beteiligung des Entleiherbetriebsrats
Bei der Auszahlung der Arbeitsentgelte handelt es sich um eine soziale Angelegenheit des § 87 Abs. 1 BetrVG, die den Bestand eines arbeitsrechtlichen Grundverhältnisses voraussetzt. Da dieses im Verhältnis zwischen Entleiher und Leiharbeitnehmer nicht vorliegt, kann auch der Betriebsrat des Entleiherbetriebs keine Mitbestimmungsrechte ausüben.[537]

5.   § 87 Abs. 1 Nr. 5 BetrVG (Urlaubsangelegenheiten)

a)   Gegenstand der Mitbestimmung
Durch die Mitbestimmung nach § 87 Abs. 1 Nr. 5 BetrVG wird das dem Arbeitgeber bei der Festlegung der Lage des Urlaubs zustehende Gestaltungsrecht beschränkt. Dadurch sollen die Urlaubswünsche der einzelnen Arbeitnehmer und das betriebliche Interesse an der Kontinuität des Betriebsablaufs sinnvoll aufeinander abgestimmt werden.[538]

b)   Beteiligung des Verleiherbetriebsrats
Nach dem AÜG obliegen dem Verleiher gegenüber dem Leiharbeitnehmer alle Arbeitgeberpflichten. Die Gewährung von Urlaub gehört dazu. Da es sich bei der Gewährung von Urlaub um eine Freistellung von der Arbeitspflicht handelt, knüpft diese Maßnahme an das arbeitsrechtliche Grundverhältnis an.[539] Die Arbeitspflicht als solche folgt nämlich aus dem arbeitsrechtlichen Grundverhältnis, da das arbeitsrechtliche Grundverhältnis u. a. den Gegenstand der Leistung bestimmt. Wird eine Freistellung von dieser Leistung auf Grund von Urlaubsgewährung beabsichtigt, knüpft auch diese Maßnahme an das arbeitsrechtliche

---

[536] **Becker**, AuR 1982, 369 ff. (374); **Becker/Wulfgramm**, AÜG, § 14 Anm. 81; **Erdlenbruch**, Die betriebsverfassungsrechtliche Stellung ..., S. 134; **Müllner**, Aufgespaltene Arbeitgeberstellung ..., S. 82; **Schüren**, AÜG, § 14 Rn. 295

[537] BAG v. 15.12.1992, AP Nr. 7 zu § 14 AÜG; **Becker**, AuR 1982, 369 ff. (376), **Becker/Wulfgramm**, AÜG, § 14 Anm. 109; **Boemke**, Schuldvertrag und Arbeitsverhältnis, § 13 V. 3 a); **Erdlenbruch**, Die betriebsverfassungsrechtliche Stellung ..., S. 135; **Frerichs/Möller/Ulber**, Leiharbeit und betriebliche Interessenvertretung, S. 86; **Gick**, Gewerbsmäßige Arbeitnehmerüberlassung ..., S. 136; **Müllner**, Aufgespaltene Arbeitgeberstellung ..., S. 82; **Mumot**, Die betriebsverfassungsrechtlichen Beteiligungsrechte ..., S. 127; **Schüren**, AÜG, § 14 Rn. 222, 295; **Ulber**, AÜG, § 14 Rn. 117

[538] **Galperin/Löwisch**, BetrVG, § 87 Anm. 127; GK-BetrVG/**Wiese**, § 87 Rn. 443

[539] **Boemke**, Schuldvertrag und Arbeitsverhältnis, § 13 V. 3. b cc)

Grundverhältnis an,[540] wiederum die Mitbestimmung durch den Verleiherbetriebsrat begründet. Stellt der Verleiher für die von ihm beschäftigten Leiharbeitnehmer allgemeine Urlaubsgrundsätze oder einen Urlaubsplan auf oder erzielt der Verleiher mit einzelnen Leiharbeitnehmern keine Einigkeit in Fragen der zeitlichen Lage des Urlaubs, hat der Betriebsrat des Verleiherbetriebs gem. § 87 Abs. 1 Nr. 5 BetrVG mitzubestimmen.[541] Für den Leiharbeitnehmer sind dabei in erster Linie die allgemeinen Urlaubsgrundsätze von Bedeutung, nach denen der Urlaub im Einzelfall gewährt oder nicht gewährt werden kann. Unzulässig in diesem Zusammenhang wären Urlaubsgrundsätze, die den Leiharbeitnehmer zwingen, den Urlaub in auftragsschwachen bzw. auftragslosen Zeiten in Anspruch zu nehmen. Auf diesem Wege würde der Verleiher sein Arbeitgeberrisiko auf den Leiharbeitnehmer abwälzen, was dem Synchronisationsverbot[542] widerspricht. Dem Verleiher soll es nämlich nicht möglich sein, die Beschäftigungsdauer des Leiharbeitnehmers mit der Einzelüberlassung zu synchronisieren. Der Verleiher trägt das Risiko der Beschäftigung und die Vergütungspflicht, auch wenn er vorübergehend wirtschaftlich die Arbeitskraft des Leiharbeitnehmers nicht verwerten kann. Eine Urlaubsregelung, die den Leiharbeitnehmer in Zeiten fehlender Einsatzmöglichkeiten in den Urlaub zwingt, synchronisiert zumindest die Beschäftigung, wenn auch die Vergütungspflicht erhalten bleibt. Entsprechende Urlaubsgrundsätze sind deshalb unzulässig.[543]

c)   Beteiligung des Entleiherbetriebsrats

Eine Beteiligung des Entleiherbetriebsrats in Urlaubsfragen scheidet grundsätzlich aus, da zwischen Entleiher und Leiharbeitnehmer kein arbeitsrechtliches Grundverhältnis besteht, die Freistellung von der Arbeitspflicht mittels Urlaubsgewährung aber an das Grundverhältnis anknüpft.[544] Entgegen der Auffas-

---

[540] **Boemke**, Schuldvertrag und Arbeitsverhältnis, § 13 V. 3. b) cc), § 7 II. 1. a), § 7 IV 1.c), § 10 VII. 5. b) bb)

[541] **Becker**, AuR 1982, 369 ff. (376); **Becker/Wulfgramm**, AÜG, § 14 Rn. 81; **Boemke**, Schuldvertrag und Arbeitsverhältnis, § 13 V. 3. b) cc); **Gick**, Gewerbsmäßige Arbeitnehmerüberlassung ..., S. 186; **Müllner**, Aufgespaltene Arbeitgeberstellung ..., S. 82; **Mumot**, Die betriebsverfassungsrechtlichen Beteiligungsrechte ..., S. 127; **Schüren**, AÜG, § 14 Rn. 223, 296; im Ergebnis ebenso **Erdlenbruch**, Die betriebsverfassungsrechtliche Stellung ..., S. 135 f.; **a. A.: v. Hoyningen-Huene**, Anm. zu BAG v. 15.12.1992, SAE 1994, 112 ff. (113)

[542] zum Begriff vgl. ausf. **Becker/Wulfgramm**, AÜG, § 3 Rn. 45 ff.; Einl. Rn. 138; **Schüren**, AÜG, § 9 Rn. 49 ff., Einl. Rn. 150, 208 ff.; **Ulber**, AÜG, Einl. B Rn. 14; § 3 Rn. 71 ff.

[543] im Ergebnis ebenso: **Erdlenbruch**, Die betriebsverfassungsrechtliche Stellung ..., S. 136

[544] **Boemke**, Schuldvertrag und Arbeitsverhältnis, § 13 V. 3 b) cc), § 7 II. 1 a), § 7 IV 1 c), § 10 VII. 5 b) bb); im Ergebnis ebenso **Erdlenbruch**, Die betriebsverfassungsrechtliche Stellung ..., S. 137, der aber Ausnahmen zulassen will.

sung *Erdlenbruchs*[545] gilt auch dann nichts anderes, wenn die Festsetzung des Urlaubs eines Leiharbeitnehmers Abstimmungsbedarf mit anderen Leih- bzw. Stammmitarbeitern im Entleiherbetrieb erzeugt. Auch in diesem Fall steht das Recht zur Urlaubsgewährung nicht dem Entleiher zu. Eine Lösung der Abstimmungsprobleme muss vielmehr Bestandteil der Arbeitnehmerüberlassungsvereinbarungen zwischen Entleiher und Verleiher sein. Da der Entleiher grundsätzlich kein Recht zur Urlaubsgewährung hat, scheidet auch eine Mitbestimmung durch den Entleiherbetriebsrat aus. Allein die Tatsache, dass der Entleiher den Leiharbeitnehmer in die betriebliche Organisation integriert und deshalb ein Interesse daran hat, dass seine betrieblichen Belange auch mit den Urlaubswünschen der Leiharbeitnehmer in Einklang gebracht werden, rechtfertigt noch nicht ein Mitbestimmungsrecht des Entleiherbetriebsrats.[546] Genauso wenig kann sich daraus das Recht des Entleihers ergeben, Urlaubsregelungen auch für die Leiharbeitnehmer aufzustellen.[547]

Ein Mitbestimmungsrecht des Entleiherbetriebsrats kommt nur ausnahmsweise dann in Betracht, wenn nach dem Arbeitnehmerüberlassungsvertrag der Entleiher berechtigt ist, den Urlaub des Leiharbeitnehmers mit Wirkung für und gegen den Verleiher verbindlich festzulegen.[548]

6. § 87 Abs. 1 Nr. 6 BetrVG (technische Überwachungseinrichtungen)

a) Gegenstand der Mitbestimmung

Die Mitbestimmung i. R. d. § 87 Abs. 1 Nr. 6 BetrVG bezieht sich auf technische Einrichtungen, die dazu bestimmt sind, das Verhalten oder die Leistung der Arbeitnehmer zu überwachen. Die Mitbestimmung des Betriebsrats bei der Einführung und Anwendung von technischen Überwachungseinrichtungen dient dem präventiven Schutz der Persönlichkeitssphäre potenziell betroffener Arbeitnehmer vor solchen Kontrolleinrichtungen.[549] Das Mitbestimmungsrecht bildet somit die kollektivrechtliche Ergänzung des individualrechtlichen Persönlichkeitsrechtsschutzes. Die Regelungsbefugnis der Betriebspartner findet deshalb ihre Grenzen in den Persönlichkeitsrechten des Arbeitnehmers.

---

[545] **Erdlenbruch**, Die betriebsverfassungsrechtliche Stellung ..., S. 137

[546] so aber **Erdlenbruch**, Die betriebsverfassungsrechtliche Stellung ..., S. 137;

[547] so aber **Erdlenbruch**, Die betriebsverfassungsrechtliche Stellung ..., S. 137

[548] **Boemke**, Schuldvertrag und Arbeitsverhältnis, § 13 V. 3 b) cc)

[549] BAG v. 9.9.1975, AP Nr. 2 zu § 87 BetrVG 1972; v. 18.2.1986, AP Nr. 13 zu § 87 BetrVG 1972 Überwachung; **Klebe** in Däubler/Kittner/Klebe, BetrVG, § 87 Rn. 135; GK-BetrVG/**Wiese**, § 87 Rn. 484

b) Beteiligung des Verleiherbetriebsrats

§ 87 Abs. 1 Nr. 6 BetrVG betrifft den Persönlichkeitsschutz des Arbeitnehmers. Betroffen sind somit Belange des Rechtsgüterschutzes im Interesse des Arbeitnehmers bei der Erbringung seiner Arbeitsleistung als solcher, die unabhängig von der Leistungsverpflichtung bestehen und damit an das Erfüllungsverhältnis anknüpfen. Die Schutzpflichten als Nebenpflichten des Arbeitsverhältnisses knüpfen grundsätzlich am arbeitsrechtlichen Erfüllungsverhältnis an. Sie regeln nämlich unabhängig vom Leistungserfolg lediglich Modalitäten der tatsächlichen Leistungsabwicklung im Hinblick auf den Schutz der Rechtsgüter des anderen Teils.[550] Die tatsächliche Leistungsabwicklung wiederum ist Bestandteil des Erfüllungsverhältnisses und erfolgt unabhängig vom arbeitsrechtlichen Grundverhältnis. Bleibt zu prüfen, ob die Einrichtung oder Anwendung technischer Überwachungseinrichtungen eine Maßnahme des Verleihers im Rahmen des Erfüllungsverhältnisses zwischen ihm und dem Leiharbeitnehmer sein kann oder eine solche Maßnahme, die geeignet ist die Leistung und das Verhalten des Leiharbeitnehmers zu überwachen, allein beim Entleiher vorgenommen werden kann. Zwischen Verleiher und Leiharbeitnehmer besteht neben dem arbeitsrechtlichen Grundverhältnis ein Erfüllungsverhältnis, da der Verleiher die grundsätzliche Arbeitszuweisung übernimmt. Trotzdem kommen Fragen der technischen Überwachung nicht im Rahmen der Arbeitszuweisung sondern der konkreten Arbeitsplatzzuweisung zum Tragen. Erst am konkreten Arbeitsplatz, der durch den Entleiher zugewiesen wird, kann die Leistung und das Verhalten des Leiharbeitnehmers anhand technischer Einrichtungen überprüft werden. Betroffen ist hier nämlich eine Überwachung bei Erbringung der Arbeitsleistung und diese erfolgt allein in den Entleiherbetrieben. Der Verleiher wird z. B. kaum das Installieren einer Kamera im Entleiherbetrieb veranlassen können. Die vorangegangene Arbeitszuweisung des Verleihers ist somit kein Vorgang, anhand dessen eine technische Überwachung überhaupt in Betracht kommt. Eine Mitbestimmung des Verleiherbetriebsrats i. S. d. § 87 Abs. 1 Nr. 6 BetrVG ist somit ausgeschlossen.[551]

c) Beteiligung des Entleiherbetriebsrats

Auf Grund seiner Eingliederung in den Betrieb des Entleihers ist der Leiharbeitnehmer in gleicher Weise der technischen Überwachung ausgesetzt wie die Stammbelegschaft des Entleiherbetriebs. In der Regel wird es tatsächlich gar nicht möglich sein, den Leiharbeitnehmer von den technischen Überwachungen auszuschließen. Darüber hinaus wird der Entleiher ein Interesse daran haben,

---

[550] **Boemke**, Schuldvertrag und Arbeitsverhältnis, § 9 III. 5 b)

[551] a. A.: **Erdlenbruch**, Die betriebsverfassungsrechtliche Stellung ..., S. 139

dass die Leiharbeitnehmer im gleichen Umfang wie die Stammbelegschaft überwacht wird. Unter Umständen kann sogar ein besonderes Interesse des Entleihers an der Überwachung der Leiharbeitnehmer bestehen, da er deren Auswahl nicht selbst getroffen hat und deshalb weder die Person noch deren Fähigkeiten kennt.[552] Wie der Entleiher die Leistung und das Verhalten der Leiharbeitnehmer überwacht, ist allein seine Angelegenheit und berührt nicht das arbeitsrechtliche Grundverhältnis zwischen Verleiher und Leiharbeitnehmer. Die technische Überwachung knüpft an die Erfüllung der Leistung, die im Entleiherbetrieb erbracht wird, und damit an das arbeitsrechtliche Erfüllungsverhältnis an. Die Mitbestimmung bei technischen Überwachungseinrichtungen erfolgt für Leiharbeitnehmer deshalb durch den Entleiherbetriebsrat.[553]

7. § 87 Abs. 1 Nr. 7 BetrVG (ergänzender Arbeitsschutz)

a) Gegenstand der Mitbestimmung

Die Vorschrift des § 87 Abs. 1 Nr. 7 BetrVG dient der Verhütung, d. h. der Vorbeugung von Arbeitsunfällen und Berufskrankheiten sowie dem Gesundheitsschutz im Rahmen der gesetzlichen Vorschriften oder der Unfallverhütungsvorschriften.[554] Damit wird der gesamte Bereich des Arbeitsschutzrechts erfasst. Die Mitbestimmung durch den Betriebsrat ist aber nur dann gegeben, wenn es sich um Regelungen handelt, d. h. es muss ein kollektiver Tatbestand vorliegen. Ein solcher liegt aber auch dann vor, wenn es sich um eine Regelung für einen einzelnen Arbeitsplatz nach funktionsbezogenen Merkmalen handelt.[555]

b) Beteiligung des Verleiherbetriebsrats

Dem Arbeitsschutzrecht kommt im Verhältnis zwischen Verleiher und Leiharbeitnehmer kaum eine Bedeutung zu. Die Arbeitsschutzvorschriften müssen dort eingehalten werden, wo die Leistung erbracht wird. Die Mitbestimmung im Hinblick auf gesundheitliche Gefahren, wird also grundsätzlich dort relevant, wo die tatsächliche Beschäftigung stattfindet. Ausnahmsweise kann jedoch auch im Verleiherbetrieb eine arbeitsschutzrechtliche Verantwortung gegenüber

---

[552] **Müllner**, Aufgespaltene Arbeitgeberstellung ..., S. 83
[553] **Becker**, AuR 1982, 369 ff. (374, 376); **Becker/Wulfgramm**, AÜG, § 14 Rn. 80; **Boemke**, Schuldvertrag und Arbeitsverhältnis, § 13 V. 3. c) bb); **Erdlenbruch**, Die betriebsverfassungsrechtliche Stellung ..., S. 139; **Mumot**, Die betriebsverfassungsrechtlichen Beteiligungsrechte ..., S. 128 ff.
[554] GK-BetrVG/**Wiese**, § 87 Rn. 585, 591; **Stege/Weinspach**, BetrVG, § 87 Rn. 116 ff.
[555] **Dietz/Richardi**, BetrVG, § 87 Rn. 354; **Galperin/Löwisch**, BetrVG, Rn. 158; **Stege/Weinspach**, BetrVG, § 87 Rn. 126

den Leiharbeitnehmern bestehen, die durch den Verleiher ausgefüllt wird. Zu denken ist dabei zunächst an die Durchführung der arbeitsmedizinischen Vorsorge, die grundsätzlich dem Verleiher obliegt.[556] Das Gleiche gilt für die Fälle, in denen sich der Leiharbeitnehmer – aus welchen Gründen auch immer – im Betrieb des Verleihers aufhält (z. B. Vertragsänderung, Wechsel des Einsatzbetriebs, Auszahlung eines Bar-Vorschusses usw.). In diesen Fällen können arbeitsschutzrechtliche Vorschriften im Verleiherbetrieb auch den Leiharbeitnehmer betreffen. Es ist deshalb unzutreffend, eine ausschließliche Zuständigkeit des Entleiherbetriebsrats anzunehmen.[557] Soweit es sich bei den arbeitsschutzrechtlichen Vorschriften um Rahmenvorschriften handelt, die dem Verleiher einen Regelungsspielraum eröffnen, hat auch der Betriebsrat im Verleiherbetrieb bei der Umsetzung der betreffenden Vorschriften (auch) im Hinblick auf die Leiharbeitnehmer mitzubestimmen.[558]

c) Beteiligung des Entleiherbetriebsrats

Der Leiharbeitnehmer wird im Entleiherbetrieb eingesetzt und ist somit dort den gleichen Gefahren ausgesetzt wie die Stammbelegschaft des Entleihers. Die Einhaltung der Arbeitsschutzbestimmungen hat bei Erbringung der Arbeit zu erfolgen und obliegt somit grundsätzlich dem Entleiher. Diese Verpflichtung ergibt sich bereits aus § 11 Abs. 6 AÜG, wonach die Tätigkeit des Leiharbeitnehmers beim Entleiher den für den Betrieb des Entleihers geltenden öffentlich-rechtlichen Vorschriften des Arbeitsschutzrechts unterliegt. Werden die Rahmenvorschriften vom Entleiher ausgefüllt, handelt es sich dabei um eine Maßnahme, die an das arbeitsrechtliche Erfüllungsverhältnis zwischen Entleiher und Leiharbeitnehmer anknüpft, da es sich um eine Maßnahme handelt, die die Erbringung der Arbeitsleistung betrifft. Das Schutzbedürfnis des Leiharbeitnehmers an einer Mitbestimmung durch den Betriebsrat im Entleiherbetrieb ist gleichermaßen hoch wie das der Stammbelegschaft, da der Leiharbeitnehmer von den gleichen Gefahren bedroht ist. Deshalb muss bei der Auswahl und Um-

---

[556] **Erdlenbruch**, Die betriebsverfassungsrechtliche Stellung ..., S. 142, **Schüren**, AÜG, § 14 Rn. 298

[557] **a. A.:** LAG Hamm v. 24.5.1973, DB 1973, 1511; **Becker**, AuR 1982, 369 ff. (374); **Gick**, Gewerbsmäßige Arbeitnehmerüberlassung ..., S. 128, 137; MünchArbR/**Marschall**, § 168 Rn. 131; **Müllner**, Aufgespaltene Arbeitgeberstellung ..., S. 83; **Mumot**, Die betriebsverfassungsrechtlichen Beteiligungsrechte ..., S. 130; **Schüren**, AÜG, § 14 Rn. 225, 298

[558] **Erdlenbruch**, Die betriebsverfassungsrechtliche Stellung ..., S. 142

setzung des Arbeitsschutzes dem Entleiherbetriebrat auch im Hinblick auf den Leiharbeitnehmer ein Mitbestimmungsrecht zustehen.[559]

8.   § 87 Abs. 1 Nr. 8 BetrVG (Sozialeinrichtungen)

a)   Gegenstand der Mitbestimmung

Die Mitbestimmung des Betriebsrats nach § 87 Abs. 1 Nr. 8 BetrVG setzt das Bestehen einer Sozialeinrichtung voraus. Nicht von diesem Mitbestimmungsrecht erfasst wird die Errichtung einer Sozialeinrichtung, da die Errichtung Gegenstand freiwilliger Betriebsvereinbarungen i. S. d. § 88 Nr. 2 BetrVG ist. Da der Arbeitgeber die erforderlichen Mittel hierfür aufzubringen hat, soll er frei darüber entscheiden können, ob er eine Sozialeinrichtung schaffen will. Unter Sozialeinrichtungen i. S. d. § 87 Abs. 1 Nr. 8 BetrVG ist ein zweckgebundenes Sondervermögen zu verstehen, das der Verwaltung bedarf.[560] Eine Sozialeinrichtung muss ferner objektiv die Lage der Begünstigten verbessern, d. h. ihnen einen irgendwie gearteten zusätzlichen Vorteil bringen oder zumindest bringen können.[561] Diese Vorteile müssen als Zweck der Einrichtung gewollt sein.[562] Damit kommen als Sozialeinrichtungen u. a. in Betracht: Bibliotheken, Erholungsräume, Fortbildungseinrichtungen, Kantinen, Kindergärten, Parkplätze, Sportanlagen etc.[563] Mitbestimmungspflichtig i. S. d. § 87 Abs. 1 Nr. 8 BetrVG sind Form, Ausgestaltung und Verwaltung der Sozialeinrichtung.

b)   Beteiligung des Verleiherbetriebsrats

In persönlicher Hinsicht muss die Sozialeinrichtung der Begünstigung von Arbeitnehmern i. S. d. § 5 Abs. 1 BetrVG oder deren Angehörigen dienen. Da Leiharbeitnehmer Arbeitnehmer des Verleihers sind, hat auch der Verleiherbetriebsrat über Form, Ausgestaltung und Verwaltung einer Sozialeinrichtung im Verleiherbetrieb mit Wirkung für Leiharbeitnehmer mitzubestimmen.[564] In der

---

[559] **Becker**, AuR 1982, 369 ff. (376); **Becker/Wulfgramm**, AÜG, § 14 Rn. 109; **Boemke**, Schuldvertrag und Arbeitsverhältnis, § 13 V. 3 c) cc), III. 3.; **Gick**, Gewerbsmäßige Arbeitnehmerüberlassung ..., S. 137; **Herbst/Krüger**, AiB 1983, 167 ff. (168); **Müllner**, Aufgespaltene Arbeitgeberstellung ..., S. 83; **Mumot**, Die betriebsverfassungsrechtlichen Beteiligungsrechte ..., S. 130; **Plander**, AiB 1990, 19 ff. (27); **Rüthers/Bakker**, ZfA 1990, 245 ff. (311); **Schüren**, AÜG, § 14 Rn. 225, 298

[560] BAG v. 24.4.1986, AP Nr. 7 zu § 87 BetrVG 1972 Sozialeinrichtung = NZA 1987, 100 ff.

[561] GK-BetrVG/**Wiese**, § 87 Rn. 687

[562] GK-BetrVG/**Wiese**, § 87 Rn. 690

[563] weitere Beispiele s. **Stege/Weinspach**, BetrVG, § 87 Rn. 135 ff.; GK-BetrVG/**Wiese**, § 87 Rn. 692

[564] **Becker**, AuR 1982, 369 ff. (374); **Erdlenbruch**, Die betriebsverfassungsrechtliche Stellung ..., S. 145; **Mumot**, Die betriebsverfassungsrechtlichen Beteiligungsrechte ..., S. 70

Praxis wird die Nutzung einer Sozialeinrichtung des Verleiherbetriebs jedoch für Leiharbeitnehmer nur schwer oder gar nicht nutzbar sein. Diese Tatsache ändert jedoch nichts an der Mitbestimmung durch den Betriebsrat.

Entscheidend für die Mitbestimmung des Betriebsrats im Verleiherbetrieb kommt es darauf an, ob es sich um eine Maßnahme bzw. Leistung des Verleihers handelt.[565] Sind Leiharbeitnehmer durch eine Sozialeinrichtung des Verleihers begünstigt, erstreckt sich das Mitbestimmungsrecht des Verleiherbetriebsrats auch auf deren Belange. Dabei ist zu beachten, dass der Verleiher nach h. M. den Kreis der Begünstigten auf die im Verleiherbetrieb beschäftigte Stammbelegschaft beschränken kann.[566]

c)   Beteiligung des Entleiherbetriebsrats
Mitbestimmungsfrei ist die Festlegung des begünstigten Personenkreises durch den Arbeitgeber.[567] Der Entleiher kann somit in seinem Betrieb die Vorteile bzw. die Nutzung von Sozialeinrichtungen auf die Stammbelegschaft begrenzen oder auch auf Fremdbeschäftigte wie z. B. Leiharbeitnehmer ausweiten. Dabei muss der Entleiher aber den Gleichbehandlungsgrundsatz des § 75 Abs. 1 S. 1 BetrVG beachten.[568] Im Hinblick auf eine Abwägung im Rahmen dieses Gleichbehandlungsgrundsatzes muss nach der Art der Sozialeinrichtung unterschieden werden.

Zum einen gibt es Sozialeinrichtungen, die vor allem ein fortdauerndes Arbeitsverhältnis zum Arbeitgeber voraussetzen und eine längerfristige Bindung an den Betrieb bezwecken sollen. Das gilt z. B. für Erholungsheime und Fortbildungseinrichtungen. Da der Leiharbeitnehmer maximal 12 Monate ein arbeitsrechtliches Erfüllungsverhältnis zum Entleiher hat, ist es gerechtfertigt, Leiharbeitnehmer von diesen Sozialeinrichtungen auszuschließen, ohne dass ein Verstoß gegen § 75 Abs. 1 S. 1 BetrVG vorliegen würde.[569]

---

[565] **Boemke**, Schuldvertrag und Arbeitsverhältnis, § 13 V. 3 e)
[566] BAG v. 26.4.1988, AP Nr. 16 zu § 87 BetrVG 1972 Altersversorgung = NZA 1989, 219 ff.; **Dietz/Richardi**, BetrVG, § 87 Rn. 407; **Stege/Weinspach**, BetrVG, § 87 Rn. 141; GK-BetrVG/**Wiese**, § 87 Rn. 708
[567] BAG v. 26.4.1988, AP Nr. 16 zu § 87 BetrVG 1972 Altersversorgung = NZA 1989, 219 ff.; **Dietz/Richardi**, BetrVG, § 87 Rn. 407; **Stege/Weinspach**, BetrVG, § 87 Rn. 141; GK-BetrVG/**Wiese**, § 87 Rn. 708
[568] **Boemke**, Schuldvertrag und Arbeitsverhältnis, § 10 VII. 5. a) ee); **Erdlenbruch**, Die betriebsverfassungsrechtliche Stellung ..., S. 145; **Gick**, Gewerbsmäßige Arbeitnehmerüberlassung ..., S. 137
[569] **Erdlenbruch**, Die betriebsverfassungsrechtliche Stellung ..., S. 146

Zum anderen gibt es Sozialeinrichtungen, die einen kurzfristigeren Zweck erfüllen. So soll mit einer Kantine[570], Erholungsräumen oder einer Sportanlage erreicht werden, dass die Arbeitskraft des Arbeitnehmers regeneriert wird und auf
Dauer erhalten bleibt, damit die Arbeitsproduktivität erhalten bleibt und geför-
dert wird. Die nur vorübergehende Eingliederung von maximal 12 Monaten eines Leiharbeitnehmers in den Entleiherbetrieb kann somit kein sachlicher
Grund dafür sein, Leiharbeitnehmer von diesen Sozialeinrichtungen auszuschließen. Im Wesentlichen kommt es im Hinblick auf die Mitbestimmung darauf an, zu unterscheiden, ob es sich um eine Maßnahme des Entleihers handelt,
die den Leiharbeitnehmer betrifft. Soweit Leiharbeitnehmer Begünstigte von
Sozialeinrichtungen im Entleiherbetrieb sein können, erstreckt sich das
Mitbestimmungsrecht des Entleiherbetriebsrats auch auf deren Belange.[571]

9.   § 87 Abs. 1 Nr. 9 BetrVG (Werkmietwohnungen)

a)   Gegenstand der Mitbestimmung
Werden Arbeitnehmern mit Rücksicht auf das Bestehen eines Arbeitsverhältnisses Wohnräume vermietet, so ist der einzelne Arbeitnehmer über die arbeitsrechtliche Bindung hinaus zusätzlich bei der Gestaltung seines außerdienstli-
chen Lebensbereichs vom Arbeitgeber abhängig. Durch die Mitbestimmung des
Betriebsrats bei der Zuweisung und Kündigung einer Werkmietwohnung sowie
der allgemeinen Festlegung der Nutzungsbedingungen soll deshalb dieses ge-
steigerte Schutzbedürfnis des einzelnen Arbeitnehmers, aber auch das kollektive Interesse der Belegschaft an einer gerechten Auswahl und Gleichbehandlung
bei der Gestaltung der Mietbedingungen berücksichtigt werden.[572] § 87 Abs. 1
Nr. 9 BetrVG bezieht sich nur auf Wohnräume, die den Arbeitnehmern mit
Rücksicht auf das Bestehen eines Arbeitsverhältnisses vermietet werden. Voraussetzung ist somit, dass zwei Vertragsverhältnisse (Arbeits- und Mietvertrag)
vorliegen, zwischen denen ein innerer Zusammenhang besteht.

b)   Beteiligung des Verleiherbetriebsrats
Bei der Mitbestimmung nach § 87 Abs. 1 Nr. 9 BetrVG, die nach der gesetzlichen Regelung kein arbeitsrechtliches Grundverhältnis voraussetzt,[573] kommt es
für die Zuständigkeit des jeweiligen Betriebsrats darauf an, ob es sich um Leistungen des Verleihers oder des Entleihers handelt. Soweit es sich also um
Werkmietwohnungen des Verleihers handelt, die allen Betriebsangehörigen of-

[570] LAG Hamm v. 14.5.1973, DB 1973, 1511
[571] **Boemke**, Schuldvertrag und Arbeitsverhältnis, § 13 V. 3 e)
[572] GK-BetrVG/**Wiese**, § 87 Rn. 761
[573] **Boemke**, Schuldvertrag und Arbeitsverhältnis, § 10 VII. 5 a) ee)

fen stehen, ist der Verleiherbetriebsrat im Hinblick auf Zuweisung, Kündigung und Nutzungsbedingungen auch hinsichtlich der Leiharbeitnehmer zu beteiligen.[574]

c) Beteiligung des Entleiherbetriebsrats

Stellt der Entleiher einem Leiharbeitnehmer Wohnraum zur Verfügung, so geschieht dies mit Rücksicht auf die Arbeitsleistung, die der Leiharbeitnehmer im Betrieb des Entleihers erbringt oder erbringen soll. Die Maßnahmen des Entleihers, Wohnraum zur Verfügung zu stellen oder zu kündigen etc., knüpfen also an das arbeitsrechtliche Erfüllungsverhältnis an, das zwischen Entleiher und Leiharbeitnehmer besteht.[575] Soweit also Leiharbeitnehmer Begünstigte von Werkmietwohnungen des Entleihers sein können, erstreckt sich das Mitbestimmungsrecht des Entleiherbetriebsrats auch auf deren Belange.[576] Insbesondere mit Rücksicht auf die Stammbelegschaft ist von einem Mitbestimmungsrecht bzgl. der Leiharbeitnehmer auszugehen. Wird nämlich Wohnraum an einen Leiharbeitnehmer vergeben heißt das im Gegenzug, dass ein Arbeitnehmer aus den Reihen der Stammbelegschaft nicht berücksichtigt wird. Um dem Zweck des § 87 Abs. 1 Nr. 9 BetrVG, nämlich das Interesse der Belegschaft an einer gerechten Auswahl und Gleichbehandlung zu gewährleisten, gerecht zu werden, muss sich das Mitbestimmungsrecht auch auf die Leiharbeitnehmer im Entleiherbetrieb erstrecken.

10. § 87 Abs. 1 Nr. 10, 11 BetrVG (Arbeitsentgelt)

a) Gegenstand der Mitbestimmung

Die Regelung des § 87 Abs. 1 Nr. 10 BetrVG soll ein umfassendes Mitbestimmungsrecht bei der betrieblichen Lohngestaltung sicherstellen. Wie sich aus der beispielhaften Hervorhebung von Entlohnungsgrundsätzen und Entlohnungsmethoden ergibt, betrifft die Vorschrift jedoch nur die Grundlagen der Entgeltfindung, nicht dagegen die Höhe des Arbeitsentgelts.[577] Der Betriebsrat soll mitbestimmen, damit die Grundlagen der Entgeltfindung angemessen, in sich

---

[574] **Becker**, AuR 1982, 369 ff. (374); **Boemke**, Schuldvertrag und Arbeitsverhältnis, § 13 V. 3 e); **Erdlenbruch**, Die betriebsverfassungsrechtliche Stellung ..., S. 149, **Schüren**, AÜG, § 14 Rn. 300

[575] **a. A.: Erdlenbruch**, Die betriebsverfassungsrechtliche Stellung ..., S. 149, der davon ausgeht, dass kein Arbeitsverhältnis zwischen Entleiher und Leiharbeitnehmer besteht und deshalb der Wortlaut der § 87 Abs. 1 Nr. 9 BetrVG der Einbeziehung der Leiharbeitnehmer widerspricht.

[576] im Ergebnis ebenso: **Erdlenbruch**, Die betriebsverfassungsrechtliche Stellung ..., S. 151

[577] BAG v. 29.3.1977, AP Nr. 1 zu § 87 BetrVG 1972 Provision

stimmig und durchschaubar gestaltet werden und durch generelle Regelungen eine gleichmäßige Behandlung der Arbeitnehmer gewährleistet ist.[578]

Leistungslöhne i. S. d. § 87 Abs. 1 Nr. 11 BetrVG bedeuten für den Arbeitnehmer einen Anreiz, durch größeren Einsatz mehr zu verdienen. Damit wird den Bedürfnissen des Einzelnen Rechnung getragen, gleichzeitig ist der Arbeitnehmer damit aber auch einer besonderen Belastung ausgesetzt. Deshalb sollen bei Leistungslöhnen neben dem Grundsatz und der Methode auch die einzelnen Ansätze einschließlich der Geldfaktoren, mithin die Lohnhöhe mitbestimmungspflichtig sein. Es soll gewährleistet sein, dass auch die Ansätze der zu erbringenden Leistung materiell angemessen sind und nicht zu einer Überforderung der Arbeitnehmer führen.[579]

b) Beteiligung des Verleiherbetriebsrats
Die Mitbestimmung nach § 87 Abs. 1 Nr. 10 BetrVG bei der Lohngestaltung und nach § 87 Abs. 1 Nr. 11 BetrVG bei leistungsbezogenen Entgelten setzt grundsätzlich ein arbeitsrechtliches Grundverhältnis voraus.[580] Die Vergütungspflicht des Arbeitgebers ergibt sich allein aus dem arbeitsrechtlichen Grundverhältnis, da das arbeitsrechtliche Grundverhältnis den Gegenstand der Leistungen, nämlich den Austausch von Arbeit gegen Lohn bestimmt. Somit setzt auch die betriebliche Lohngestaltung am Grundverhältnis an. Da ein Grundverhältnis nur zwischen Leiharbeitnehmer und Verleiher besteht, kommen im allgemeinen nur Mitbestimmungsrechte des Verleiherbetriebsrats in Betracht.[581]

c) Beteiligung des Entleiherbetriebsrats
Die Festsetzung leistungsbezogener Entgelte nach § 87 Abs. 1 Nr. 11 BetrVG gehört immer zum Zuständigkeitsbereich des Verleiherbetriebsrats. Der Entleiherbetriebsrat ist grundsätzlich nicht zuständig, da es an einem arbeitsrechtlichen Grundverhältnis zwischen Leiharbeitnehmer und Entleiher fehlt. Der Entleiher ist zur Zahlung leistungsbezogener Entgelte nicht verpflichtet, sodass auch keine Mitbestimmungsrechte beim Entleiherbetriebsrat hinsichtlich dieser Lohnbestandteile bestehen.

---

[578] BAG v. 16.7.1991, AP Nr. 49 zu § 87 BetrVG 1972 Lohngestaltung; GK-BetrVG/**Wiese**, § 87 Rn. 804
[579] BAG v. 29.3.1977, AP Nr. 1 zu § 87 BetrVG 1972 Provision; v. 13.9.1983, AP Nr. 3 zu § 87 BetrVG 1972 Prämie; GK-BetrVG/**Wiese**, § 87 Rn. 962
[580] **Boemke**, Schuldvertrag und Arbeitsverhältnis, § 13 V. 3 d); § 10 VII. 5 b) cc)
[581] **Boemke**, Schuldvertrag und Arbeitsverhältnis, § 13 V. 3 d)

Nur soweit der Entleiher ausnahmsweise geldwerte Leistungen unabhängig von der Arbeitspflicht allein wegen der Erbringung der Arbeitsleistung (z. B. Anwesenheitsprämien) oder aus sonstigen Gründen gewährt, können Mitbestimmungsrechte des Entleiherbetriebsrats auch in Bezug auf die Leiharbeitnehmer nach § 87 Abs. 1 Nr. 10 BetrVG bestehen.[582]

11.   § 87 Abs. 1 Nr. 12 BetrVG (Betriebliches Vorschlagswesen)

a)   Gegenstand der Mitbestimmung

Die Mitbestimmung nach § 87 Abs. 1 Nr. 12 BetrVG betrifft nur Verbesserungsvorschläge, aber nicht Arbeitnehmererfindungen i. S. d. § 2 ArbNErfG. Das betriebliche Vorschlagswesen betrifft alle Regelungen organisatorischer und verfahrensmäßiger Art für die Behandlung von freien im Gegensatz zu dienstlichen Verbesserungsvorschlägen auf technischem, kaufmännischem oder organisatorischem Gebiet, im Bereich der Unfallverhütung, des Gesundheitswesens oder der menschengerechten Gestaltung der Arbeit i. S. d. § 90 BetrVG.[583] Verbesserungsvorschläge sind alle Anregungen einzelner oder mehrerer Arbeitnehmer, die im Fall einer Berücksichtigung zu einer Verbesserung gegenüber dem Ist-Zustand führen würden, sich also nicht in bloßer Kritik erschöpfen.[584] Die Wahrnehmung der Belange der Arbeitnehmer durch den Betriebsrat bei der Aufstellung von Grundsätzen über das betriebliche Vorschlagswesen dient vor allem dem Schutz und der Förderung der Persönlichkeitsentfaltung der Arbeitnehmer und ihrer damit zusammenhängenden Interessen.[585]

b)   Beteiligung des Verleiherbetriebsrats

Bei der Mitbestimmung nach § 87 Abs. 1 Nr. 12 BetrVG, die nach der gesetzlichen Regelung kein arbeitsrechtliches Grundverhältnis voraussetzt, kommt es für die Zuständigkeit des jeweiligen Betriebsrats darauf an, ob es sich um Verbesserungsvorschläge im Entleiher- oder Verleiherbetrieb handelt. Beim betrieblichen Vorschlagswesen geht es um die organisatorische Behandlung und Belohnung von Verbesserungsvorschlägen aus dem Kreis der Arbeitnehmer, und zwar unabhängig von deren Leistungsverpflichtung.[586] Einblick in die be-

---

[582] **Boemke**, Schuldvertrag und Arbeitsverhältnis, § 13. V. 3 d); **Erdlenbruch**, Die betriebsverfassungsrechtliche Stellung ..., S. 153; **Schüren**, AÜG, § 14 Rn. 229

[583] **Dietz/Richardi**, BetrVG § 87 Rn. 635; **Galperin/Löwisch**, BetrVG, § 87 Rn. 261; **Klebe** in Däubler/Kittner/Klebe, BetrVG, § 87, Rn. 292

[584] GK-BetrVG/**Wiese**, § 87 Rn. 1012

[585] **Dietz/Richardi**, BetrVG, § 87 Rn. 634; **Klebe** in Däubler/Kittner/Klebe, BetrVG, § 87, Rn. 289; GK-BetrVG/**Wiese**, § 87 Rn. 1017

[586] **Boemke**, Schuldvertrag und Arbeitsverhältnis, § 10 5. a) ff)

trieblichen Abläufe beim Verleiher erhalten überlassene Arbeitnehmer in der Regel nur im Hinblick auf die Abwicklung ihrer Überlassung. Deshalb wird das betriebliche Vorschlagswesen im Verleiherbetrieb von Seiten der Leiharbeitnehmer eine Seltenheit darstellen. Sollte jedoch trotz der geringen praktischen Bedeutung ein Verbesserungsvorschlag für den Verleiherbetrieb gemacht werden, kommt die Mitbestimmung gem. § 87 Abs. 1 Nr. 12 BetrVG durch den Verleiherbetriebsrat zum Tragen.

c)   Beteiligung des Entleiherbetriebsrats

Verbesserungsvorschläge des Leiharbeitnehmers im Entleiherbetrieb werden vom betrieblichen Vorschlagswesen des Entleihers und damit der Mitbestimmung des Entleiherbetriebsrats gem. § 87 Abs. 1 Nr. 12 BetrVG erfasst.[587] Verbesserungsvorschläge erfolgen aus den Reihen der Arbeitnehmer und ohne Rücksicht auf eine Leistungsverpflichtung. Sie knüpfen damit an das arbeitsrechtliche Erfüllungsverhältnis an. Die Mitbestimmung des Entleiherbetriebsrats ist für Vorschläge im Entleiherbetrieb ferner unter Gleichbehandlungsgesichtspunkten gerechtfertigt. Eine Schlechterstellung des Leiharbeitnehmers im Vergleich zur Stammbelegschaft lässt sich nicht begründen. Schlägt der Leiharbeitnehmer eine Verbesserung vor, müsste der Entleiher ohne Zuständigkeit des Entleiherbetriebsrats z. B. die Verfahrensgrundsätze bei der Honorierung nicht beachten.

Außerdem ist die Situation im Bereich des betrieblichen Vorschlagswesens mit der der Arbeitnehmererfindung vergleichbar. Gem. § 11 Abs. 7 AÜG gilt der Entleiher im Falle einer Arbeitnehmerfindung durch den Leiharbeitnehmer als Arbeitgeber i. S. d. ArbNErfG. Damit soll dem Umstand Rechnung getragen werden, dass Erfindungen in diesen Fällen dem Entleiher und nicht dem Verleiher zugute kommen. Die Interessenlage im Bereich des Vorschlagswesens ist vergleichbar, sodass der Entleiherbetriebsrat im Falle eines Vorschlags von Seiten eines Leiharbeitnehmers im Entleiherbetrieb zuständig ist.

---

[587] ArbG Frankfurt v. 10.12.1985, EzAÜG Nr. 195; **Becker**, AuR 1982, 369 ff. (376); **Becker/ Wulfgramm**, AÜG, § 14 Rn. 109; **Boemke**, Schuldvertrag und Arbeitsverhältnis, § 13 V. 3. c); **Erdlenbruch**, Die betriebsverfassungsrechtliche Stellung ..., S. 156; **Gick**, Gewerbsmäßige Arbeitnehmerüberlassung ..., S. 138; **Müllner**, Aufgespaltene Arbeitgeberstellung ..., S. 85 f.; MünchArbR/**Marschall**, § 168 Rn. 131; **Mumot**, Die betriebsverfassungsrechtlichen Beteiligungsrechte ..., S. 134 f.; **Rüthers/Bakker**, ZfA 1990, 245 ff. (311); **Schüren**, AÜG, § 14 Rn. 303

12.   § 87 Abs. 1 Nr. 13 BetrVG (Gruppenarbeit)

a)   Gegenstand der Mitbestimmung

Durch Art. 1 Nr. 56 des Gesetzes zur Reform des Betriebsverfassungsgesetzes vom 23.7.2001[588] wurde dem Katalog des § 87 Abs. 1 BetrVG eine neue Nr. 13 angefügt. Danach hat der Betriebsrat über Grundsätze zur Durchführung von Gruppenarbeit mitzubestimmen. Gruppenarbeit im Sinne dieser Vorschrift liegt nach der gesetzlichen Definition vor, wenn im Rahmen des betrieblichen Arbeitsablaufs eine Gruppe von Arbeitnehmern eine ihr übertragene Gesamtaufgabe im Wesentlichen eigenverantwortlich erledigt. In der amtlichen Begründung heißt es, dass mit dieser modernen Form der Arbeitsgestaltung die Gefahr verbunden sei, dass der Gruppendruck zu einer Selbstausbeutung der Gruppenmitglieder und zu einer Ausgrenzung leistungsschwächerer Arbeitnehmer führen könne. Dieser Gefahr soll der Betriebsrat mit Hilfe des neuen Mitbestimmungsrechts vorbeugen können.[589] Nach dem Gesetzeswortlaut bezieht sich die Mitbestimmung nur auf die Durchführung, dagegen nicht auf die Einführung und Beendigung von Gruppenarbeit. Erst wenn der Arbeitgeber verbindlich über die Einführung von Gruppenarbeit entschieden hat, kann der Betriebsrat auf Grund eines Initiativrechts selbst Grundsätze über die Durchführung von Gruppenarbeit vorschlagen und bei Nichteinigung mit dem Arbeitgeber über die Einigungsstelle durchzusetzen versuchen.[590] Zu den Grundsätzen über die Durchführung von Gruppenarbeit gehört vor allem eine Regelung darüber, wie die der Arbeitsgruppe übertragene Eigenverantwortung ausgeübt werden soll. Die Einführung dieses Mitbestimmungstatbestands bedeutet praktisch eine mitbestimmte Einschränkung der an sich der Gruppe vom Arbeitgeber eingeräumten Teilautonomie.[591]

b)   Beteiligung des Verleiherbetriebsrats

Bei der Mitbestimmung nach § 87 Abs. 1 Nr. 13 BetrVG, die nach der gesetzlichen Regelung kein arbeitsrechtliches Grundverhältnis voraussetzt, kommt es für die Zuständigkeit des jeweiligen Betriebsrats darauf an, ob es sich um Gruppenarbeit im Entleiher- oder Verleiherbetrieb handelt. Bei der Gruppenarbeit werden bisher voneinander getrennt durchgeführte Arbeitsaufgaben organisatorisch zusammengefasst und einer Gruppe von Arbeitnehmern zugewiesen, die nun eine bestimmte, abgrenzbare Aufgabe gemeinschaftlich ausführen. Die Gruppenarbeit als solche betrifft also die Ausgestaltung der Arbeit im Einzel-

[588] BGBl. I, 1852
[589] BT-Ds. 14/5741, 47
[590] **Preis/Elert**, NZA 2001, 371 ff. (373); **Wiese**, NZA 2002, 198 ff. (201)
[591] **Hanau**, RdA 2001, 65 ff. (73); **Picker**, RdA 2001, 257 ff. (259, 266)

nen, und zwar unabhängig von der Leistungsverpflichtung des einzelnen Arbeitnehmers. Sollte der Verleiher ein Modell der Gruppenarbeit im Verleiherbetrieb einführen und der Verleiherbetriebsrat anschließend bei den Grundsätzen
der Durchführung mitbestimmen, so wird dies in aller Regel nur die
Stammbelegschaft, nicht aber die Leiharbeitnehmer betreffen, da diese gerade
nicht im Verleiherbetrieb ihre Arbeit erfüllen. Da Regelungen zur
Gruppenarbeit der Natur der Sache nach auf eine gewisse Dauer angelegt sind,
ändert daran auch ein vorübergehender Einsatz des Leiharbeitnehmers im
Verleiherbetrieb nichts. Deshalb wird eine Regelung zur Gruppenarbeit für
Leiharbeitnehmer im Verleiherbetrieb praktisch ohne Bedeutung bleiben. Die
Mitbestimmung gem. § 87 Abs. 1 Nr. 13 BetrVG durch den Verleiherbetriebsrat
wird nur im Hinblick auf die Stammbelegschaft des Verleihers zum Tragen
kommen.

c) Beteiligung des Entleiherbetriebsrats

Die Grundsätze zur Durchführung von Gruppenarbeit, in die der Leiharbeitnehmer im Entleiherbetrieb einbezogen werden kann, werden von der Mitbestimmung des Entleiherbetriebsrats gem. § 87 Abs. 1 Nr. 13 BetrVG erfasst. Die
Gruppenarbeit findet im Entleiherbetrieb statt und betrifft die Ausgestaltung der
Arbeit des Leiharbeitnehmers ohne Rücksicht auf seine Leistungsverpflichtung.
Sie knüpft damit an das arbeitsrechtliche Erfüllungsverhältnis an. Da es sich bei
der Durchführung von Gruppenarbeit allein um eine Maßnahme des Entleiherbetriebs handelt, kommt eine Mitbestimmung durch den Verleiherbetriebsrat
von vorneherein nicht in Betracht.

III. Freiwillige Betriebsvereinbarungen (§ 88 BetrVG)

1. Grundsatz

Während nach § 87 BetrVG die Mitbestimmung des Betriebsrats notwendig,
d. h. Wirksamkeitsvoraussetzung für Maßnahmen des Arbeitgebers ist, können
nach § 88 BetrVG darüber hinaus in allen anderen sozialen Angelegenheiten
freiwillig, d. h. in beiderseitigem Einvernehmen, Betriebsvereinbarungen geschlossen werden.[592] Den Betriebspartner wird damit eine sonst nicht bestehende Rechtssetzungsbefugnis eingeräumt. Der Betriebsrat kann den Abschluss
solcher Betriebsvereinbarungen anregen, jedoch ist der Arbeitgeber ungeachtet
§ 2 Abs. 1, § 74 Abs. 1 BetrVG nicht verpflichtet, sich auf Verhandlungen ein-
zulassen, sondern kann die seiner Disposition unterliegenden sozialen Angele-

---

[592] **Dietz/Richardi**, BetrVG, § 88 Rn. 1; **Galperin/Löwisch**, BetrVG, § 88 Rn. 1; GK-
BetrVG/**Wiese**, § 88 Rn. 3

genheiten allein ordnen.[593] Die in § 88 Nr. 1 bis 3 BetrVG aufgeführten Fälle sind nicht abschließend, sondern nur beispielhaft aufgeführt. Es besteht daher eine umfassende funktionelle Zuständigkeit des Betriebsrats zur Mitregelung sämtlicher sozialer Angelegenheiten, die ihre Grenzen in den allgemeinen Schranken findet.[594] Gegenstand von freiwilligen Betriebsvereinbarungen können z. B. Regelungen bzgl. des Arbeitsentgelts, der Arbeitszeit, des Urlaubs, freiwilliger Sozialleistungen, der Kündigungsvoraussetzungen usw. sein.

2. Freiwillige Betriebsvereinbarungen im Verleiherbetrieb

Leiharbeitnehmer gehören betriebsverfassungsrechtlich sowohl zum Verleiher- als auch zum Entleiherbetrieb. Somit können Sie auch in beiden Betrieben in den Anwendungsbereich freiwilliger Betriebsvereinbarungen fallen. Entscheidend kommt es darauf an, ob es sich um eine Betriebsvereinbarung des Verleiher- oder des Entleiherbetriebs handelt. Im Verleiherbetrieb können Regelungen sowohl für das Grund- als auch für das Erfüllungsverhältnis getroffen werden[595], da beide im Verhältnis zwischen Verleiher und Leiharbeitnehmer vorliegen. Das arbeitsrechtliche Grundverhältnis betreffen z. B. Betriebsvereinbarungen über die Art und Höhe des Arbeitsentgelts, Prämien oder Kündigungsvoraussetzungen, deren Geltungsbereich uneingeschränkt auch die Leiharbeitnehmer des Verleihers erfassen kann. Hingegen kommen für Leiharbeitnehmer solche Betriebsvereinbarungen im Verleiherbetrieb nicht zum Tragen, die sich auf die Erbringung der Arbeitsleistung unter unmittelbarer Weisung des Verleihers beziehen, wie z. B. Betriebsvereinbarungen über die Mindestausstattung von Arbeitsräumen und Arbeitsplätzen oder über Maßnahmen zur Verhütung von Arbeitsunfällen.[596]

3. Freiwillige Betriebsvereinbarungen im Entleiherbetrieb

Freiwillige Betriebsvereinbarungen im Entleiherbetrieb, die an ein arbeitsrechtliches Grundverhältnis anknüpfen, finden keine Anwendung auf Leiharbeitnehmer,[597] da zwischen Entleiher und Leiharbeitnehmer kein arbeitsrechtliches Grundverhältnis besteht, auf das die Betriebsvereinbarung einwirken könnte. Das gilt vor allem für Betriebsvereinbarungen wie z. B. solche über Treueprä-

---

[593] GK-BetrVG/**Wiese**, § 88 Rn. 3
[594] GK-BetrVG/**Wiese**, § 88 Rn. 7
[595] **Boemke**, Schuldvertrag und Arbeitsverhältnis, § 13 V. 3. f) bb); **Erdlenbruch**, Die betriebsverfassungsrechtliche Stellung ..., S. 157
[596] **Boemke**, Schuldvertrag und Arbeitsverhältnis, § 13 V. 3. f) bb); **Erdlenbruch**, Die betriebsverfassungsrechtliche Stellung ..., S. 158
[597] **Boemke**, Schuldvertrag und Arbeitsverhältnis, § 13 V. 3. f) aa); **Erdlenbruch**, Die betriebsverfassungsrechtliche Stellung ..., S. 159; **Schüren**, AÜG, § 14 Rn. 233

mien, betriebliche Ruhegelder, Kündigungsvoraussetzungen usw., die an das Grundverhältnis anknüpfen.

Demgegenüber können Betriebsvereinbarungen im Entleiherbetrieb auf das Erfüllungsverhältnis zwischen Entleiher und Leiharbeitnehmer einwirken. Das gilt vor allem für solche Betriebsvereinbarungen, die den Leiharbeitnehmer im gleichen Umfang wie die Stammbelegschaft treffen, da er in den Betrieb und die Betriebsabläufe im Entleiherbetrieb ebenso wie diese eingegliedert ist.[598] Dazu gehören insbesondere die in § 88 Nr. 1 BetrVG geregelten zusätzlichen Maßnahmen zur Verhütung von Arbeitsunfällen und Gesundheitsschädigungen[599] oder über die Mindestausstattung und Beschaffenheit von Arbeitsräumen und Arbeitsplätzen sowie über das Verhalten von Arbeitnehmern in Bezug auf die betriebliche Ordnung des Entleiherbetriebs.[600] Sofern also Betriebsvereinbarungen an die Eingliederung im Betrieb des Entleihers anknüpfen, ist die Einbeziehung von Leiharbeitnehmern zulässig und im Hinblick auf § 75 Abs. 1 BetrVG auch im Regelfall geboten.[601]

IV.   Arbeitsschutz (§ 89 BetrVG)

1.   Grundsatz

§ 89 BetrVG räumt dem Betriebsrat das Recht und die Pflicht ein, bei der tatsächlichen Bekämpfung von Unfall- und Gesundheitsgefahren im Betrieb mitzuwirken. Wie der Betriebsrat seine Mitwirkung bei den ihm obliegenden Aufgaben im Rahmen des Arbeitsschutzes organisiert, ist ihm überlassen.[602] § 89 BetrVG ergänzt und verstärkt die allgemeinen Betriebsratsaufgaben nach § 80 Abs. 1 und 2 BetrVG, indem der Betriebsrat ausdrücklich verpflichtet wird, sich für die Durchführung der Regelung über den Arbeitsschutz und die Unfallverhütung im Betrieb einzusetzen.

2.   Beteiligung im Verleiherbetrieb

Die Überwachungs- und Unterstützungspflicht des Verleiherbetriebsrats dürfte im Hinblick auf die Leiharbeitnehmer im Verleiherbetrieb eine eher untergeordnete praktische Bedeutung haben, da die Arbeitsleistung beim Entleiher er-

[598] **Boemke**, Schuldvertrag und Arbeitsverhältnis, § 13 V. 3. f) aa); **Erdlenbruch**, Die betriebsverfassungsrechtliche Stellung ..., S. 159; **Schüren**, AÜG, § 14 Rn. 233

[599] **Becker/Kreikebaum**, Zeitarbeit, S. 189; **Becker/Wulfgramm**, AÜG, § 14 Rn. 110; **Gick**, Gewerbsmäßige Arbeitnehmerüberlassung ..., S. 138

[600] **Erdlenbruch**, Die betriebsverfassungsrechtliche Stellung ..., S. 159

[601] **Boemke**, Schuldvertrag und Arbeitsverhältnis, § 13 V. 3 f) aa)

[602] GK-BetrVG/**Wiese**, § 89 Rn. 1-4

bracht wird. Nicht desto trotz unterliegen die Leiharbeitnehmer genauso wie die Stammbelegschaft dem Überwachungsrecht und der Überwachungspflicht des Betriebsrats bei der Bekämpfung von Gefahren für Leben und Gesundheit der Arbeitnehmer in diesem Betrieb. Allerdings können sich die Maßnahmen des Betriebsrats nur dann auf die Leiharbeitnehmer auswirken, wenn diese von Unfall- oder Gesundheitsgefahren im Verleiherbetrieb überhaupt betroffen sind.[603] Im Entleiherbetrieb hat der Verleiherbetriebsrat keine Beteiligungsrechte.[604]

3. Beteiligung im Entleiherbetrieb
Der gesamte Bereich des Arbeitsschutzes knüpft an die im Betrieb zu erbringende Arbeitsleistung und damit an das arbeitsrechtliche Erfüllungsverhältnis an, das zwischen Entleiher und Leiharbeitnehmer besteht. Der Leiharbeitnehmer ist in den Betrieb des Entleihers integriert und somit in gleicher Weise den Unfall- und Gesundheitsgefahren ebenso wie diese ausgesetzt. Die Mitwirkung des Betriebsrats auch im Hinblick auf die Leiharbeitnehmer ist schon deshalb gerechtfertigt, da sich besondere Gefahren für die Belegschaft ergeben können, wenn einige Arbeitnehmer den Arbeitsschutz nicht beachten und der Betriebsrat hierbei ohne Einwirkungsmöglichkeit bliebe. Ferner ist die Zuständigkeit des Entleiherbetriebsrats im Hinblick auf Leiharbeitnehmer auch die Konsequenz aus der Regelung des § 11 Abs. 6 AÜG, nach der die Tätigkeit des Leiharbeitnehmers beim Entleiher den für den Betrieb des Entleihers geltenden öffentlich-rechtlichen Vorschriften des Arbeitsschutzrechts unterliegt. Die Mitwirkung des Betriebsrats im Entleiherbetrieb erstreckt sich damit auch auf die Leiharbeitnehmer.[605]

V. Zwischenergebnis
Die Zuständigkeit für die Wahrnehmung von Mitbestimmungsrechten in sozialen Angelegenheiten hinsichtlich der Leiharbeitnehmer richtet sich danach, ob es sich um Angelegenheiten des Verleiher- oder des Entleiherbetriebs handelt. Für Maßnahmen des Verleihers ist der Verleiherbetriebsrat, für Maßnahmen des Entleihers ist der Entleiherbetriebsrat zuständig. Mitbestimmungsrechte des Entleihers sind somit grundsätzlich ausgeschlossen, wenn der Mitbestimmungstatbestand ein arbeitsrechtliches Grundverhältnis voraussetzt. Soweit es um die Mitbestimmung geht, die an das arbeitsrechtliche Erfüllungsverhältnis an-

[603] **Erdlenbruch**, Die betriebsverfassungsrechtliche Stellung ..., S. 160
[604] **Schüren**, AÜG, § 14 Rn. 305
[605] **Becker/Wulfgramm**, AÜG, § 14 Rn. 110; **Bulla**, DB 1975, 1795 ff. (1797); **Erdlenbruch**, Die betriebsverfassungsrechtliche Stellung ..., S. 160 f.; **Gick**, Gewerbsmäßige Arbeitnehmerüberlassung ..., S. 138; **Halbach**, DB 1980, 2389 ff. (2390); **Plander**, AiB 1990, 19 ff. (27); **Ramm**, ZfA 1973, 263 (284); **Schüren**, AÜG, § 14 Rn. 234

knüpft, ist der Entleiher zuständig, wenn die Mitbestimmungsrechte im Zusammenhang mit der Eingliederung oder der unmittelbaren Leistungserbringung im Entleiherbetrieb zu sehen sind. Der Verleiherbetriebsrat ist zuständig, wenn es sich um allgemeine, mitbestimmungspflichtige Weisungen des Verleihers handelt, die das arbeitsrechtliche Erfüllungsverhältnis zwischen Leiharbeitnehmer und Verleiher betreffen.

§ 16   Beteiligungsrechte in personellen Angelegenheiten (§§ 92-105 BetrVG)

I.   Einführung

Die gesetzliche Regelung unterscheidet im Bereich der personellen Angelegenheiten zwischen allgemeinen personellen Angelegenheiten (§§ 92-95 BetrVG), Berufsbildung (§§ 96-98 BetrVG) und personellen Einzelmaßnahmen (§§ 99-105 BetrVG). Schon im Vorfeld personeller Einzelmaßnahmen werden dem Betriebsrat Beteiligungsrechte eingeräumt: Er wird bereits im Bereich der Personalplanung (§ 92 BetrVG), der Personalbeurteilung (§ 94 BetrVG) und bei der Erstellung von Auswahlrichtlinien (§ 95 BetrVG) eingeschaltet.[606] Da bereits im Vorfeld personeller Einzelmaßnahmen für die Arbeitnehmer bedeutsame Entscheidungen fallen können, hielt es der Gesetzgeber für erforderlich, den Betriebsrat möglichst frühzeitig zu beteiligen, um ihm eine angemessene Wahrung der Interessen der von ihm repräsentierten Belegschaft zu ermöglichen.[607]

Auf Grund der unterschiedlichen Zwecke, die die Mitbestimmungstatbestände erfüllen, bedarf es auch im Bereich der personellen Angelegenheiten der Untersuchung der einzelnen Tatbestände. Auf diesem Wege kann festgestellt werden, in welchen Angelegenheiten welcher Betriebsrat zu beteiligen ist.

II.   §§ 92-95 BetrVG (Allgemeine personelle Angelegenheiten)

1.   § 92 BetrVG (Personalplanung)

a)   Gegenstand der Beteiligung

§ 92 BetrVG räumt dem Betriebsrat Unterrichtungs-, Beratungs- und Vorschlagsrechte bei der Personalplanung ein. Zweck der Vorschrift ist es, den Betriebsrat rechtzeitig und umfassend über solche Planungen im Personalbereich zu unterrichten, die zu mitbestimmungspflichtigen personellen Einzelmaßnahmen oder zu mitbestimmungspflichtigen Bildungsmaßnahmen führen können.[608] Zu den Planungen im Personalbereich gehören die Personalbedarfsplanung, die Personaldeckungsplanung, die Personaleinsatzplanung, Personalentwicklungsplanung und die Personalabbauplanung.[609]

---

[606] GK-BetrVG/**Wiese**, vor § 92 Rn. 1

[607] BR–Ds. 715/70, S. 32

[608] GK-BetrVG/**Kraft**, § 92 Rn. 8

[609] vgl. zu den unterschiedlichen Begriffen **Dietz/Richardi**, BetrVG, § 92 Rn. 9 ff.; **Fitting/Kaiser/Heither/Engels**, BetrVG, § 92 Rn. 5 ff.; GK-BetrVG/**Kraft**, § 92 Rn. 13 ff.; **Stege/Weinspach**, § 92 Rn. 5 ff.

b)   Beteiligung im Verleiherbetrieb
Die Zuständigkeit für die Wahrnehmung von Mitbestimmungsrechten richtet
sich danach, welcher Arbeitgeber – Verleiher oder Entleiher – eine Maßnahme
der Personalplanung durchführen will. Plant der Verleiher also z. B. den zu-
künftigen Bedarf an Leiharbeitnehmer, so ist der Betriebsrat gem. § 92 BetrVG
an diesen Planungsmaßnahmen zu beteiligen, wenn sie die Leiharbeitnehmer
betreffen.[610]

c)   Beteiligung im Entleiherbetrieb
Der Begriff der Personalplanung i. S. d. § 92 BetrVG ist weit auszulegen und
umfasst alle hinreichend konkretisierten Überlegungen über den Personalbedarf
des Betriebs, die als Grundlage für künftige Personalentscheidungen Auswirkungen für die Belegschaft und ihre Zusammensetzung zur Folge haben können.[611] Der Einsatz von Leiharbeitnehmern kann Einfluss auf die Zusammensetzung der Belegschaft im Entleiherbetrieb haben. Der Entleiher kann z. B. planen, eine eigene Personalreserve für urlaubs- und krankheitsbedingte Ausfälle
abzubauen und solche Ausfälle oder auch Bedarfsspitzen durch den Einsatz von
Leiharbeitnehmern zu überbrücken.[612] Auf die Situation der Stammbelegschaft
wirkt sich auch aus, wenn der Arbeitgeber statt Überstunden anzuordnen, Leiharbeitnehmer beschäftigt. Die Interessen der Stammbelegschaft werden jedenfalls unmittelbar berührt, sodass die Planung des Einsatzes von Leiharbeitnehmern in den Bereich der Personalplanung fällt. Nur wenn der Entleiherbetriebsrat bei der Planung für den Einsatz von Leiharbeitnehmern hinreichend beteiligt
wird, können die Interessen der Belegschaft hinreichend gewahrt werden. Der
in Aussicht genommene Einsatz von Leiharbeitnehmern gehört mithin zur Personalplanung i. S. d. § 92 BetrVG und löst das Unterrichtungs- und Beratungs-
recht des Entleiherbetriebsrats aus.[613]

---

[610] **Becker/Wulfgramm**, AÜG, § 14 Rn. 83; **Erdlenbruch**, Die betriebsverfassungsrechtliche
Stellung ..., S. 165; **Gick**, Gewerbsmäßige Arbeitnehmerüberlassung ..., S. 127; **Mumot**,
Die betriebsverfassungsrechtlichen Beteiligungsrechte ..., S. 68; **Schüren**, AÜG, § 14 Rn.
309
[611] **Fitting/Kaiser/Heither/Engels**, BetrVG, § 92 Rn. 5; **Stege/Weinspach**, BetrVG, § 92 Rn.
5
[612] **Schüren**, AÜG, § 14 Rn. 239
[613] **Becker**, AuR 1982, 369 (375); **Becker/Wulfgramm**, AÜG, § 14 Rn. 113; **Erdlenbruch**,
Die betriebsverfassungsrechtliche Stellung ..., S. 167; **Gick**, Gewerbsmäßige Arbeitnehmerüberlassung ..., S. 138 f.; **Halbach**, DB 1980, 2389 ff. (2391); **Müllner**, Aufgespaltene
Arbeitgeberstellung ..., S. 88; **Mumot**, Die betriebsverfassungsrechtlichen Beteiligungsrechte ..., S. 139; **Plander**, AiB 1990, 19 ff. (21); **Schüren**, AÜG, § 14 Rn. 239; **a. A.:**
Hunold, BB 1976, 648 ff. (651)

2. § 93 BetrVG (Ausschreibung von Arbeitsplätzen)

a) Gegenstand der Beteiligung
§ 93 BetrVG will dem Betriebsrat die Möglichkeit geben, im Interesse der Belegschaftsangehörigen den innerbetrieblichen Arbeitsmarkt zu aktivieren. Innerbetrieblichen Interessenten soll auf diese Weise Kenntnis von einer freien Stelle vermittelt werden, um ihnen die Möglichkeit zu geben, sich auf diese Stellen zu bewerben.[614] Daraus resultiert aber keine Pflicht des Arbeitgebers, den innerbetrieblichen Bewerber zu berücksichtigen.[615]

Der Betriebsrat kann die Ausschreibung neu geschaffener oder vorhandener frei gewordener Arbeitsplätze verlangen, und zwar allgemein oder für bestimmte Arten von Tätigkeiten. Die Ausschreibungspflicht kann sich also auf bestimmte Gruppen von Arbeitsplätzen beschränken, die durch Aufgaben- oder Stellenbeschreibungen definiert werden (z. B. alle Sekretärinnen). Der Betriebsrat kann nicht von Fall zu Fall für konkrete einzelne Arbeitsplätze eine Ausschreibung verlangen.

b) Beteiligung im Verleiherbetrieb
Der Verleiherbetriebsrat kann gem. § 93 BetrVG verlangen, dass zu besetzende Arbeitsplätze innerhalb des Verleiherbetriebs ausgeschrieben werden. Das Ausschreibungserfordernis besteht sowohl bei der Besetzung von Leiharbeitsplätzen wie von Stammarbeitsplätzen. Der Verleiher kann zwar den konkreten Arbeitsplatz im Falle von Leiharbeitsplätzen nicht beschreiben, jedoch kann er die Art der Tätigkeit und die dafür erforderlichen Qualifikationen nennen.[616] Damit wird eine Ausschreibung auch den Mindestanforderungen, die § 93 BetrVG an die innerbetriebliche Stellenausschreibung stellt, gerecht.[617] Der Betriebsrat kann also verlangen, dass auch die Leiharbeitsplätze vor der Besetzung innerbetrieblich ausgeschrieben werden.

Der Betriebsrat kann insbesondere auch die Ausschreibung der Stammarbeitsplätze verlangen. Vor allem die Leiharbeitnehmer, die eine eher schwache Bindung an den Verleiherbetrieb haben, erhalten auf diesem Wege eine Chance, ei-

[614] BAG v. 23.2.1988, AP Nr. 2 zu § 93 BetrVG 1972
[615] **Fitting/Kaiser/Heither/Engels**, BetrVG, § 93 Rn. 11; GK-BetrVG/**Kraft**, § 93 Rn. 1, 12; **Stege/Weinspach**, BetrVG, § 93 Rn. 3a
[616] **Erdlenbruch**, Die betriebsverfassungsrechtliche Stellung ..., S. 168
[617] BAG v. 23.2.1988, AP Nr. 2 zu § 93 BetrVG 1972

nen Stammarbeitsplatz im Verleiherbetrieb zu besetzen.[618] Deshalb ist die Aus-schreibung von Stammarbeitsplätzen im Verleiherbetrieb auch für Leiharbeit-nehmer von Bedeutung.

c) Beteiligung im Entleiherbetrieb

Umstritten ist, ob der Entleiherbetriebsrat verlangen kann, dass Arbeitsplätze, die der Entleiher mit Leiharbeitnehmern besetzen will, innerbetrieblich ausge-schrieben werden.

Ein Teil der Literatur geht davon aus, dass ein solcher Anspruch des Betriebs-rats nicht besteht. Als Hauptargument wird angeführt, dass es sich um befriste-te, kurzfristig zu besetzende Stellen handelt, an denen die Stammbelegschaft ohnehin nicht interessiert ist.[619] Bei dieser Argumentation ist zu berücksichti-gen, dass der Einsatz eines Leiharbeitnehmers mittlerweile nicht mehr an eine Höchstüberlassungsdauer gebunden ist. Bei einer Höchstüberlassungsdauer von nur drei Monaten konnte vielleicht tatsächlich ein fehlendes Interesse der Stammbelegschaft angenommen werden. Nunmehr scheint die Argumentation aber überholt.

Von der überwiegenden Ansicht wird ein Anspruch des Entleiherbetriebsrats auf eine innerbetriebliche Stellenausschreibung auch im Hinblick auf die Stel-len, die mit Leiharbeitnehmern oder freien Mitarbeitern[620] besetzt werden sol-len, bejaht.[621] Das Ausschreibungserfordernis behält auch bei Arbeitsplätzen, die mit Leiharbeitnehmern besetzt werden sollen, seinen Sinn, da jeder Arbeit-nehmer im Betrieb die Möglichkeit haben soll, sich auf einen Arbeitsplatz zu bewerben, von dem er meint, dass er für ihn besser geeignet sei als der bisheri-ge.

---

[618] **Erdlenbruch**, Die betriebsverfassungsrechtliche Stellung ..., S. 168; **Gick**, Gewerbsmäßi-ge Arbeitnehmerüberlassung ..., S. 127; **Schüren**, AÜG, § 14 Rn. 310; **a. A.: Becker/ Wulfgramm**, AÜG, § 14 Rn. 83

[619] **Halbach**, DB 1980, 2389 ff. (2391); **Hunold**, BB 1976, 648 ff. (650); **Müllner**, Auf-gespaltene Arbeitgeberstellung ..., S. 88 f.

[620] BAG v. 27.7.1993, AP Nr. 3 zu § 93 BetrVG 1972

[621] **Becker**, AuR 1982, 369 ff. (375); **Becker/Wulfgramm**, AÜG, § 14 Rn. 113; **Erd-lenbruch**, Die betriebsverfassungsrechtliche Stellung ..., S. 168 f.; **Gick**, Gewerbsmäßige Arbeitnehmerüberlassung ..., S. 139; **Herbst/Krüger**, AiB 1983, 167; **Mumot**, Die be-triebsverfassungsrechtlichen Beteiligungsrechte ..., S. 139; **Schüren**, AÜG, § 14 Rn. 240 f.; **Ulber**, AÜG, § 14 Rn. 79

Nach dem Wortlaut des § 93 BetrVG ist für den Anspruch des Betriebsrats erforderlich, dass ein „Arbeitsplatz" im Betrieb besetzt werden soll. Der Gesetzgeber differenziert also im Hinblick auf die Beteiligungsrechte des Betriebsrats gerade nicht nach der in Frage kommenden Person für diesen Arbeitsplatz. Die Vorschrift findet also auch dann Anwendung, wenn der Arbeitsplatz von betriebsfremden Mitarbeitern besetzt werden soll.[622]

Außerdem ist zu bedenken, dass sich auch eine vorübergehende Besetzung einer Stelle mit einem Leiharbeitnehmer auf die Stammbelegschaft auswirken kann. Das kann z. B. für eine Schwangere, die einem Beschäftigungsverbot auf dem bisherigen Arbeitsplatz unterliegt, der Fall sein. Sie könnte durchaus ein Interesse an einer vorübergehenden Beschäftigung auf einem anderen, ihr zumutbaren Arbeitsplatz haben.[623]

Für die Anwendung des § 93 BetrVG spricht außerdem der mit dieser Vorschrift verfolgte Zweck, Verärgerungen und Beunruhigungen der Belegschaft über die Einstellung betriebsfremder Personen trotz im Betrieb vorhandener geeigneter und qualifizierter Arbeitskräfte zu vermeiden.[624] Der Anspruch des Entleiherbetriebsrats auf innerbetriebliche Stellenausschreibung ist also auch dann gegeben, wenn der Entleiher plant, Stellen mit Leiharbeitnehmern zu besetzen.

3.   § 94 BetrVG (Personalfragebogen, Beurteilungsgrundsätze)

a)   Gegenstand der Beteiligung

Die Vorschrift des § 94 BetrVG behandelt die Einführung und Verwendung von Personalfragebogen, Rubriken für persönliche Angaben in schriftlichen Arbeitsverträgen und die Aufstellung allgemeiner Beurteilungsgrundsätze. Es besteht ein Mitbestimmungsrecht des Betriebsrats, wenn der Arbeitgeber derartige Hilfsmittel in die Personalplanung einführen will. Die Bestimmung soll einerseits der Versachlichung der Personalpolitik dienen und zum anderen unzulässigen Eingriffen in die Persönlichkeitsrechte des Arbeitnehmers vorbeugen.[625]

---

[622] **Ulber**, AÜG, § 14 Rn. 79

[623] **Erdlenbruch**, Die betriebsverfassungsrechtliche Stellung ..., S. 169; **Gick**, Gewerbsmäßige Arbeitnehmerüberlassung ..., S. 139

[624] BAG v. 23.2.1988, AP Nr. 2 zu § 93 BetrVG 1972; **Fitting/Kaiser/Heither/Engels**, BetrVG, § 93 Rn. 1; **Stege/Weinspach**, BetrVG, § 93 Rn. 1a

[625] **Fitting/Kaiser/Heither/Engels**, BetrVG, § 94 Rn. 1; GK-BetrVG/**Kraft**, § 94 Rn. 2

b)   Beteiligung im Verleiherbetrieb

Die Mitbestimmung des Betriebsrats im Verleiherbetrieb bezieht sich uneinge-schränkt auch auf Leiharbeitnehmer.[626] Die vom Verleiher verwendeten Perso-nalfragebögen und Beurteilungsgrundsätze betreffen die Einstellung und damit das arbeitsrechtliche Grundverhältnis zwischen Leiharbeitnehmer und Verlei-her. Leiharbeitnehmer sind ebenso wie die Stammbelegschaft des Verleihers schutzbedürftig.

c)   Beteiligung im Entleiherbetrieb

Da die Auswahl des Leiharbeitnehmers grundsätzlich vom Verleiher durchge-führt wird, erlangt das Mitbestimmungsrecht des § 94 BetrVG im Hinblick auf Leiharbeitnehmer im Entleiherbetrieb kaum praktische Bedeutung.[627]

Etwas anderes gilt jedoch, wenn der Entleiher für den Einsatz von Leiharbeit-nehmern Personalfragebögen einführen will. Der Leiharbeitnehmer hat ein schützenswertes Interesse daran, dass ihm vom Entleiher nur solche Fragen ge-stellt werden, die für den Einsatz beim Entleiher relevant sind, also an das ar-beitsrechtliche Erfüllungsverhältnis anknüpfen. Denkbar sind dabei z. B. Fra-gen, die den Arbeitsschutz oder die Gesundheit des Leiharbeitnehmers betreffen aber auch Fragen nach Schwerbehinderung, Vorstrafen oder Schwangerschaft. Soweit dies in Form eines Fragebogens geschieht, sind die Leiharbeitnehmer ebenso schutzbedürftig wie die Stammbelegschaft. Durch die Mitbestimmung des Entleiherbetriebsrats wird sichergestellt, dass nur solche Fragen gestellt werden, an denen der Entleiher ein berechtigtes Interesse hat.[628]

Bei den Beurteilungsgrundsätzen i. S. d. § 94 Abs. 1 BetrVG handelt es sich um Regelungen, die die Bewertung des Verhaltens oder der Leistung der Arbeit-nehmer objektivieren und nach einheitlichen, für die Beurteilung jeweils erheb-lichen Kriterien ausrichten sollen.[629] Ziel ist es, festzustellen, ob der Arbeit-nehmer optimal gearbeitet hat, für andere Aufgaben oder eine Fortbildung in Betracht kommt. Eine Beurteilung durch den Entleiher im Hinblick darauf, dem Leiharbeitnehmer andere Aufgaben zu zuweisen oder ihn für eine Fortbildung

---

[626] **Becker/Wulfgramm**, AÜG, § 14 Rn. 83; **Erdlenbruch**, Die betriebsverfassungsrechtliche Stellung ..., S. 170; **Mumot**, Die betriebsverfassungsrechtlichen Beteiligungsrechte ..., S. 68, 140; **Schüren**, AÜG, § 14 Rn. 313 f.

[627] **Becker/Wulfgramm**, AÜG, § 14 Rn. 113; **Erdlenbruch**, Die betriebsverfassungsrechtli-che Stellung ..., S. 171; **Schüren**, AÜG, § 14 Rn. 244

[628] ebenso: **Erdlenbruch**, Die betriebsverfassungsrechtliche Stellung ..., S. 171; **Schüren**, AÜG, 3 14 Rn. 243 f.

[629] BAG v. 23.10.1984, AP Nr. 8 zu § 87 BetrVG 1972 Ordnung des Betriebs

in Erwägung zu ziehen, kommt keine praktische Bedeutung zu. Da die grundsätzliche Arbeitszuweisung Sache des Verleihers ist, sind solche Maßnahmen sogar ausgeschlossen.

Die Beurteilung des Leiharbeitnehmers nach Grundsätzen des Entleiherbetriebs kann aber zum einen relevant werden, wenn der Leiharbeitnehmer seinen Anspruch aus § 630 BGB geltend macht. Zum anderen kann der Entleiher diese Beurteilungsgrundsätze heranziehen, wenn er seine Beurteilung des Leiharbeitnehmers gegenüber dem Verleiher abgibt. Hierzu kann der Entleiher aus dem Arbeitnehmerüberlassungsvertrag verpflichtet sein.[630] Ferner kann er ein eigenes Interesse an der Erfassung der Leistung und des Verhaltens des Leiharbeitnehmers haben z. B. im Hinblick darauf, dass er ein Arbeitsverhältnis in der Stammbelegschaft anbieten (Übernahme) oder den Einsatz verlängern möchte. Soll dies nach allgemeinen Beurteilungsgrundsätzen geschehen, ist der Entleiherbetriebsrat an der Aufstellung dieser Grundsätze zu beteiligen. Das Gleiche gilt, wenn bereits vorhandene Grundsätze auf Leiharbeitnehmer angewendet werden sollen.[631]

4.   § 95 BetrVG (Auswahlrichtlinien)

a)   Gegenstand der Beteiligung

Nach § 95 Abs. 1 BetrVG bedürfen Auswahlrichtlinien des Arbeitgebers der Zustimmung des Betriebsrats. In Betrieben mit mehr als 1.000 Arbeitnehmern hat der Betriebsrat ein Initiativrecht. D. h. er kann in diesen Betrieben die Aufstellung von Auswahlrichtlinien erzwingen.

Auswahlrichtlinien sind Grundsätze, die allgemein oder für bestimmte Arten von Tätigkeiten oder Arbeitsplätzen festlegen, welche Voraussetzungen bei der Durchführung personeller Einzelmaßnahmen vorliegen müssen oder nicht vorliegen dürfen und welche sonstigen Gesichtspunkte im Hinblick auf die Arbeitnehmer zu berücksichtigen sind.[632] Zweck der Mitbestimmung nach § 95

[630] **Schüren**, AÜG, § 14 Rn. 246
[631] **Erdlenbruch**, Die betriebsverfassungsrechtliche Stellung ..., S. 172; **Gick**, Gewerbsmäßige Arbeitnehmerüberlassung ..., S. 139; **Mumot**, Die betriebsverfassungsrechtlichen Beteiligungsrechte ..., S. 141 f.; **Schüren**, AÜG, § 14 Rn. 246; a. A.: **Becker**, AuR 1982, 369 ff. (375); **Becker/Wulfgramm**, AÜG, § 14 Rn. 113; **Müllner**, Aufgespaltene Arbeitgeberstellung ..., S. 89
[632] **Fitting/Kaiser/Heither/Engels**, BetrVG, § 95 Rn. 4; **Klebe** in Däubler/Kittner/Klebe, BetrVG, § 95 Rn. 4; GK-BetrVG/**Kraft**, § 95 Rn. 2; **Stege/Weinspach**, BetrVG, § 95 Rn. 1a f.

BetrVG ist es, die erforderlichen personellen Entscheidungen im Interesse des Betriebsfriedens und einer gerechten Behandlung der Arbeitnehmer durchschaubar zu machen und zu versachlichen.[633]

b)   Beteiligung im Verleiherbetrieb

Die Zuständigkeit für die Wahrnehmung von Mitbestimmungsrechten nach § 95 BetrVG richtet sich danach, welcher Arbeitgeber die Auswahlrichtlinien aufstellen will. Beabsichtigt der Verleiher generell oder auch nur für die Leiharbeitnehmer Auswahlrichtlinien aufzustellen, so hat der Verleiherbetriebsrat mitzubestimmen. Stellt der Verleiher Auswahlrichtlinien auf, die die personelle Einzelmaßnahme „Versetzung" betreffen, so beziehen sich diese nicht auf die Überlassung von Leiharbeitnehmern, da die Überlassung keine Versetzung ist.[634] Um eine Versetzung eines Leiharbeitnehmers handelt es sich beispielsweise, wenn der Leiharbeitnehmer auf einen Stammarbeitsplatz im Betrieb des Verleihers versetzt wird. Werden dabei Auswahlrichtlinien umgesetzt, hat der Betriebsrat ein Mitbestimmungsrecht.

c)   Beteiligung im Entleiherbetrieb

Auswahlrichtlinien des Entleiherbetriebs können nur dann Anwendung auf Leiharbeitnehmer finden, wenn der Entleiher Maßnahmen i. S. d. § 95 BetrVG ergreifen kann, die sich auf den Leiharbeitnehmer auswirken. Die personellen Einzelmaßnahmen, die nach einer Auswahlrichtlinie durchgeführt werden sollen, müssen also an das arbeitsrechtliche Erfüllungsverhältnis anknüpfen. Erst dann kommt das Mitbestimmungsrecht des Entleiherbetriebsrats im Hinblick auf Leiharbeitnehmer zum Tragen.

Im Falle einer Umgruppierung handelt es sich um eine personelle Einzelmaßnahme, die einen Akt der Lohn- bzw. Gehaltsfindung für den einzelnen Arbeitnehmer darstellen, da er in ein kollektives Entgeltschema eingeordnet wird.[635] Die Umgruppierung setzt also wegen des Entgeltbezugs ein arbeitsrechtliches Grundverhältnis voraus, sodass bei Leiharbeitnehmern eine Umgruppierung von Seiten des Entleihers ausgeschlossen ist und damit auch keine Mitbestimmung von Seiten des Entleiherbetriebsrats in Betracht kommt.[636]

---

[633] vgl. amtl. Begründung, BR-Ds. 715/70, S. 32

[634] ausführlich dazu unter § 16 IV 2. b)

[635] BAG v. 27.7.1993, AP Nr. 110 zu § 99 BetrVG 1972

[636] **Becker/Wulfgramm**, AÜG, § 14 Rn. 117; **Boemke**, Schuldvertrag und Arbeitsverhältnis, § 10 VII. 6. c); **Erdlenbruch**, Die betriebsverfassungsrechtliche Stellung ..., S. 174; **Müllner**, Aufgespaltene Arbeitgeberstellung ..., S. 89 f.; **Sandmann/Marschall**, § 14 Rn. 22; **Schüren**, AÜG, § 14 Rn. 249, 192; a. A.: **Halbach**, DB 1980, 2389 ff. (2390)

Entsprechendes gilt für die Kündigung. Die Kündigung ist der Akt, der das arbeitsrechtliche Grundverhältnis mit der Folge beendet, dass keine Hauptleistungspflichten mehr bestehen. Da ein arbeitsrechtliches Grundverhältnis zwischen Entleiher und Leiharbeitnehmer nicht besteht, kann der Entleiher keine Kündigung gegenüber dem Leiharbeitnehmer aussprechen, sodass auch keine Mitbestimmung von Seiten des Entleiherbetriebsrat in Frage kommt.[637]

Fraglich ist, ob der Entleiherbetriebsrat Mitbestimmungsrechte i. S. d. § 95 BetrVG ausüben kann, wenn ein Leiharbeitnehmer nach Auswahlrichtlinien des Entleihers im Entleiherbetrieb eingestellt oder versetzt wird. Die Einstellung im Entleiherbetrieb erfolgt durch Zuweisung des Arbeitsbereiches durch den Entleiher und knüpft daher am arbeitsrechtlichen Erfüllungsverhältnis an.[638] Gem. § 95 BetrVG i. V. m. § 14 Abs. 2 S. 1 AÜG unterliegt diese Arbeitsbereichszuweisung der Mitbestimmung des Entleiherbetriebsrats, wenn sie auf Grund einer Auswahlrichtlinie erfolgt.[639] Teilweise wird die Anwendbarkeit solcher Auswahlrichtlinien auf Leiharbeitnehmer bei deren Einstellung oder Versetzung verneint: Für den Entleiher gäbe es zum einen keine Auswahlmöglichkeit zwischen mehreren Leiharbeitnehmern, weil der Verleiher bestimme, wer beim Entleiher eingesetzt wird. Zum anderen müsse man schon deshalb die Richtlinien nicht einhalten, weil es sich bei der Beschäftigung von Leiharbeitnehmern vorrangig um die Besetzung von Aushilfsarbeitsplätzen handelt.[640]

Diese Argumente vermögen nicht zu überzeugen. Zum einen können Auswahlrichtlinien bestimmte fachliche Qualifikationen festlegen, die ein Bewerber oder ein Arbeitnehmer erfüllen muss. Werden diese Auswahlrichtlinien auch auf Leiharbeitnehmern angewandt, kann damit verhindert werden, dass ungeeignete Leiharbeitnehmer überhaupt zum Einsatz kommen.[641] Erfüllt der Leiharbeitnehmer diese Voraussetzungen nämlich nicht, kann der Betriebsrat seine Zustimmung gem. § 99 Abs. 2 Nr. 2 BetrVG verweigern, mit der Konsequenz, dass der Arbeitgeber vorbehaltlich eines Verfahrens nach § 100 BetrVG zunächst gehindert ist, die Einstellung durchzuführen. Die Maßnahme des Entleihers ist mithin eine Maßnahme der Personaleinsatzplanung und damit eine Ge-

---

[637] **Becker**, AuR 1982, 369 ff. (374); **Becker/Wulfgramm**, AÜG, § 14 Rn. 88 118; **Boemke**, Schuldvertrag und Arbeitsverhältnis, § 13 V. 4. b); **Erdlenbruch**, Die betriebsverfassungsrechtliche Stellung ..., S. 174; **Gick**, Gewerbsmäßige Arbeitnehmerüberlassung ..., S. 124 f.; **Müllner**, Aufgespaltene Arbeitgeberstellung ..., S. 196; **Schüren**, § 14 Rn. 249

[638] **Boemke**, Schuldvertrag und Arbeitsverhältnis, § 10 VII. 6. a)

[639] zur „Einstellung" siehe unten § 16 IV. 2. a)

[640] **Windbichler**, DB 1975, 739 ff. (741)

[641] **Schüren**, AÜG, § 14 Rn. 171

staltung des arbeitsrechtlichen Erfüllungsverhältnisses zum Leiharbeitnehmer. Ohne Bedeutung für die Mitbestimmung des Entleiherbetriebsrats i. S. v. § 95 BetrVG ist daher, ob der Entleiher nur eingeschränkte Auswahlmöglichkeiten und ein Dritter die Vorauswahl bereits getroffen hat.

Die Mitbestimmung nach § 95 BetrVG im Hinblick auf Auswahlrichtlinien, die Versetzungen regeln, knüpft vor Vollzug einer Versetzungsregelung an den Vollzug einer Versetzungsregelung an. Die Mitbestimmung im Rahmen der Auswahlrichtlinie ist somit eine Vorstufe der Umsetzung einer personellen Einzelmaßnahme. Deshalb betrifft die Mitbestimmung mithin das arbeitsrechtliche Erfüllungsverhältnis, nämlich die Zuweisung eines anderen, neuen Arbeitsbereichs. Daher ist auch die Mitbestimmung des Betriebsrats unabhängig vom Bestehen eines arbeitsrechtlichen Grundverhältnisses allein auf das Erfüllungsverhältnis bezogen. Ist der Leiharbeitnehmer für einen bestimmten Arbeitsplatz eingestellt worden, dann ist die Veränderung seiner Tätigkeit mitbestimmungspflichtig, soweit sich hierdurch Art oder Ort der Tätigkeit oder die Einordnung in die betriebliche Organisation ändert. Da die Maßnahme selbst mitbestimmungspflichtig ist, muss das erst Recht für eine im Vorfeld getroffene Auswahlrichtlinie gelten. Allerdings ist dabei § 95 Abs. 3 S. 2 BetrVG zu beachten: Wurde der Leiharbeitnehmer allgemein zum Ersatz für vorübergehend abwesende Arbeitnehmer eingestellt, dann ist jede Zuweisung einer Tätigkeit innerhalb dieses Aufgabengebiets zustimmungsfrei, sodass auch Auswahlrichtlinien diesbzgl. zustimmungsfrei bleiben.[642] Hat der Entleiherbetriebsrat schon kein Mitbestimmungsrecht hinsichtlich der (später erfolgenden) Einzelmaßnahme, scheidet diese auch im Vorfeld bei der Aufstellung allgemeiner Richtlinien aus, die spätere Einzelmaßnahmen vorbereiten sollen.[643]

Im Ergebnis kann also festgehalten werden, dass der Entleiherbetriebsrat bei Umgruppierungen und Kündigungen kein Mitbestimmungsrecht beim Erstellen entsprechender Auswahlrichtlinien hat. Bei Einstellungs- und Versetzungsrichtlinien i. S. d. § 95 BetrVG hat der Entleiherbetriebsrat ein Mitbestimmungsrecht. Mitbestimmungsfrei bleiben dabei aber Versetzungsrichtlinien, die die Versetzung von Leiharbeitnehmern betreffen, deren Tätigkeit im Arbeitnehmerüberlassungsvertrag nur grob beschrieben ist (z. B. Aushilfsarbeiten im Büro, Springertätigkeit).

---

[642] **Schüren**, AÜG, § 14 Rn. 251
[643] vgl. BAG v. 27.10.1992, AP Nr. 29 zu § 95 BetrVG 1972 = DB 1993, 885 ff.

III. §§ 96-98 BetrVG (Berufsbildung)

1. Gegenstand der Beteiligung

Die Möglichkeit der Teilnahme an berufsbildenden Maßnahmen ist für Arbeitnehmer von essenzieller Bedeutung, da sie häufig mit darüber entscheidet, ob der Arbeitnehmer seinen Arbeitsplatz in einer sich in ihren Anforderungen wandelnden Arbeitswelt behalten bzw. an einem beruflichen Aufstieg teilhaben kann.[644] Die Beteiligung des Betriebsrats soll dabei die Interessen der Belegschaft im Rahmen der Berufsbildung sichern, insbesondere eine ordnungsgemäße Durchführung der Bildungsmaßnahme sowie eine gerechte Beteiligung der Arbeitnehmer an den bestehenden Bildungsmöglichkeiten gewährleisten.[645] Die Beteiligungsrechte des Betriebsrats beschränkten sich bislang auf Vorschlags- und Beratungsrechte – ein Mitbestimmungsrecht bestand nur i. R. d. § 98 BetrVG. Mit dem BetrVerf-ReformG wurde § 97 Abs. 2 BetrVG neu eingefügt, der ein eigenständiges Mitbestimmungsrecht bereits für die Einführung einer betrieblichen Berufsbildungsmaßnahme regelt.[646] Der Arbeitgeber entscheidet also über das „ob" einer solchen Maßnahme nicht mehr selbstständig. Es ist nicht erforderlich, dass der Arbeitgeber Änderungen bei technischen Anlagen, Arbeitsverfahren oder Arbeitsabläufen und Arbeitsplätzen plant, die die bisherige Tätigkeit des Arbeitnehmers ändern werden. Vielmehr reicht die Planung oder Durchführung beliebiger Maßnahmen, welche zur Änderung der Tätigkeit der betroffenen Arbeitnehmer führen, aus.[647] Das Mitbestimmungsrecht erfasst somit auch personelle Maßnahmen wie Umsetzung oder Versetzung, welche für den betroffenen Arbeitnehmer tätigkeitsverändernd sind.[648] Das Mitbestimmungsrecht soll dem Betriebsrat nach der Gesetzesbegründung ermöglichen, frühzeitig und präventiv betriebliche Berufsbildungsmaßnahmen zu Gunsten der betroffenen Arbeitnehmer durchzusetzen, um deren Beschäftigung zu sichern, wenn ein drohender Qualifikationsverlust vom Arbeitgeber auf Grund von Änderungen der Arbeitsprozesse veranlasst ist.[649] Damit soll der Betriebsrat nicht erst im Nachhinein tätig werden und einer Kündigung nach § 102 Abs. 3 Nr. 4 BetrVG widersprechen können, weil der Arbeitnehmer nach zumutbaren Umschulungs- und Fortbildungsmaßnahmen hätte weiterbeschäftigt werden können. Das neue Mitbestimmungsrecht wurde bereits im Vorfeld der Gesetzgebung heftig kritisiert. *Buchner* z. B. wies darauf hin, dass § 97 Abs. 2 BetrVG

[644] BAG v. 23.4.1991, AP Nr. 7 zu § 98 BetrVG 1972
[645] **Fitting/Kaiser/Heither/Engels**, BetrVG, § 96 Rn. 9; GK-BetrVG/**Kraft**, § 96 Rn.1
[646] BT-Ds. 14/6352, S. 58 ff.
[647] **Franzen**, NZA 2001, 865 ff. (866)
[648] **Fitting/Kaiser/Heither/Engels/Schmidt**, BetrVG, § 97 Rn. 13
[649] BR-Dr. 140/01, B Art. 1 Nr. 63 (Gesetzesbegründung)

die bisherige Struktur der Mitwirkungsrechte in wirtschaftlichen Angelegenheiten durchbreche und den Kernbereich der unternehmerischen Entscheidungsfreiheit nicht respektiere.[650]

2. Beteiligung im Verleiherbetrieb

Betriebliche Berufsbildungsmaßnahmen tragen einerseits dem Interesse der einzelnen Arbeitnehmer an einer fachlichen Qualifizierung und damit an beruflichen Aufstiegsmöglichkeiten Rechnung. Andererseits nützen sie dem Arbeitgeber, der ein Interesse an qualifiziertem Personal hat. Die Vorschriften beziehen sich auf alle Arbeitnehmer i. S. d. BetrVG, d. h. sämtliche betriebszugehörigen Arbeitnehmer – und damit auch die Leiharbeitnehmer – werden erfasst. Eine umfassende Beteiligung i. S. d. §§ 96-98 BetrVG des Verleiherbetriebsrats ist ferner geboten, um eventuelle Ungleichbehandlung zwischen Leiharbeitnehmer und Stammpersonal im Verleiherbetrieb auszuschließen. § 75 Abs. 1 BetrVG verpflichtet zur Gleichbehandlung. Adressat einer Bildungsmaßnahme i. S. d. § 97 Abs. 2 BetrVG ist zunächst jeder Arbeitnehmer, dessen berufliche Kenntnisse und Fähigkeiten auf Grund einer tätigkeitsändernden Maßnahme des Arbeitgebers zwar unzureichend geworden sind, der aber doch auf Grund seiner Kenntnisse und Fähigkeiten qualifizierungsfähig ist.[651] Die Betriebsparteien können unter dieser Voraussetzung einzelne Arbeitnehmer nicht von der Teilnahme an betrieblichen Bildungsmaßnahmen ausnehmen, wenn sie zu dem Kreis der betroffenen Arbeitnehmer gehören. Insbesondere gilt das von § 98 Abs. 3 BetrVG begründete Auswahlermessen im Anwendungsbereich des § 97 Abs. 2 BetrVG nicht.[652] Leiharbeitnehmer haben das gleiche Bedürfnis und Interesse an beruflicher Bildung wie das Stammpersonal. Die Beteiligungsrechte des Betriebsrats müssen die Belange der Leiharbeitnehmer gleichermaßen berücksichtigen.[653]

3. Beteiligung im Entleiherbetrieb

Eine Beteiligung des Entleiherbetriebsrats im Hinblick auf die berufliche Bildung der Leiharbeitnehmer wird in der Literatur abgelehnt.[654] Mit Rücksicht auf die begrenzte Überlassungsdauer und damit auch nur begrenzte Betriebszugehörigkeit im Entleiherbetrieb seien berufliche Bildungsmaßnahmen weder für Ent-

---

[650] **Buchner**, NZA 2001, 633 ff. (638)

[651] **Franzen**, NZA 2001, 865 ff. (866)

[652] **Fitting/Kaiser/Heither/Engels/Schmidt**, BetrVG, § 97 Rn. 27

[653] **Becker/Wulfgramm**, AÜG, § 14 Rn. 85; **Erdlenbruch**, Die betriebsverfassungsrechtliche Stellung ..., S. 177; **Schüren**, AÜG, § 14 Rn. 318

[654] **Becker/Wulfgramm**, AÜG, § 14 Rn. 114; **Erdlenbruch**, Die betriebsverfassungsrechtliche Stellung ..., S. 178; **Schüren**, AÜG, § 14 Rn. 253

leiher noch Leiharbeitnehmer von Interesse. Schon aus diesem Grund bestünde kein Bedürfnis, die Beteilungsrechte des Entleiherbetriebsrats auf Leiharbeitnehmer auszudehnen.

Dieser Auffassung ist zu zustimmen. Darüber hinaus ist eine Beteiligung des Entleiherbetriebsrats in Bezug auf Leiharbeitnehmer weder notwendig noch sinnvoll, da dem Leiharbeitnehmer berufliche Bildungsmaßnahmen bereits beim Verleiher zur Verfügung gestellt werden. Insoweit werden für den Leiharbeitnehmer dieselben Konditionen wie für sonstige Arbeitnehmer geschaffen. Einen Grund für eine zweifache Möglichkeit der beruflichen Bildung und damit einer Besserstellung gegenüber dem Stammpersonal im Verleiherbetrieb ist nicht ersichtlich. Ferner werden im Bereich der Teilnahme an Berufsbildungsmaßnahmen die Interesse der Stammbelegschaft im Entleiherbetrieb und die der Leiharbeitnehmer im Entleiherbetrieb stark differieren. Eine Beteiligung des Betriebsrats und Entscheidungen i. S. d. Leiharbeitnehmer könnten damit den Betriebsfrieden beeinträchtigen. Eine solche Gefahr kann hier problemlos vermieden werden, da der Leiharbeitnehmer bereits umfänglich durch die Beteiligungsrechte im Verleiherbetrieb geschützt ist.

Darüber hinaus stellte der Gesetzgeber einen Zusammenhang zwischen dem Widerspruchsrecht nach § 102 Abs. 3 Nr. 4 BetrVG und § 97 Abs. 2 BetrVG her. Ein wesentliches Motiv des Gesetzgebers war nämlich, den Betriebsrat nicht länger auf das nachträgliche Widerspruchsrecht aus § 102 Abs. 3 Nr. 4 BetrVG zu verweisen, sondern ihm die Möglichkeit einzuräumen, präventiv tätig zu werden und berufliche Bildungsmaßnahmen zu verlangen.[655] Damit brachte der Gesetzgeber zum Ausdruck, dass immer dann, wenn der Betriebsrat erst im Nachhinein einer Kündigung widersprechen könnte, soll er unter den Voraussetzungen des § 97 Abs. 2 BetrVG vorbeugende Maßnahmen verlangen können. Dem Entleiher steht aber gerade ein Kündigungsrecht gegenüber dem Leiharbeitnehmer nicht zu; er kann lediglich den Arbeitnehmerüberlassungsvertrag mit dem Verleiher kündigen, was aber das Grundverhältnis zwischen Verleiher und Leiharbeitnehmer nicht betrifft. Die Mitbestimmung des Betriebsrats nach § 102 BetrVG bezieht sich auf die Arbeitgeberkündigung, also den Akt, der das arbeitsrechtliche Grundverhältnis für die Zukunft beenden soll. Die Kündigung zielt also auf die Beendigung der arbeitsrechtlichen Hauptleistungspflichten ab und setzt daher ein arbeitsrechtliches Grundverhältnis voraus. Ein solches liegt zwischen Leiharbeitnehmer und Entleiher nicht vor, sodass ein

---

[655] BR-Ds. 140/01, B Art. 1 Nr. 63 (Gesetzesbegründung)

Mitbestimmungsrecht des Entleiherbetriebsrates gem. § 97 Abs. 2 BetrVG im Hinblick auf Leiharbeitnehmer ausscheidet.

IV. §§ 99-103 BetrVG (Personelle Einzelmaßnahmen)

1. Grundsatz

§ 99 BetrVG unterwirft die wichtigsten personellen Einzelmaßnahmen dem Mitbestimmungsrecht des Betriebsrats, nämlich die Einstellung, Eingruppierung, Umgruppierung und Versetzung. Bei Kündigungen hat der Betriebsrat ein Anhörungsrecht gem. § 102 BetrVG. Diese Aufzählung ist erschöpfend.[656] Der Begriff „Mitbestimmung" entspricht im Rahmen der personellen Einzelmaßnahmen nicht dem normalen Sprachgebrauch des Gesetzes, da bei Meinungsverschiedenheiten zwischen Arbeitgeber und Betriebsrat nicht die Einigungsstelle, sondern das Arbeitsgericht entscheidet, und der Betriebsrat kein Initiativrecht, sondern nur ein Zustimmungsverweigerungsrecht hat. Die Vorschriften der §§ 99-101 BetrVG gelten nur in Unternehmen mit in der Regel mehr als 20 wahlberechtigten Arbeitnehmern.

Im Bereich der Arbeitnehmerüberlassung ist die Beteiligung des Betriebsrats gem. der §§ 99-101 BetrVG seit jeher von besonderer Bedeutung. Auch konnte die Aufnahme des § 14 Abs. 3 AÜG in das Gesetz keine Klarstellung bringen, auch wenn damit zunächst nur die ohnehin schon bestehende Rechtsprechung des BAG[657] zur Beteiligung des Betriebsrats beim Einsatz von Leiharbeitnehmern festgeschrieben werden sollte.[658]

Für die Mitbestimmung bei personellen Einzelmaßnahmen gelten im Hinblick auf die Betriebsratszuständigkeit die oben dargelegten Grundsätze. Demnach richtet sich die Zuständigkeit für die Wahrnehmung von Mitbestimmungsrechten danach, welcher Arbeitgeber (Entleiher oder Verleiher) die personelle Einzelmaßnahme durchführen will. Für Maßnahmen des Verleihers im Verleiherbetrieb ist der Verleiherbetriebsrat zuständig, für Maßnahmen des Entleihers im Entleiherbetrieb der Entleiherbetriebsrat.[659]

[656] **Fitting/Kaiser/Heither/Engels**, BetrVG, § 99 Rn. 27; **Kittner** in Däubler/Kittner/Klebe, BetrVG, § 99 Rn. 35

[657] BAG v. 14.5.1974, AP Nr. 2 zu § 99 BetrVG 1972; v. 6.6.1978, AP Nr. 6 zu § 99 BetrVG 1972

[658] **Schüren**, AÜG, § 14 Rn. 123

[659] **Boemke**, Schuldvertrag und Arbeitsverhältnis, § 13 V. 4 a)

2. Gegenstand der Beteiligung

Von § 99 BetrVG erfasst werden vier abschließend aufgezählte personelle Einzelmaßnahmen, nämlich Einstellung, Eingruppierung, Umgruppierung und Versetzung. § 102 BetrVG regelt die Mitbestimmung im Falle von Kündigungen. Das Mitbestimmungsrecht des Betriebsrats greift daher nur ein, wenn eine dieser Maßnahmen vom Arbeitgeber durchgeführt werden soll.

a)   Einstellung (§ 99 Abs. 1 S. 1 BetrVG)

Nach nunmehr herrschender und zutreffender Auffassung ist der Abschluss des Arbeitsvertrags – also der Abschluss des obligatorischen Verpflichtungsgeschäfts – nicht Voraussetzung für die Mitbestimmung nach § 99 Abs. 1 S. 1 BetrVG.[660] Vielmehr ist als Einstellung mitbestimmungspflichtig nur die tatsächliche Eingliederung des Arbeitnehmers in den Betrieb durch Zuweisung eines Arbeitsbereichs,[661] und zwar unabhängig davon, auf welcher Rechtsgrundlage die Eingliederung erfolgt.[662] Die Mitbestimmung bei einer Einstellung knüpft deshalb unabhängig vom Bestehen eines arbeitsrechtlichen Grundverhältnisses an die Begründung eines arbeitsrechtlichen Erfüllungsverhältnisses an.[663]

b)   Versetzung (§ 99 Abs. 1 S. 1 BetrVG)

Die Mitbestimmung nach § 99 Abs. 1 S. 1 BetrVG bei Versetzungen unterliegt nach der Legaldefinition des § 95 Abs. 3 S. 1 BetrVG „die Zuweisung eines anderen Arbeitsbereichs, die voraussichtlich die Dauer von einem Monat überschreitet, oder die mit einer erheblichen Änderung der Umstände verbunden ist, unter denen die Arbeit zu leisten ist". Mitbestimmungspflichtig ist auch hier allein der Vollzug der Versetzungsregelung durch die tatsächliche Zuweisung des Arbeitsbereichs.[664] Deshalb ist auch die Beteiligung des Betriebsrats bei Versetzungen unabhängig vom Bestehen eines arbeitsrechtlichen Grundverhältnisses allein auf das Erfüllungsverhältnis bezogen.[665]

---

[660] a. A.: LAG Berlin v. 27.11.1986, BB 1987, 901 f.; GK-BetrVG/**Kraft**, § 99 Rn. 21

[661] BAG v. 8.5.1990, BB 1990, 1774 f.; v. 28.4.1992, AP Nr. 98 zu § 99 BetrVG 1972 mit Anm. Hromadka; **Dietz/Richardi**, BetrVG, § 99 Rn. 23 ff.; v. **Hoyningen-Huene**, Betriebsverfassungsrecht, § 14 III 2 a), S. 298 f.; v. **Hoyningen-Huene/Boemke**, Versetzung, S. 43 f.; MünchArbR/**Matthes**, § 344 Rn. 8

[662] BAG v. 18.10.1994, AP Nr. 5 zu § 99 BetrVG 1972 Einstellung; v. 30.8.1994, AP Nr. 6 zu § 99 BetrVG 1972 Einstellung; **Kittner** in Däubler/Kittner/Klebe, BetrVG, § 99 Rn. 38; MünchArbR/**Matthes**, § 344 Rn. 9

[663] **Boemke**, Schuldvertrag und Arbeitsverhältnis, § 10 VII. 6. a)

[664] BAG v. 30.9.1993, AP Nr. 33 zu § 2 KSchG 1969; v. **Hoyningen-Huene**, NZA 1993, 145 ff. (148); v. **Hoyningen-Huene/Boemke**, Versetzung, S. 82, 133

[665] **Boemke**, Schuldvertrag und Arbeitsverhältnis, § 10 VII. 6. b)

c) **Eingruppierung und Umgruppierung (§ 99 Abs. 1 S. 1 BetrVG)**
Eingruppierung und Umgruppierung sind Maßnahmen der Lohn- und Gehaltsfindung. Der einzelne Arbeitnehmer wird mit diesen Maßnahmen in ein kollektives Entgeltschema eingeordnet.[666] Unter Eingruppierung versteht man die erstmalige, unter Umgruppierung die geänderte Einstufung eines Arbeitnehmers in eine bestimmte Lohn- oder Gehaltsgruppe. Wegen des Entgeltbezugs setzen Eingruppierung und Umgruppierung und damit die diesbzgl. Mitbestimmung ein arbeitsrechtliches Grundverhältnis voraus.

d) **Kündigung (§§ 102, 103 BetrVG)**
Die Mitbestimmung des Betriebsrats nach § 102 BetrVG bezieht sich auf die Arbeitgeberkündigung, also den Akt, der das arbeitsrechtliche Grundverhältnis für die Zukunft beenden soll. Die Kündigung zielt also auf die Beendigung der arbeitsrechtlichen Hauptleistungspflichten ab und setzt daher ein arbeitsrechtliches Grundverhältnis voraus. Die bloße Beendigung eines Erfüllungsverhältnisses unterliegt nicht der Mitbestimmung nach § 102 BetrVG.

3. **Beteiligung im Verleiherbetrieb**
Wird ein Leiharbeitnehmer im Verleiherbetrieb eingestellt, unterliegt dies zunächst der Mitbestimmung des Verleiherbetriebsrats, da es sich um eine personelle Einzelmaßnahme des Verleihers handelt. Wird der Leiharbeitnehmer erstmalig in eine im Verleiherbetrieb anzuwendende Vergütungsordnung eingruppiert, unterliegt dies allein der Mitbestimmung des Verleiherbetriebsrats. Eine Mitbestimmung im Entleiherbetrieb scheidet aus, da zwischen Entleiher und Leiharbeitnehmer kein arbeitsrechtliches Grundverhältnis besteht. Dasselbe gilt für die Mitbestimmung bei einer Umgruppierung.

Will der Verleiher dem Leiharbeitnehmer kündigen, muss er gem. § 102 Abs. 1 BetrVG zunächst seinen Betriebsrat anhören. Da es bei der Kündigung um die Beendigung des arbeitsrechtlichen Grundverhältnisses geht, erstreckt sich das Anhörungsrecht allein auf den Verleiherbetriebsrat.

Fraglich ist, ob der Verleiherbetriebsrat ein Mitbestimmungsrecht hat, wenn der Verleiher den Leiharbeitnehmer an einen anderen Entleiherbtrieb überlässt. Denkbar wäre das, wenn es sich bei einem solchen Wechsel um eine Versetzung i. S. d. § 95 Abs. 3 BetrVG handelt. Dem Leiharbeitnehmer müsste also ein anderer Arbeitsbereich zugewiesen werden. Ferner müsste der Verbleib dort voraussichtlich länger als einen Monat dauern und mit erheblichen Änderungen der Umstände, unter denen die Arbeit zu leisten ist, verbunden sein. Gem. § 95

---
[666] BAG v. 27.7.1993, AP Nr. 110 zu § 99 BetrVG 1972

Umstände, unter denen die Arbeit zu leisten ist, verbunden sein. Gem. § 95 Abs. 3 S. 2 BetrVG sind davon allerdings solche Arbeitsverhältnisse ausgenommen, bei denen nach ihrer Eigenart Arbeitnehmer üblicherweise nicht ständig an einem bestimmten Arbeitsplatz beschäftigt werden. Das ist im Bereich der Arbeitnehmerüberlassung aber gerade der Fall: Typisch für die Arbeitnehmerüberlassung ist, dass der Leiharbeitnehmer ständig den Einsatzort wechselt. Leiharbeitnehmer werden also nicht dauerhaft an ein und demselben Arbeitsplatz beschäftigt. Deshalb ist auch der Wechsel in einen anderen Entleiherbetrieb nicht als Versetzung i. S. d. § 99 Abs. 3 BetrVG anzusehen. Der Verleiherbetriebsrat ist also nicht zu beteiligen, wenn der Verleiher für einen Leiharbeitnehmer einen anderen Entleiherbetrieb ausgewählt hat.[667] Die Zustimmung des Verleiherbetriebsrats ist nur ausnahmsweise dann erforderlich, wenn der vom Verleiher zugewiesene Arbeitsbereich nicht mehr in die Schwankungsbreite der vom Leiharbeitnehmer üblicherweise ausgeübten Tätigkeiten fällt.[668]

4. Beteiligung im Entleiherbetrieb

Gem. § 14 Abs. 3 AÜG ist der Entleiherbetriebsrat vor Übernahme zur Arbeitsleistung in den Entleiherbetrieb gem. § 99 BetrVG zu beteiligen. Diese 1982 in das AÜG aufgenommene Regelung entspricht der früheren Rechtsprechung[669] und herrschenden Lehre[670]. Mit dieser Vorschrift beabsichtigte der Gesetzgeber eine Klarstellung, nicht desto trotz blieb der Rechtscharakter der Verweisung auf § 99 BetrVG umstritten. Ferner hat der Gesetzgeber in der Begründung zur Vorschrift ausdrücklich darauf hingewiesen, dass die Feststellung etwaiger weiterer Beteiligungsrechte des Entleiherbetriebsrats durch die Rechtsprechung möglich bleibt.[671] Mithin ist also auch die Reichweite des § 14 Abs. 3 BetrVG ungeklärt. Allerdings lässt die Begründung des Gesetzgebers erkennen, dass

---

[667] **Becker**, AuR, 1982, 369 ff. (374); **Becker/Wulfgramm**, AÜG, § 14 Rn. 86; **Erdlenbruch**, Die betriebsverfassungsrechtliche Stellung ..., S. 179; **Fitting/Kaiser/Heither/ Engels**, BetrVG, § 99, Rn. 123; **Gick**, Gewerbsmäßige Arbeitnehmerüberlassung ..., S. 128; **Müllner**, Aufgespaltene Arbeitgeberstellung ..., S. 72; **Rüthers/Bakker**, ZfA 1990, 245 ff. (319); a. A.: **Mumot**, Die betriebsverfassungsrechtlichen Beteiligungsrechte ..., S. 69

[668] **v. Hoyningen-Huene/Boemke**, Versetzung, S. 214

[669] BAG v. 15.4.1974; AP Nr. 2 zu § 99 BetrVG 1972

[670] **Becker/Wulfgramm**, AÜG, 2. Aufl. 1981; § 11 Rn. 40a; **Fitting/ Auffarth/Kaiser**, BetrVG, 13. Aufl. 1980; § 99 Rn. 7a; **Frerichs/Möller/Ulber**, Leiharbeit und betriebliche Interessenvertretung, S. 69 ff.; **Halbach**, DB 1980, 2389 ff. (2390); **Hunold**, BB 1976, 648 ff.; **Müllner**, Aufgespaltene Arbeitgeberstellung ..., S. 89 ff.; **Mumot**, Die betriebsverfassungsrechtlichen Beteiligungsrechte ..., S. 142 ff.; **Ramm**, DB 1973, 1170 ff. (1173); **Windbichler**, DB 1975, 739 ff. (741); a. A.: **Schubel/Engelbrecht**, AÜG, § 11 Rn. 27

[671] BT-Ds. 9/847, S. 9

§ 14 Abs. 3 AÜG keine abschließende Regelung ist. Die Erwähnung der Beteiligung des Entleiherbetriebsrats nach § 99 BetrVG bei der Übernahme in den Entleiherbetrieb ist somit nur als beispielhaft anzusehen.[672] Eine Beteiligung des Betriebsrats im Entleiherbetrieb in Bezug auf Leiharbeitnehmer kommt somit auch für andere Fragen des § 99 BetrVG in Betracht.

a)   Rechtscharakter der Verweisung in § 14 Abs. 3 S. 1 AÜG

In der Literatur ist streitig, ob es sich bei der Verweisung auf § 99 BetrVG um eine Rechtsgrund-[673] oder Rechtsfolgenverweisung[674] handelt. Der Streit ist aus folgendem Grund von Bedeutung: Würde § 14 Abs. 3 S. 1 AÜG auf den Rechtsgrund des § 99 BetrVG verweisen, müssten alle tatbestandlichen Voraussetzungen vorliegen, die § 99 BetrVG an eine Beteiligung des Betriebsrats stellt. Verweist § 14 Abs. 3 S. 1 AÜG allerdings nur auf die Rechtsfolgen des § 99 BetrVG, richtet sich die Frage der Mitbestimmung nach § 99 BetrVG allein nach dem AÜG. Letztendlich ist von der Beantwortung dieser Frage abhängig, ob der Entleiherbetrieb regelmäßig 20 wahlberechtigte Arbeitnehmer beschäftigen muss, damit eine Mitbestimmung des Entleiherbetriebsrats im Hinblick auf die Leiharbeitnehmer überhaupt zum Tragen kommt.

Der Gesetzeswortlaut könnte gegen eine Rechtsgrundverweisung sprechen. Hätte der Gesetzgeber auf den Rechtsgrund des § 99 BetrVG verweisen wollen, hätte er eine andere Formulierung gewählt und § 99 BetrVG für „entsprechend" oder „sinngemäß" anwendbar erklärt. Der Wortlaut „der Betriebsrat des Entleiherbetriebs ist zu beteiligen" könnte dagegen den Rückschluss auf eine Rechtsfolgenverweisung zulassen.[675] Dass der Tatbestand der „Übernahme" in § 99 BetrVG nicht geregelt ist, könnte ebenso daraufhin deuten, dass der Gesetzgeber einen eigenen Mitbestimmungstatbestand mit der Vorschrift des § 14 Abs. 3 AÜG schaffen wollte.

Diese Argumentation vermag indes nicht zu überzeugen: Entscheidend kommt es nämlich darauf an, dass der Gesetzgeber in Übereinstimmung mit der bisherigen Rechtsprechung und herrschenden Meinung in der Literatur eine Klarstel-

---

[672] **Erdlenbruch**, Die betriebsverfassungsrechtliche Stellung ..., S. 67, 181; **Schüren**, AÜG, § 14 Rn. 123, 191

[673] **Erdlenbruch**, Die betriebsverfassungsrechtliche Stellung ..., S. 181 f.; **Schüren**, AÜG, § 14 Rn. 124 f.

[674] **Becker/Wulfgramm**, AÜG, § 14 Rn. 96; **Sandmann/Marschall**, AÜG, § 14 Rn. 16; **Ulber**, AÜG, § 14 Rn. 134

[675] **Erdlenbruch**, Die betriebsverfassungsrechtliche Stellung ..., S. 181; **Schüren**, AÜG, § 14 Rn. 128

lung dafür schaffen wollte, dass bei der Übernahme von Leiharbeitnehmern in Entleiherbetriebe der Entleiherbetriebsrat zu beteiligen ist. Eine Ausweitung der Rechte nach § 99 BetrVG bei Übernahme von Leiharbeitnehmern ließ der Gesetzgeber dabei nicht erkennen. Im Falle einer Rechtsfolgenverweisung würde es sich de facto aber um eine solche handeln, da der Entleiherbetriebsrat bei der Übernahme von Leiharbeitnehmern auch dann nach § 99 BetrVG zu beteiligen wäre, wenn weniger als 20 wahlberechtigte Arbeitnehmer im Betrieb beschäftigt sind. Er würde mithin ein Mitbestimmungsrecht erhalten, dass ihm im Falle von Neueinstellungen bei dieser Betriebsgröße nicht ausüben könnte. Für eine unterschiedliche Behandlung zwischen Neueinstellung von Stammpersonal und Übernahme von Leiharbeitnehmern fehlt es aber an einem sachlichen Grund.[676] Insbesondere mit Rücksicht auf den Gesetzeszweck des § 99 BetrVG, nämlich dem Schutz der Interessen der vorhandenen Belegschaft, besteht ein solcher Differenzierungsgrund nicht. Die Interessen der Belegschaft dürften bei einer Neueinstellung sogar stärker tangiert sein, als bei einer Beschäftigung von Leiharbeitnehmern für einen begrenzten Zeitraum. Darüber hinaus hätte der Gesetzgeber entweder im Gesetz selbst oder in der amtlichen Begründung den Verzicht auf die Mindestanzahl von 20 wahlberechtigten Arbeitnehmern hinreichend deutlich zum Ausdruck bringen müssen. Allein die Formulierung „... ist ... zu beteiligen" reicht für die Annahme einer Rechtsfolgenverweisung nicht aus.[677]

Im Ergebnis kann also festgehalten werden, dass es sich bei § 14 Abs. 3 S. 1 AÜG um eine Rechtsgrundverweisung handelt. Die Beteiligungsrechte des Entleiherbetriebsrats gem. § 99 BetrVG bestehen infolgedessen nur, wenn im Entleiherbetrieb mehr als 20 wahlberechtigte Arbeitnehmer beschäftigt sind.

b)   Beteiligung im Entleiherbetrieb bei Eingruppierung, Umgruppierung und Kündigung

Wie bereits oben festgestellt, bedarf es für eine solche Maßnahme auf Grund des Entgeltbezugs ein arbeitsrechtliches Grundverhältnis. Ein solches liegt zwischen Entleiher und Leiharbeitnehmer nicht vor, sodass auch keine Mitbestimmungsrechte beim Entleiherbetriebsrat ausgelöst werden können.

---

[676] **Erdlenbruch**, Die betriebsverfassungsrechtliche Stellung ..., S. 182; **Schüren**, AÜG, § 14 Rn. 128

[677] **Erdlenbruch**, Die betriebsverfassungsrechtliche Stellung ..., S. 182

c) Beteiligung im Entleiherbetrieb bei Versetzungen

Die Versetzung von Leiharbeitnehmern innerhalb des Entleiherbetriebs unterliegt der Zustimmung des Entleiherbetriebsrats gem. § 99 Abs. 1 S. 1 BetrVG i. V. m. § 14 Abs. 3 AÜG, wenn sie voraussichtlich die Dauer von einem Monat überschreitet oder mit einer erheblichen Änderung der Umstände verbunden ist, unter denen die Arbeit zu leisten ist. Die Mitbestimmung ist wegen § 99 Abs. 3 S. 2 BetrVG ausnahmsweise dann ausgeschlossen, wenn der Leiharbeitnehmer üblicherweise nicht ständig an einem bestimmten Arbeitsplatz beschäftigt ist.[678] Ob dies der Fall ist, richtet sich nicht nach dem arbeitsrechtlichen Grundverhältnis zum Verleiher, sondern danach, für welche Tätigkeiten der Leiharbeitnehmer vom Entleiher übernommen wurde.[679] Nur insoweit konnte der Entleiherbetriebsrat bei Zustimmung zur Übernahme nämlich überprüfen, ob und inwieweit der Beschäftigung des Leiharbeitnehmers Interessen der übrigen Belegschaft entgegenstehen. Wurde der Leiharbeitnehmer für einen bestimmten Arbeitsplatz eingestellt, ist eine Versetzung im Entleiherbetrieb mitbestimmungspflichtig, soweit sich hierdurch Art und Ort der Tätigkeit oder die Einordnung in die betriebliche Organisation ändert.[680] Ist der Leiharbeitnehmer hingegen allgemein zum Ersatz für vorübergehend abwesende Arbeitnehmer eingestellt worden, kann ihm mitbestimmungsfrei jede Art der Tätigkeit innerhalb dieses Aufgabengebiets zugewiesen werden.[681]

d) Umfang der Unterrichtungspflicht des Entleihers

Gem. § 14 Abs. 3 S. 1 AÜG i. V. m. § 99 Abs. 1 S. 1 BetrVG hat der Entleiher seinen Betriebsrat umfassend vor jeder Übernahme und jeder Versetzung eines Leiharbeitnehmers zu unterrichten. Welche konkreten Umstände der Entleiher mitzuteilen hat, soll im Folgenden untersucht werden. Die Unterrichtungspflichten des Entleihers beziehen sich auf alle Tatsachen und Umstände, die für die Beurteilung der Frage, ob Zustimmungsverweigerungsgründe i. R. d. § 99 Abs. 2 BetrVG vorliegen können, von Bedeutung sind.

Der Entleiher muss zunächst nicht dafür Sorge tragen, dass seinem Betriebsrat die Bewerbungsunterlagen des Leiharbeitnehmers vorgelegt werden. Der Entleiher trifft regelmäßig nicht die Auswahl und verfügt deshalb auch nicht über

---

[678] **Becker/Wulfgramm**, AÜG, § 14 Rn. 116; **Erdlenbruch**, Die betriebsverfassungsrechtliche Stellung ..., S. 184; **v. Hoyningen-Huene/Boemke**, Versetzung, S. 214 f.; **Müllner**, Aufgespaltene Arbeitgeberstellung ..., S. 90

[679] **Boemke**, Schuldvertrag und Arbeitsverhältnis, § 13 VI. 4. c) bb)

[680] **Boemke**, Schuldvertrag und Arbeitsverhältnis, § 13 VI. 4. c) bb)

[681] **Erdlenbruch**, Die betriebsverfassungsrechtliche Stellung ..., S. 184; **v. Hoyningen-Huene/Boemke**, Versetzung, S. 215

die Bewerbungsunterlagen. Schon aus diesem Grund scheidet eine Vorlage beim Betriebsrat aus.[682]

Nicht desto trotz hat der Entleiher Auskunft über die Person des Leiharbeitnehmers an den Betriebsrat zu geben. Zu den mitzuteilenden Informationen gehören Angaben über Anzahl, Qualifikation, Alter, Geschlecht, Nationalität, bestehende Schwangerschaft und Schwerbehinderteneigenschaft der Leiharbeitnehmer. Anzugeben sind außerdem die tägliche Arbeitszeit sowie die Einsatzdauer.[683]

Zu den erforderlichen Unterlagen i. S. d. § 99 Abs. 1 S. 1 Hs. 2 BetrVG gehört der Arbeitnehmerüberlassungsvertrag.[684] Für diese Vorlagpflicht spricht vor allem § 14 Abs. 3 S. 2 AÜG. Danach ist der Entleiher verpflichtet, dem Betriebsrat eine schriftliche Erklärung des Verleihers über das Vorhandensein einer Überlassungserlaubnis vorzulegen. Diese Erklärung des Verleihers ist aber gem. § 12 Abs. 1 S. 2 AÜG Bestandteil des Arbeitnehmerüberlassungsvertrags. Der Betriebsrat wird darüber hinaus nur durch die Vorlage des Arbeitnehmerüberlassungsvertrags in die Lage versetzt, sich ein genaues Bild über das Ausmaß des Einsatzes von Leiharbeitnehmern und damit die Auswirkungen für den Betrieb zu machen. Die Vorlagpflicht erfasst nicht die Abreden über die Höhe der Überlassungsvergütung.[685]

Umstritten ist, ob zu den erforderlichen Unterlagen i. S. d. § 99 Abs. 1 S. 1 Hs. 2 BetrVG auch der Leiharbeitsvertrag, der zwischen Verleiher und Leiharbeitnehmer abgeschlossen wird, gehört. Die Kenntnisse aus diesem Vertrag könnten für den Entleiherbetriebsrat insbesondere im Hinblick auf persönliche Daten, Qualifikation und vorgesehene Arbeitsaufgabe des Leiharbeitnehmers von Inte-

---

[682] **Becker/Wulfgramm**, AÜG, § 14 Rn. 97; **Schüren**, AÜG, § 14 Rn. 149; **Ulber**, AÜG, § 14 Rn. 149

[683] LAG Köln v. 12.6.1987, EzAÜG § 14 AÜG Betriebsverfassung Nr. 12; **Fitting/Kaiser/ Heither/Engels**, BetrVG, § 99 Rn. 143; **Halbach**, DB 1980, 2389 ff. (2391); **Müllner**, Aufgespaltene Arbeitgeberstellung ..., S. 95; **Schüren**, AÜG, § 14 Rn. 140 ff.; **Ulber**, AÜG, 3 14 Rn. 152

[684] BAG v. 6.6.1978; AP Nr. 6 zu § 99 BetrVG 1972; **Becker**, AuR 1982, 369 ff. (375); **Becker/Wulfgramm**, AÜG, §14 Rn. 97; **Dietz/Richardi**, BetrVG, § 99 Rn. 120; **Fitting/ Kaiser/Heither/Engels**, BetrVG, § 99 Rn. 143; **Gick**, Gewerbsmäßige Arbeitnehmerüberlassung ..., S. 131; **Herbst/Krüger**, AiB 1983, 167; **Plander**, AiB 1990, 19 ff. (23); **Sandmann/Marschall**, § 14 Rn. 20, **Schüren**, AÜG, § 14 Rn. 146, **Ulber**, AÜG, § 14 Rn. 149

[685] **Schüren**, AÜG, § 14 Rn. 146

resse sein.[686] Bereits aus praktischen Erwägungen heraus ist diese Vorlagepflicht abzulehnen, da der Entleiher gewöhnlich diesen Vertrag nicht hat und auch keinen Anspruch auf Aushändigung gegen den Verleiher hat.[687] Zudem wäre eine Vorlagepflicht oder ein Einsichtsrecht des Entleiherbetriebsrats systemwidrig. Der Leiharbeitsvertrag regelt zunächst den Inhalt des arbeitsrechtlichen Grundverhältnisses zwischen Leiharbeitnehmer und Verleiher. Die in diesem Vertrag vereinbarten Hauptleistungspflichten berühren nicht das Erfüllungsverhältnis zwischen Entleiher und Leiharbeitnehmer, sodass auch kein Mitbestimmungsrecht des Entleiherbetriebsrats in diesem Bereich vorliegen kann.[688]

Nach § 99 Abs. 1 S. 1 Hs. 2 BetrVG hat der Entleiher ferner dem Betriebsrat Auskunft über die Auswirkungen der geplanten Übernahme des Leiharbeitnehmers auf die Stammbelegschaft zu geben.[689] Außerdem trifft den Entleiher die Pflicht, Auskunft über den für den Leiharbeitnehmer vorgesehenen Arbeitsplatz zu geben. Weiterhin hat der Entleiher dem Betriebsrat die schriftliche Erklärung des Verleihers, dass dieser über eine Überlassungserlaubnis verfügt, vorzulegen. Dasselbe gilt für Mitteilungen des Verleihers über den Wegfall der Erlaubnis.

e)   Zustimmungsverweigerungsgründe
         gem. § 99 Abs. 2 Nr. 1 –6 BetrVG
§ 99 Abs. 2 BetrVG zählt die Gründe für eine Verweigerung der Zustimmung zu einer personellen Einzelmaßnahme i. S. v. § 99 Abs. 1 BetrVG abschließend auf.[690] Auf Grund der Verweisung in § 14 Abs. 3 AÜG ist diese Aufzählung auch für die Übernahme von Leiharbeitnehmern verbindlich.

aa)   Verstoß gegen Rechtsverordnung (§ 99 Abs. 2 Nr. 1 BetrVG)
Nach § 99 Abs. 2 Nr. 1 BetrVG kann der Betriebsrat seine Zustimmung verweigern, wenn die personelle Maßnahme gegen ein Gesetz, eine Verordnung, eine Unfallverhütungsvorschrift oder gegen eine Bestimmung in einem Tarifvertrag oder in einer Betriebsvereinbarung oder gegen eine gerichtliche Entscheidung oder eine behördliche Anordnung verstoßen würde.

---

[686] **Erdlenbruch**, Die betriebsverfassungsrechtliche Stellung ..., S. 187
[687] BAG v. 6.6.1978; AP Nr. 6 zu § 99 BetrVG 1972
[688] im Ergebnis ebenso **Schüren**, AÜG, § 14 Rn. 147
[689] LAG Köln v. 12.6.1987, EzAÜG § 14 AÜG Betriebsverfassung Nr. 12
[690] **Fitting/Kaiser/Heither/Engels**, BetrVG, § 99 Rn. 151; GK-BetrVG/**Kraft**, § 99 Rn. 127; **Kittner** in Däubler/Kittner/Klebe, BetrVG, § 99 Rn. 171

Im Bereich der Gesetzesverstöße kommt die Verletzung von allgemeinen arbeitsrechtlichen Schutzvorschriften sowie Verstöße gegen das AÜG in Betracht.[691] Der Betriebsrat kann daher seine Zustimmung verweigern, wenn die Überlassungserlaubnis nicht vorliegt, der Verleiher das Arbeitgeberrisiko nicht trägt usw.[692]

bb)   Verstoß gegen Auswahlrichtlinien (§ 99 Abs. 2 Nr. 2 BetrVG)
Der Betriebsrat ist befugt, einer Personalmaßnahme zu widersprechen, wenn gegen Auswahlrichtlinie i. S. d. § 95 Abs. 1 BetrVG verstoßen wurde. Der Entleiherbetriebsrat kann also seine Zustimmung bei der Übernahme von Leiharbeitnehmern verweigern, wenn gegen eine Auswahlrichtlinie zur Übernahme von Leiharbeitnehmern verstoßen wurde. Das Gleiche gilt für Auswahlrichtlinien, die auf die Übernahme von Leiharbeitnehmern angewendet werden, was im Einzelfall durch Auslegung zu ermitteln ist.[693] Eine generelle Anwendung der Einstellungsauswahlrichtlinien des Entleiherbetriebs scheidet aus, da Leiharbeitnehmer „übernommen" und nicht „eingestellt" werden.

cc)   Benachteiligung von Arbeitnehmern des Entleiherbetriebs (§ 99 Abs. 2 Nr. 3 BetrVG)
Besteht die durch Tatsachen begründete Besorgnis, dass infolge der Übernahme eines Leiharbeitnehmers Stammarbeitnehmern gekündigt wird oder ihnen sonstige Nachteile drohen, ohne dass dies aus betrieblichen oder persönlichen Gründen gerechtfertigt ist, kann der Betriebsrat der Übernahme widersprechen.

Nachteile i. S. d. § 99 Abs. 2 Nr. 3 BetrVG liegen z. B. dann vor, wenn einem Stammarbeitnehmer infolge der Übernahme eines Leiharbeitnehmers gekündigt werden soll. Das Gleiche gilt, wenn ein Mitglied der Stammbelegschaft versetzt und zu schlechteren Arbeitsbedingungen weiterbeschäftigt wird.[694] Der Betriebsrat kann aber dann seine Zustimmung nicht verweigern, wenn auf Grund

---

[691] **Becker/Wulfgramm**, AÜG, § 14 Rn. 99, **Gick**, Gewerbsmäßige Arbeitnehmerüberlassung ..., S. 132; **Hunold**, BB 1976, 648 ff. (650); **Müllner**, Aufgespaltene Arbeitgeberstellung ..., S. 93; **Schüren**, AÜG, § 14 Rn. 162 f.; **Ulber**, AÜG, § 14 Rn. 162, 163

[692] ausf. zu den Zustimmungsverweigerungsgründen nach § 99 Abs. 2 Nr. 1 vgl.: **Schüren**, AÜG, § 14 Rn. 161 ff.

[693] **Schüren**, AÜG, § 14 Rn. 173; a. A.: **Erdlenbruch**, Die betriebsverfassungsrechtliche Stellung ..., S. 193, der davon ausgeht, dass Auswahlrichtlinien zur Einstellung generell auf die Übernahme von Leiharbeitnehmern anzuwenden sind.

[694] **Becker/Wulfgramm**, AÜG, § 14 Rn. 101; **Erdlenbruch**, Die betriebsverfassungsrechtliche Stellung ..., S. 194 f.; **Schüren**, AÜG, § 14 Rn. 176 f.

der Übernahme eines Leiharbeitnehmers dem Stammarbeitnehmer eine berufliche Aufstiegschance entgeht.[695]

dd) Benachteiligung des Leiharbeitnehmers (§ 99 Abs. 2 Nr. 4 BetrVG)

Ein Widerspruchsgrund gegen die geplante Übernahme oder Versetzung eines Leiharbeitnehmers kann sich für den Betriebsrat des Entleiherbetriebs ergeben, wenn der Leiharbeitnehmer durch diese personelle Maßnahme benachteiligt wird.[696]

Allerdings scheiden solche Nachteile aus, die sich allein aus der vom Gesetzgeber zugelassenen Erwerbstätigkeit als Leiharbeitnehmer ergeben wie z. B. geringere Vergütung im Vergleich zu Stammarbeitnehmern, Unanwendbarkeit von im Entleiherbetrieb Anwendung findenden Tarifverträgen, fehlende Sozialleistungen, Befristung des Einsatzes. Ein Nachteil liegt aber z. B. vor, wenn dem Leiharbeitnehmer schlechtere Arbeitsbedingungen geboten werden als der Stammbelegschaft und dies nicht allein darauf beruht, dass es sich um eine Beschäftigung in Form der Leiharbeit handelt. Zu denken ist hier vor allem an Behandlungsweisen, die gegen § 75 Abs. 1 BetrVG verstoßen.[697]

ee) Fehlende Ausschreibung im Entleiherbetrieb (§ 99 Abs. 2 Nr. 5 i. V. m. § 93 BetrVG)

Der Betriebsrat kann seine Zustimmung verweigern, wenn auf sein Verlangen hin, Arbeitsplätze, die mit Leiharbeitnehmern besetzt werden sollen, nicht ausgeschrieben wurden.[698]

ff) Störung des Betriebsfriedens (§ 99 Abs. 2 Nr. 6 BetrVG)

Der Entleiherbetriebsrat ist schließlich berechtigt, die Zustimmung zur Übernahme eines bestimmten Leiharbeitnehmers zu verweigern, wenn die durch Tatsachen begründete Besorgnis besteht, dass durch diese Maßnahme der Betriebsfrieden gestört wird. Die Störung muss gerade von einer bestimmten Person ausgehen. Es reicht also nicht aus, dass der Betriebsrat durch den Einsatz von (irgendwelchen) Leiharbeitnehmern Unruhen befürchtet.[699]

---

[695] **Erdlenbruch**, Die betriebsverfassungsrechtliche Stellung ..., S. 194
[696] **Becker/Wulfgramm**, AÜG, § 14 Rn. 102; **Schüren**, AÜG, § 14 Rn. 179
[697] **Schüren**, AÜG, § 14 Rn. 179
[698] vgl. oben § 16 II. 2. c)
[699] **Schüren**, AÜG, § 14 Rn. 182

f)   Folgen der Zustimmungsverweigerung des Entleiherbetriebsrats
Verweigert der Betriebsrat die Zustimmung wirksam unter Berufung auf einen
der in § 99 Abs. 2 BetrVG genannten Gründe, muss der Entleiher das Zustim-
mungsersetzungsverfahren gem. § 99 Abs. 4 BetrVG einleiten. Solange die Zustimmung bei beachtlicher Zustimmungsverweigerung nicht rechtskräftig durch
eine gerichtliche Entscheidung ersetzt ist, darf der Entleiher den Leiharbeitnehmer nicht einsetzen. Allerdings hat der Entleiher die Möglichkeit, den Einsatz des Leiharbeitnehmers unter den Voraussetzungen des § 100 BetrVG vor-
läufig durchzuführen.[700] Fehlt die erforderliche Zustimmung des Betriebsrats
und geht der Entleiher auch nicht nach § 100 BetrVG vor, lässt den Leiharbeitnehmer aber trotzdem arbeiten, hat der Entleiherbetriebsrat die Möglichkeit, den
Einsatz des Leiharbeitnehmers gem. § 101 BetrVG durch das Arbeitsgericht un-
tersagen zu lassen.[701]

5.   Zwischenergebnis
Die Zuständigkeit für die Wahrnehmung von Mitbestimmungsrechten bei personellen Einzelmaßnahmen richtet sich danach, welcher Arbeitgeber (Entleiher
oder Verleiher) die personelle Einzelmaßnahme durchführen will. Für Maßnahmen des Verleihers im Verleiherbetrieb ist der Verleiherbetriebsrat zuständig, für Maßnahmen des Entleihers im Entleiherbetrieb der Entleiherbetriebsrat.
Bei Eingruppierung, Umgruppierung und Kündigung ist ausschließlich der Verleiherbetriebsrat zuständig. Wird ein Leiharbeitnehmer für einen bestimmten
Arbeitsplatz eingestellt, ist eine Versetzung im Entleiherbetrieb mitbestimmungspflichtig, soweit sich hierdurch Art und Ort der Tätigkeit oder die Einordnung in die betriebliche Organisation ändert. Zu den erforderlichen Unterlagen, die dem Entleiherbetriebsrat i. S. d. § 99 Abs. 1 S. 1 Hs. 2 BetrVG vorzulegen sind, gehört der Arbeitnehmerüberlassungsvertrag, nicht aber der Leiharbeitsvertrag.

---

[700] LAG Frankfurt v. 7.4.1987, BB 1987, 2093; **Becker/Wulfgramm**, AÜG, § 14 Rn. 105;
     Gick, Gewerbsmäßige Arbeitnehmerüberlassung ..., S. 133; **Sandmann/Marschall**, AÜG,
     § 14 Rn. 22; Schüren, AÜG, § 14 Rn. 186; **Windbichler**, DB 1975, 739 ff. (742)
[701] **Schüren**, AÜG, § 14 Rn. 187

§ 17 Beteiligung in wirtschaftlichen Angelegenheiten (§§ 106 - 113 BetrVG)

I. Einführung

Die betriebsverfassungsrechtlichen Beteiligungsrechte werden ergänzt durch die Mitbestimmung der Arbeitnehmer auf der Unternehmensebene. Diese Beteiligung in wirtschaftlichen Angelegenheiten verfolgt dabei den Zweck, Arbeitnehmer wie Betriebsrat über die wirtschaftliche Lage des Unternehmens zu informieren, um Entscheidungen, die die Interessen der Arbeitnehmer berühren, frühzeitig zu erkennen und u. U. zu beeinflussen.[702] Für die Unterrichtung und Beratung über wirtschaftliche Angelegenheiten bildet der Betriebsrat bzw. Gesamtbetriebsrat einen Wirtschaftsausschuss. Der Betriebsrat ist der Träger der Mitbestimmungsrechte; der Wirtschaftssausschuss selbst hat keine Mitbestimmungsrechte. Er verfolgt die allgemeine Aufgabe, als besonderes betriebsverfassungsrechtliches Organ (Hilfsorgan des Betriebsrats) die Zusammenarbeit und Information zwischen Unternehmer und Betriebsrat in wirtschaftlichen Angelegenheiten zu fördern.[703] Der Wirtschaftsausschuss ist in Unternehmen, in denen in der Regel mehr als 100 Arbeitnehmer ständig beschäftigt sind, einzurichten.

Im Bereich der Arbeitnehmerüberlassung stellt sich zum einen die Frage, ob Leiharbeitnehmer bei der Bildung eines Wirtschaftsausschusses zu berücksichtigen sind und zum anderen, ob die Beschäftigung von Leiharbeitnehmern eine wirtschaftliche Angelegenheit des Entleiherunternehmens i. S. d. § 106 Abs. 3 BetrVG ist. Darüber hinaus ist zu untersuchen, ob der Betriebsrat im Verleiherbetrieb und Entleiherbetrieb gem. §§ 111-113 BetrVG bei Betriebsänderungen zu beteiligen sind. Außerdem ist fraglich, ob Interessensausgleichs- und/oder Sozialplanvereinbarungen im Entleiherbetrieb Anwendung auf die dort eingesetzten Leiharbeitnehmer finden.

II. § 106 Abs. 1 BetrVG (Bildung eines Wirtschaftsausschusses)

1. Bildung eines Wirtschaftsausschusse im Verleiherunternehmen

Leiharbeitnehmer gehören zur Belegschaft des Verleihers, sodass im Rahmen der Betriebsverfassung auch die allgemeinen Grundsätze bzgl. der Mitwirkung in wirtschaftlichen Angelegenheiten zu beachten sind. Werden also in der Regel

---

[702] BAG v. 20.11.1984, BAGE 47, 218 ff.

[703] **Fitting/Kaiser/Heither/Engels**, BetrVG, § 106 Rn. 16; **Stege/Weinspach**, BetrVG, § 106-109 Rn. 6

mehr als 100 (Leih-)Arbeitnehmer im Verleiherunternehmen ständig beschäftigt, ist dort ein Wirtschaftsausschuss zu bilden.[704]

2. Bildung eines Wirtschaftsausschusse im Entleiherunternehmen

Fraglich ist, ob im Entleiherunternehmen eingesetzte Leiharbeitnehmer bei der Ermittlung der Unternehmensgröße mitzuzählen sind oder nicht. Das hängt entscheidend davon ab, ob Leiharbeitnehmer als „ständig Beschäftigte" im Entleiherbetrieb eingeordnet werden können. Ständig beschäftigt sind solche Arbeitnehmer, die nicht nur vorrübergehend eingestellt, sondern auf unbestimmte Zeit beschäftigt werden.[705] Da die Überlassung des Leiharbeitnehmers jedenfalls bzgl. der Dauer auf 24 Monate[706] begrenzt ist, liegt keine Beschäftigung auf unbestimmte Zeit vor.[707] Leiharbeitnehmer sind auch dann nicht zu berücksichtigen, wenn sie auf einem ständigen Arbeitsplatz im Entleiherunternehmen eingesetzt werden,[708] da es nicht auf den zu besetzenden Arbeitsplatz, sondern allein darauf ankommt, ob der Arbeitnehmer als solcher ständig im Betrieb beschäftigt wird. Leiharbeitnehmer sind somit bei der für die Bildung eines Wirtschaftsausschusses im Entleiherbetrieb erforderlichen Mindestarbeitnehmeranzahl nicht zu berücksichtigen.

III. Beschäftigung von Leiharbeitnehmern als wirtschaftliche Angelegenheit i. S. d. § 106 Abs. 3 BetrVG

Beabsichtigt ein Unternehmen, Leiharbeitnehmer zu beschäftigen, stellt sich unabhängig von der Ermittlung der Unternehmensgröße die Frage, ob es sich bei einer solchen Maßnahme um eine wirtschaftliche Angelegenheit i. S. d. § 106 Abs. 3 BetrVG handelt, die den Entleiher verpflichtet, den Wirtschaftsausschuss rechtzeitig und umfassend zu informieren. Fraglich ist also, ob die Beschäftigung von Leiharbeitnehmern Gegenstand der Beratungen im Wirt-

---

[704] **Becker/Wulfgramm**, AÜG, § 14 Rn. 90, 122; **Erdlenbruch**, Die betriebsverfassungsrechtliche Stellung ..., S. 210; **Gick**, Gewerbsmäßige Arbeitnehmerüberlassung ..., S. 127

[705] **Becker/Wulfgramm**, AÜG, § 14 Rn. 122; **Erdlenbruch**, Die betriebsverfassungsrechtliche Stellung ..., S. 210; GK-BetrVG/**Fabricius**, § 106 Rn. 6; **Schüren**, AÜG, § 14 Rn. 262

[706] Die Überlassungsdauer eines Leiharbeitnehmers an den Entleiher wurde mit dem JOB-AQTIV-Gesetz von bisher 12 auf 24 aufeinander folgende Monate verlängert. Die Neuregelung trat am 1.1.2002 in Kraft.

[707] s. o. § 9 III zum Begriff des „ständig Beschäftigten"

[708] a. A.: LAG Berlin v. 6.12.1989 = DB 1990, 538 ff (539); **Däubler** in Däubler/Kittner/Klebe, BetrVG, § 106 Rn. 12; **Fitting/Kaiser/Heither/Engels**, BetrVG, § 1 Rn. 242; **Schüren**, AÜG, § 14 Rn. 263

schaftsausschuss sein kann. § 106 Abs. 3 BetrVG zählt beispielhaft die wirtschaftlichen Angelegenheiten auf.[709]

Bei der Beschäftigung von Leiharbeitnehmern könnte § 106 Abs. 3 Nr. 5 erfüllt sein, sofern es sich bei der Beschäftigung von Leiharbeitnehmern um eine Arbeitsmethode handelt. Arbeitsmethode ist ein Begriff der Arbeitswissenschaft für die jeweilige Art, Arbeit systematisch abzuwickeln, und zwar unter dem Blickwinkel der menschlichen Arbeitskraft.[710] Arbeitsmethoden betreffen also die Arbeitsverfahren und die Arbeitsabläufe, nicht aber die Person, mit der ein beliebiger Arbeitsplatz besetzt wird. Da Leiharbeitnehmer auf jedem beliebigen Arbeitsplatz eingesetzt werden können, handelt es sich bei deren Einsatz nicht um eine neue Arbeitsmethode. Neue Arbeitsmethoden sind vielmehr beispielsweise die Einführung von Fließband-, Schicht- oder Einzel- oder Gruppenarbeit oder der Einsatz von Kontrolleinrichtungen. Der Einsatz von Leiharbeitnehmern lässt sowohl den Arbeitsablauf als auch das Arbeitsverfahren unberührt. Deshalb ist der Einsatz von Leiharbeitnehmern nicht als neue Arbeitsmethode zu bewerten.[711]

Der Entleiher könnte zur Unterrichtung des Wirtschaftsausschusses verpflichtet sein, wenn es sich beim Einsatz von Leiharbeitnehmern um einen sonstigen Vorgang oder ein sonstiges Vorhaben i. S. d. § 106 Abs. 3 Nr. 10 handelt, dass die Interessen der Arbeitnehmer des Unternehmens wesentlich berührt. Bei § 106 Abs. 3 Nr. 10 handelt es sich um eine beschränkte Generalklausel. Nicht alle bisherigen Ereignisse oder zukünftige Pläne eines Unternehmens, sondern nur solche Vorhaben und Vorgänge im wirtschaftlichen Bereich werden von dieser Klausel erfasst. Dazu gehören also z. B. Unternehmenszusammenschlüsse, Übergänge eines Unternehmen oder Betriebs bzw. Betriebsteils auf einen anderen Inhaber, die allgemeine wirtschaftliche Lage der Branche, die Verlagerung der Produktion ins Ausland usw.[712] Eine personelle Einzelmaßnahme wie der Einsatz von Leiharbeitnehmern fällt nicht unter § 106 Abs. 3 Nr. 10 BetrVG. Die Interessen der Belegschaft sind diesbzgl. durch die Beteiligungsrechte des Betriebsrats im Rahmen der Personalplanung gem. §§ 92 ff. BetrVG und beim Einsatz einzelner Leiharbeitnehmer gem. § 14 Abs. 3 S. 1 AÜG i. V.

---

[709] so die h. M.: GK-BetrVG/**Fabricius**, § 106 Rn. 88; **Fitting/Kaiser/Heither/Engels**, BetrVG, § 106, Rn. 31; **Stege/Weinspach**, BetrVG, §§ 106-109 Rn. 48; **a. A.**: **Galperin/Löwisch**, BetrVG, § 106 Rn. 42, die darin eine erschöpfende Aufzählung sehen

[710] GK-BetrVG/**Fabricius**, § 106 Rn. 109

[711] **Erdlenbruch**, Die betriebsverfassungsrechtliche Stellung ..., S. 211; **Mumot**, Die betriebsverfassungsrechtlichen Beteiligungsrechte ..., S. 152 ff.

[712] **Fitting/Kaiser/Heither/Engels**, BetrVG, § 106 Rn. 50, 51

m. § 99 BetrVG hinreichend gewahrt.[713] Der Einsatz von Leiharbeitnehmern wird selbst dann nicht Gegenstand der Beratung im Wirtschaftssausschuss, wenn die Interessen der Arbeitnehmer im Entleiherunternehmen wesentlich durch den Einsatz von Leiharbeitnehmern betroffen wären,[714] da das BetrVG eine Differenzierung zwischen personellen und wirtschaftlichen Angelegenheiten beabsichtigt, die anderenfalls verwischt würde.

IV. Beteiligung des Betriebsrats bei Betriebsänderungen (§§ 111-113 BetrVG)

1. Betriebsänderungen im Verleiherbetrieb

Leiharbeitnehmer gehören zum Betrieb des Verleihers. Sie sind dort beschäftigt und betriebszugehörig. Darüber hinaus sind sie im Verleiherbetrieb wahlberechtigt und somit bei der Ermittlung der Betriebsgröße von in der Regel mehr als 20 wahlberechtigten Arbeitnehmern i. S. d. § 111 BetrVG zu berücksichtigen. Das Vorliegen einer Betriebsänderung ist eine Angelegenheit des Verleiherbetriebs und anhand der Verhältnisse dort zu beurteilen.[715] Maßnahmen, die im Entleiherbetrieb getroffen werden, beeinflussen den Verleiherbetrieb nicht. Liegt also z. B. ein Abbau von Leiharbeitnehmerpersonal im Verleiherbetrieb vor, kann darin eine Betriebsänderung liegen, sofern die Voraussetzungen gem. §§ 111 f. BetrVG vorliegen. Der Verleiher hat den Verleiherbetriebsrat hierüber rechtzeitig und umfassend zu informieren.

2. Betriebsänderungen im Entleiherbetrieb

Fraglich ist, ob der Einsatz oder der Abbau von Leiharbeitnehmern im Entleiherbetrieb eine Betriebsänderung i. S. d. § 111 BetrVG darstellt. Darüber hinaus ist zu klären, ob Leiharbeitnehmer in Interessenausgleichs- und Sozialplanvereinbarungen einzubeziehen sind.

Beim Einsatz von Leiharbeitnehmern könnte es sich um eine grundlegende Änderung der Betriebsorganisation i. S. d. § 111 Nr. 4 BetrVG handeln. Allerdings werden beim Einsatz von Leiharbeitnehmern nur bereits vorhandene Arbeitsplätze besetzt. Der Betriebsaufbau oder die Gliederung des Betriebs werden davon nicht berührt. Im Übrigen muss die Änderung wesentlich und grundlegend sein. Solange also nicht die gesamte Belegschaft von Stammarbeitnehmern ge-

---

[713] **Erdlenbruch**, Die betriebsverfassungsrechtliche Stellung ..., S. 212; **Mumot**, Die betriebsverfassungsrechtlichen Beteiligungsrechte ..., S. 156 f.; **Schüren**, AÜG, § 14 Rn. 264; a. A.: **Frerichs/Möller/Ulber**, Leiharbeit und betriebliche Interessenvertretung, S. 67

[714] a. A.: **Sandmann/Marschall**, AÜG, § 14 Rn. 18a

[715] **Becker/Wulfgramm**, AÜG, § 14 Rn. 89

gen Leiharbeitnehmer ausgetauscht wird, kann die mit dem in der betrieblichen Praxis üblichen Umfang des Einsatzes von Leiharbeitnehmern einhergehende Änderung keine Betriebsänderung i. S. d. § 111 S. 1 Nr. 4 BetrVG sein.

Ebenso wenig fällt der Abbau von Leiharbeitnehmern im Entleiherbetrieb unter § 112a BetrVG. § 112a BetrVG setzt voraus, dass eine Entlassung aus betriebsbedingten Gründen bevorsteht. Die Kündigung eines Arbeitsverhältnisses knüpft aber an das arbeitsrechtliche Grundverhältnis an, das zwischen Leiharbeitnehmer und Entleiher nicht besteht. Die Arbeitgeberkündigung ist nämlich der Akt, der das arbeitsrechtliche Grundverhältnis für die Zukunft beenden soll. Die Kündigung zielt also auf die Beendigung der arbeitsrechtlichen Hauptleistungspflichten ab und setzt daher ein arbeitsrechtliches Grundverhältnis voraus. Der Abbau von Leiharbeitnehmerpersonal im Entleiherbetrieb ist somit keine Betriebsänderung.[716]

3. Geltung des Interessensausgleichs und/oder Sozialplans des Entleiherbetriebs für Leiharbeitnehmer

Soweit in einem Sozialplan des Entleiherbetriebs Ausgleichsregelungen für den Verlust des Arbeitsplatzes und damit einhergehender wirtschaftlicher Nachteile getroffen wurden, finden diese keine Anwendung auf Leiharbeitnehmer, die infolge einer Betriebänderung nicht mehr im Entleiherbetrieb eingesetzt werden können. Die vorzeitige Beendigung des Einsatzes im Entleiherbetrieb führt zur Beendigung eines arbeitsrechtlichen Erfüllungsverhältnisses. Die §§ 112, 112a BetrVG knüpfen aber an den Verlust des arbeitsrechtlichen Grundverhältnisses an. Da die arbeitsrechtlichen Hauptleistungspflichten und damit die Vergütungspflicht gegenüber dem Leiharbeitnehmer von einer Betriebsänderung im Entleiherbetrieb aber nicht betroffen sind, gibt es auch keinen Anlass für einen finanziellen Ausgleich.

In einem Sozialplan kann aber auch vorgesehen sein, sonstige Nachteile auszugleichen, die z. B. durch die Verlegung eines Betriebssitzes oder die Einführung neuer Arbeitsmethoden entstehen. Soweit Leiharbeitnehmer infolge der Betriebssitzverlegung des Entleihers längere Anfahrtswege und damit höhere Kosten haben, ist dabei das arbeitsrechtliche Grundverhältnis betroffen. Mit dem Verleiher wird nämlich z. B. die Erstattung der Fahrtkosten vereinbart. Fahrtkostenregelungen im Leiharbeitsvertrag sind also vorrangig.[717]

---

[716] **Becker/Wulfgramm**, AÜG, § 14 Rn. 121; **Erdlenbruch**, Die betriebsverfassungsrechtliche Stellung ..., S. 215; **Schüren**, AÜG, 3 14 Rn. 267

[717] **Schüren**, AÜG, § 14 Rn. 269; **a. A.: Erdlenbruch**, Die betriebsverfassungsrechtliche Stellung ..., S. 216

V.   Zwischenergebnis

Bei der für die Bildung eines Wirtschaftsausschusses nach § 106 Abs. 1 BetrVG erforderlichen Mindestanzahl an Arbeitnehmern sind Leiharbeitnehmer nur im Verleiherbetrieb zu berücksichtigen. Der Einsatz von Leiharbeitnehmern im Entleiherunternehmen ist keine wirtschaftliche Angelegenheit i. S. d. § 106 Abs. 3 BetrVG.

Vierter Teil: Zusammenfassung der Ergebnisse

I.   Das Arbeitsverhältnis ist eine besondere Form des Schuldverhältnisses, sodass auch im Arbeitsverhältnis zwischen Grund- und Erfüllungsverhältnis zu unterscheiden ist. Durch den Arbeitsvertrag wird regelmäßig das Grundverhältnis begründet, das die Leistungspflichten und die damit im Zusammenhang stehenden Rechtsfolgen regelt. Das Erfüllungsverhältnis kommt durch den tatsächlichen Leistungsvollzug zu Stande und legt die Rechtsfolgen fest, die unabhängig vom Grundverhältnis allein an den Vollzug des Arbeitsverhältnisses anknüpfen.

II.   Gewerbsmäßige Arbeitnehmerüberlassung liegt vor, wenn ein Unternehmer (Verleiher) einen Arbeitnehmer (Leiharbeitnehmer) zu dem Zweck einstellt, ihn an einen Dritten (Entleiher) gegen entsprechendes Entgelt auszuleihen, damit er dort arbeitet.

III.   Die Abgrenzung zwischen Werk- oder Dienstvertrag und Arbeitnehmerüberlassung ist durch eine von der Rechtsprechung entwickelten Vielzahl von Einzelkriterien gekennzeichnet. Deshalb kann eine Einordnung als Arbeitnehmerüberlassung oder Werk- bzw. Dienstvertrag nur durch eine wertende Gesamtbetrachtung erfolgen, die zunächst die Hauptkriterien „Weisungsbefugnis" und „Eingliederung" heranzieht und sodann alle weiteren Indizien für ein sachgerechtes Ergebnis beachtet.

IV.   Arbeitsverhältnisse kommen sowohl zwischen Leiharbeitnehmer und Verleiher als auch zwischen Entleiher und Leiharbeitnehmer zu Stande. Ein arbeitsrechtliches Grundverhältnis besteht aber nur zwischen Verleiher und Leiharbeitnehmer. Arbeitgeber hinsichtlich der am Grundverhältnis anknüpfenden Rechte und Pflichten ist der Verleiher. Da innerhalb beider Verbindungen jeweils ein arbeitsrechtliches Erfüllungsverhältnis besteht, werden Arbeitgeberfunktionen sowohl vom Verleiher als auch vom Entleiher wahrgenommen. Der Leiharbeitnehmer geht ein Doppelarbeitsverhältnis ein.

V.   Dem BetrVG ist ein eigener betriebverfassungsrechtlicher Arbeitnehmerbegriff zu Grunde zu legen. Der allgemein vertragsrechtliche Arbeitnehmerbegriff ist nicht deckungsgleich mit dem Arbeitnehmerbegriff des BetrVG.

VI.   Das BetrVG findet auf diejenigen Arbeitnehmer Anwendung, die in den Betrieb eingegliedert sind und ein Rechtsverhältnis zum Betriebsinhaber haben. Das AÜG beinhaltet keine Vorschriften, die hinreichend den betriebsverfassungsrechtlichen Status des Leiharbeitnehmers, des Verleiher- und des Entleiherbetriebs konkretisieren. Ebenso wenig kennt das BetrVG Vorschriften, die den Besonderheiten des Drei-Personen-

Verhältnisses gerecht werden, da das BetrVG vom dualistisch geprägten Arbeitsverhältnis ausgeht.

VII. Für die Berücksichtigung von Arbeitnehmern im Rahmen der Betriebsverfassung reicht die Eingliederung in den Betrieb und ein arbeitsrechtliches Erfüllungsverhältnis zum Betriebsinhaber aus. Entscheidendes Kriterium ist, ob die vom Arbeitnehmer ausgeübte Tätigkeit dem Betrieb zugerechnet werden kann, also der arbeitstechnische Zweck des Betriebs verfolgt wird. Es kommt nicht auf den Bestand eines arbeitsrechtliches Grundverhältnis an. Leiharbeitnehmer erfüllen beide Voraussetzungen sowohl im Verleiher- als auch im Entleiherbetrieb und sind damit in beiden Betrieben Arbeitnehmer i. S. d. BetrVG.

VIII. § 14 Abs. 1 AÜG steht einer doppelten Betriebszugehörigkeit nicht entgegen. Leiharbeitnehmer sind sowohl im Verleiher- als auch im Entleiherbetrieb Betriebsangehörige. In beiden Betrieben besteht eine umfängliche Betriebszugehörigkeit, da die Betriebszugehörigkeit als solche nicht teilbar ist.

IX. Leiharbeitnehmer sind bei der Feststellung der Betriebsratsfähigkeit i. S. d. § 1 BetrVG im Verleiherbetrieb zu berücksichtigen. Im Entleiherbetrieb finden sie keine Berücksichtigung; die Betriebszugehörigkeit begründet keine ständige Beschäftigung i. S. d. § 1 BetrVG.

X. Aus der grundsätzlichen Zuordnung des Leiharbeitnehmers zum Verleiherbetrieb in § 14 Abs. 1 AÜG ergibt sich, dass Leiharbeitnehmer im Verleiherbetrieb den Betriebsrat wählen können (§ 7 BetrVG) und unter den Voraussetzungen des § 8 BetrVG auch wählbar sind. Gem. § 7 S. 2 BetrVG ist der Leiharbeitnehmer im Entleiherbetrieb wahlberechtigt, wenn sein Einsatz dort drei Monate überdauern soll. Kraft Gesetzes ist das passive Wahlrecht im Entleiherbetrieb ausgeschlossen (§ 14 Abs. 2 S. 2 AÜG), was heute nicht mehr sachgerecht ist. Nach Übernahme des Leiharbeitnehmers in den Entleiherbetrieb sind die bereits i. R. d. Arbeitnehmerüberlassung zurückgelegten Beschäftigungszeiten auf die Wartezeit des § 8 Abs. 1 S. 1 BetrVG anzurechnen, sofern das neu begründete Arbeitsverhältnis zum ehemaligen Entleiherbetrieb in einem unmittelbaren zeitlichen Zusammenhang zur Arbeitnehmerüberlassung steht.

XI. Die betriebsverfassungsrechtlichen Grundsätze aus §§ 2 Abs. 1, 75 BetrVG finden sowohl im Verleiherbetrieb als auch im Entleiherbetrieb auf den Leiharbeitnehmer uneingeschränkt Anwendung.

XII. Die Ablehnung der Berücksichtigung des Leiharbeitnehmers i. R. d. § 9 BetrVG ist nicht sachgerecht, da der Bestand eines Arbeitsverhältnisses nichts über den Bestand der betriebszugehörigen Arbeitnehmer aussagt und damit auch nicht repräsentativ für den Anfall an Betriebsratsarbeit ist. Die Größe des Betriebsrats soll sich allein nach der Zahl der Arbeitnehmer richten, die von ihm repräsentiert werden. Dazu gehören auch die Leiharbeitnehmer. Leiharbeitnehmer sind deshalb i. R. d. § 9 BetrVG zu berücksichtigen, wenn sie Arbeitsplätze innehaben, die regelmäßig betrieblich besetzt sind – gleichgültig ob mit Stamm- oder Leiharbeitnehmern – oder soweit Leiharbeitnehmer regelmäßig im Betrieb beschäftigt werden.

XIII. Leiharbeitnehmer werden sowohl im Verleiher- als auch im Entleiherbetrieb von der normativen Wirkung der jeweils geltenden Betriebsvereinbarungen erfasst. Etwas anderes gilt nur, wenn im Entleiherbetrieb eine Betriebsvereinbarung Angelegenheiten des arbeitsrechtlichen Grundverhältnisses regelt.

XIV. Der Verleiherbetriebsrat hat uneingeschränkt seinen Aufgaben aus § 80 Abs. 1 Nr. 1 BetrVG bzgl. der Leiharbeitnehmer im Verleiherbetrieb nachzugehen. Es handelt sich dabei im Wesentlichen um das AÜG und die entsprechenden Unfallverhütungsvorschriften. Im Entleiherbetrieb hat der Entleiherbetriebsrat in allen Angelegenheiten, die das arbeitsrechtliche Erfüllungsverhältnis betreffen, sämtliche Normen (auch die der im Betrieb anwendbaren Tarifverträge) im Hinblick auf Leiharbeitnehmer zu überwachen.

XV. Von den allgemeinen Aufgaben des Betriebsrats nach § 80 Abs. 1 BetrVG sind für Leiharbeitnehmer die Aufgaben aus Nr. 1, 2, 3 und 7 von Bedeutung. Sowohl Entleiher- als auch Verleiherbetriebsrat können sich auf die Generalklausel des § 80 Abs. 2 S. 2 BetrVG berufen, sofern die Durchführung ihrer Aufgaben betroffen ist.

XVI. Die Zuständigkeit für die Wahrnehmung von Mitbestimmungsrechten in sozialen Angelegenheiten hinsichtlich der Leiharbeitnehmer richtet sich danach, ob es sich um Angelegenheiten des Verleiher- oder des Entleiherbetriebs handelt. Für Maßnahmen des Verleihers ist der Verleiherbetriebsrat, für Maßnahmen des Entleihers ist der Entleiherbetriebsrat zuständig. Mitbestimmungsrechte des Entleihers sind somit grundsätzlich ausgeschlossen, wenn der Mitbestimmungstatbestand ein arbeitsrechtliches Grundverhältnis voraussetzt. Soweit es um die Mitbestimmung geht, die an das arbeitsrechtliche Erfüllungsverhältnis anknüpft, ist der Entleiher zuständig, wenn die Mitbestimmungsrechte im Zusammenhang mit der Eingliederung oder der unmittelbaren Leistungserbringung im Entleiherbetrieb zu sehen sind. Der Verleiherbetriebsrat ist zuständig, wenn es sich um allgemeine, mitbestimmungspflichtige Weisungen des Verleihers handelt, die das arbeitsrechtliche Erfüllungsverhältnis zwischen Leiharbeitnehmer und Verleiher betreffen.

XVII. Im Rahmen der personellen Angelegenheiten ist der Verleiherbetriebsrat gem. §§ 92, 93, 94, 95, 96, 97, 98 BetrVG uneingeschränkt zu beteiligen.

Im Entleiherbetrieb ist der Entleiherbetriebsrat gem. § 92 BetrVG zu beteiligen, da der Einsatz von Leiharbeitnehmern eine Maßnahme der Personalplanung ist. Da die Stammbelegschaft betroffen sein könnte, hat der Entleiherbetriebsrat auch einen Anspruch auf eine innerbetriebliche Stellenausschreibung bzgl. der Arbeitsplätze, die mit einem Leiharbeitnehmer besetzt werden sollen (§ 93 BetrVG). Bei der Einführung von Personalfragebögen für Leiharbeitnehmer hat der Entleiherbetriebsrat ein Mitbestimmungsrecht, damit sichergestellt ist, dass nur solche Fragen gestellt werden, die für den Entleiher von Interesse sind, also an das arbeitsrechtliche Erfüllungsverhältnis anknüpfen. Auswahlrichtlinien des Entleiherbetriebs können nur dann Anwendung auf Leiharbeitnehmer finden, wenn der Entleiher Maßnahmen i. S. d. § 95 BetrVG ergreifen kann, die sich auf den Leiharbeitnehmer auswirken. Die personellen Einzelmaßnahmen, die nach einer Auswahlrichtlinie durchgeführt werden sollen, müssen also an das arbeitsrechtliche Erfüllungsverhältnis anknüpfen. Der Entleiherbetriebsrat hat bei Umgruppierungen und Kündigungen kein Mitbestimmungsrecht beim Erstellen entsprechender Auswahlrichtlinien. Bei Einstellungs- und Versetzungsrichtlinien i. S. d. § 95 BetrVG hat der Entleiherbetriebsrat ein Mitbestimmungsrecht. Eine Mitbestimmung i. R. d. §§ 96-98 BetrVG ist im Entleiherbetriebsrat weder notwendig noch sinnvoll.

XVIII. Die Zuständigkeit für die Wahrnehmung von Mitbestimmungsrechten bei personellen Einzelmaßnahmen richtet sich danach, welcher Arbeitgeber (Entleiher oder Verleiher) die personelle Einzelmaßnahme durchführen will. Für Maßnahmen des Verleihers im Verleiherbetrieb ist der Verleiherbetriebsrat zuständig, für Maßnahmen des Entleihers im Entleiherbetrieb der Entleiherbetriebsrat. Bei Eingruppierung, Umgruppierung und Kündigung ist ausschließlich der Verleiherbetriebsrat zuständig. Wird ein Leiharbeitnehmer für einen bestimmten Arbeitsplatz eingestellt, ist eine Versetzung im Entleiherbetrieb mitbestimmungspflichtig, soweit sich hierdurch Art und Ort der Tätigkeit oder die Einordnung in die betriebliche Organisation ändert. Zu den erforderlichen Unterlagen, die dem Entleiherbetriebsrat i. S. d. § 99 Abs. 1 S. 1 Hs. 2 BetrVG vorzulegen sind, gehört der Arbeitnehmerüberlassungsvertrag, nicht aber der Leiharbeitsvertrag.

XIX. Bei § 14 Abs. 3 S. 1 AÜG handelt es sich um eine Rechtsgrundverweisung. Die Beteiligungsrechte des Entleiherbetriebsrats gem. § 99 BetrVG bestehen deshalb nur, wenn im Entleiherbetrieb mehr als 20 wahlberechtigte Arbeitnehmer beschäftigt sind.

Literaturverzeichnis

Ankersen, Per: Anmerkungen zu BAG v. 19.6.2001, BB 2001, 2585 ff.

Becker, Friedrich: Abgrenzung der Arbeitnehmerüberlassung gegenüber Werk- und Dienstverträgen; DB 1988, 2561 ff.

ders.: Betriebsverfassungsrechtliche Aspekte beim drittbezogenen Personaleinsatz; AuR 1982, 369 ff.

ders.: Erfahrungen mit der gewerbsmäßigen Arbeitnehmerüberlassung; ZRP 1976, 288 ff.

ders.: Haftungsfragen bei der gewerbsmäßigen Arbeitnehmerüberlassung; NJW 1976, 1827 ff.

ders.: Zur Abgrenzung des Arbeitnehmerüberlassungsvertrags gegenüber anderen Vertragstypen mit drittbezogenem Personaleinsatz; ZfA 1978, 131 ff.

Becker, Friedrich/**Kreikebaum**, Hartmut: Zeitarbeit; 2. Aufl. 1982

Becker, Friedrich/**Wulfgramm**, Jörg: Kommentar zum Arbeitnehmerüberlassungsgesetz; 3. Aufl. 1985, 2. Aufl. 1981

Birk, Rolf: Die arbeitsrechtliche Leitungsmacht (1973)

Boemke, Burkhard: „Ausstrahlungen" des Betriebsverfassungsgesetzes ins Ausland; NZA 1992, 112 ff.

ders.: Schuldvertrag und Arbeitsverhältnis (1999)

ders.: Anm. zu BAG v. 28.6.2000, BB 2000, 2522 ff.

ders.: Die Betriebszugehörigkeit; Arbeitsrecht-Blattei SD Nr. 540 (1996)

ders.: Arbeitnehmerüberlassungsgesetz (2002)

Brors, Christiane: „Fremdpersonaleinsatz" – Wer ist gem. § 7 S. 2 BetrVG wahlberechtigt?; NZA 2002, 123 ff.

Brox, Hans: Allgemeiner Teil des BGB; 24. Aufl. 2000

Buchner, Herbert: Betriebsverfassungs-Novelle auf dem Prüfstand; NZA 2001, 633 ff.

Bulla, Werner: Das Wahlrecht von Leiharbeitnehmern bei Betriebsratswahlen; DB 1975, 1795 ff.

Däubler, Wolfgang: Das Arbeitsrecht 1; 11. Aufl. 1998

ders.: Das Arbeitsrecht 2; 15. Aufl. 1998

ders.: Ein Arbeitsvertragsgesetz; AuR 1992, 129 ff.

ders.: Individuum und Kollektiv im Arbeitsrecht; NZA 1988, 857 ff.

ders.: Das Wahlrecht der „überlassenen Arbeitnehmer" nach dem neuen § 7 Satz 2 BetrVG; AiB 2001, 684 ff.

ders.: Die veränderte Betriebsverfassung; AuR 2001, 285 ff.

ders.: Eine bessere Betriebsverfassung?; AuR 2001, 1 ff.

Däubler, Wolfgang/**Kittner**, Michael/**Klebe**, Thomas: Betriebsverfassungsgesetz; 8. Aufl. 2002, 7. Aufl. 2000, 5. Aufl. 1996

Dieterich, Thomas: Ruhegeldanwartschaft und Kündigung; AuR 1971, 129 ff.

Dietz, Rolf/**Richardi**, Reinhard: Betriebsverfassungsgesetz, 5. Aufl. 1973; Band 1: §§ 1-73; 6. Aufl. 1981, Band 2: §§ 74-Schluss; 6. Aufl. 1982

Endemann, Helmut: Die Rechtsstellung des Leiharbeitnehmers; BB 1951, 786 ff.

Erdlenbruch, Michael: Die betriebsverfassungsrechtliche Stellung gewerbsmäßig überlassener Arbeitnehmer (1992)

Erman, Walter: Handkommentar zum Bürgerliches Gesetzbuch; Band I-II, 10. Aufl. 2000

Feuerborn, Andreas: Gestaltungsmöglichkeiten des Einsatzes von Fremdfirmenarbeitnehmern; WiB 1996, 198 ff.

Feuerborn, Andreas/**Hamann**, Wolfgang: Neuregelungen im Arbeitnehmerüberlassungsgesetz; BB 1994, 1346 ff.

Fischer, Ulrich: Der Konzernbetriebsrat nach neuem Recht; AiB 2001, 565 ff.

Fitting, Karl/**Kaiser**, Heinrich/**Heither**, Friedrich/**Engels**, Gerd: Betriebsverfassungsgesetz; 21. Aufl. 2002, 19. Aufl. 1998, 20. Aufl. 2000, 13. Aufl. 1981

Franßen, Everhardt/**Haesen**, Wilfried: Arbeitnehmerüberlassungsgesetz (1974)

Franzen, Martin: Das Mitbestimmungsrecht des Betriebsrats bei der Einführung von Maßnahmen der betrieblichen Berufsbildung nach § 97 Abs. 2 BetrVG; NZA 2001, 865 ff.

Frerichs, Johann/**Möller**, Carola/**Ulber**, Jürgen: Leiharbeit und betriebliche Interessenvertretung (1981)

Galperin, Hans/**Löwisch**, Manfred: Kommentar zum Betriebsverfassungsgesetz; 6. Aufl. 1982

Gemeinschaftskommentar zum Betriebsverfassungsgesetz: Band I-II, 6. Aufl. 1997

Gick, Dietmar: Gewerbsmäßige Arbeitnehmerüberlassung zwischen Verbot und Neugestaltung (1984)

Giese, Herbert: Die Betriebsversammlung; 9. Aufl. 1997

Groeger, Axel: Arbeitsrechtliche Aspekte des neuen Arbeitnehmerüberlassungsgesetzes; DB 1998, 470 ff.

Halbach, Christel: Betriebsverfassungsrechtliche Aspekte des Einsatzes von Leiharbeitnehmern und Unternehmerarbeitern; DB 1980, 2389 ff.

Hallenberger, Achim: Die Pflicht des Arbeitgebers zur Förderung der freien Persönlichkeitsentfaltung nach § 75 Abs. 2 Betriebsverfassungsgesetz (1988)

Hamann, Wolfgang: Erkennungsmerkmale der illegalen Arbeitnehmerüberlassung in Form von Scheindienst- und Scheinwerkverträgen (1995)

ders.: Beteiligungsrechte des Betriebsrats beim Einsatz von Fremdpersonal; WiB 1996, 369 ff.

ders.: Betriebsverfassungsrechtliche Auswirkungen der Reform der Arbeitnehmerüberlassung; NZA 2003, 526 ff.

Hanau, Peter: Denkschrift zu dem Regierungsentwurf eines Gesetzes zur Reform des Betriebsverfassungsgesetzes, RdA 2001, 65

ders.: Die Reform der Betriebsverfassung; NJW 2001, 2513 ff.

ders.: Denkschrift zu dem Regierungsentwurf eines Gesetzes zur Reform des Betriebsverfassungsgesetzes, RdA 2001, 65 ff.

Hanau, Peter/**Adomeit**, Klaus: Arbeitsrecht; 11. Aufl. 1994

Heinze, Meinhard: Rechtsprobleme des sog. echten Leiharbeitsverhältnisses; ZfA 1976, 183 ff.

Herbst, Jens/**Krüger**, Manfred: Einsatz von Fremdfirmenarbeitnehmern im Betrieb und Möglichkeiten der Gegenwehr für den Betriebsrat; AiB 1983, 167 ff.

Hess, Harald/**Schlochauer**, Ursula/**Glaubitz**, Werner: Betriebsverfassungsgesetz; 5. Aufl. 1997

Hessel, Philipp: Nochmals: Das Leiharbeitsverhältnis; BB 1970, 307 ff.

Heußner, Herrmann: Sozialversicherungsrechtliche Aspekte der Arbeitnehmerüberlassung; DB 1973, 1800 ff.

Horstkötter, Inge: Zur betriebsverfassungsrechtlichen Situation im klein- und mittelständischen Betriebsbereich nach der Reform des BetrVG; AiB 2001, 561 ff.

Hoyningen-Huene, Gerrick v.: Betriebsverfassungsrecht; 5. Aufl. 2002, 4. Aufl. 1998
ders.: Grundfragen der Betriebsverfassung: Mitbestimmung – Betriebsrat – Betrieb – Betriebszugehörigkeit; FS Stahlhacke (1995), S. 173 ff.
ders.: Grundlagen und Auswirkungen einer Versetzung; NZA 1993, 145 ff.
ders.: Anm. zu BAG v. 15.12.1992; SAE 1994, 112 ff.
ders.: Subunternehmervertrag oder illegale Arbeitnehmerüberlassung?; BB 1985 1669 ff.
Hoyningen-Huene, Gerrick v./**Boemke**, Burkhard: Die Versetzung (1991)
Hromadka, Wolfgang/**Maschmann**, Frank: Arbeitsrecht Band 1, 2. Aufl. 2002
Hueck, Götz/**Hoyningen-Huene**, Gerrick v./**Link**, Rüdiger: Kündigungsschutzgesetz; 13. Aufl. 2002
Hueck, Alfred/**Nipperdey**, Hans Carl: Lehrbuch des Arbeitsrechts; 1. Band 7. Aufl. 1963; 2. Band, 1. Halbband, 7. Aufl. 1967; 2. Band, 2. Halbband, 7. Aufl. 1970
Hunold, Wolf: Zum Umfang der Unterrichtungspflicht des Arbeitgebers gem. § 99 Abs. 1 BetrVG bei Beschäftigung von Leiharbeitnehmern; BB 1976, 648 ff.
Joost, Detlev: Betrieb und Unternehmen als Grundbegriffe im Arbeitsrecht (1988)
ders.: Zur Erlaubnispflicht und Strafbarkeit bei betriebsbedingten Arbeitnehmerüberlassungen; DB 1980, 161 ff.
Kaufmann, Stephanie: Arbeitnehmerüberlassung – Allgemeiner Überblick und Auswirkungen der Reform auf die betriebliche Praxis (1998)
Konzen, Horst: Arbeitsrechtliche Drittbeziehungen; ZfA 1982, 259 ff.
ders.: Der Regierungsentwurf des Betriebsverfassungsreformgesetzes; RdA 2001, 76 ff.
Larenz, Karl/**Wolf**, Manfred: Allgemeiner Teil des Bürgerlichen Rechts; 8. Aufl. 1997
Lembke, Mark: Die „Hartz-Reform" des Arbeitnehmerüberlassungsgesetzes; BB 2003, 98 ff.
Lindemann, Achim/**Simon**, Oliver: Wahlberechtigung und Ermittlung der Betriebsratsgröße; NZA 2002, 365 ff.
Löwisch, Manfred: Arbeitsrecht, 5. Aufl. 2000
ders.: Änderung der Betriebsverfassung durch das Betriebsverfassungs-Reformgesetz; BB 2001, 1734 ff.
Mainzer, Richard: Betrieb und Betriebszugehörigkeit (1933)
Marschall, Dieter: Das Gesetz zur Bekämpfung der illegalen Beschäftigung; NJW 1982, 1363 ff.
ders.: Neuregelung der Leiharbeit notwendig?; DB 1975, 303 ff.
ders.: Zur Abgrenzung zwischen Werkvertrag und Arbeitnehmerüberlassung; NZA 1984, 150 ff.
Marschner, Andreas: Die Abgrenzung der Arbeitnehmerüberlassung von anderen Formen des Personaleinsatzes; NZA 1995, 668 ff.
Maschmann, Frank: Leiharbeitnehmer und Betriebsratswahl nach dem BetrVG-Reformgesetz; DB 2001, 2446 ff
Matthes, Hans-Christoph: Die Rechtsstellung des ohne Zustimmung des Betriebsrates eingestellten Arbeitnehmers; DB 1974, 2007 ff.
Maunz, Theodor/**Dürig**, Günter: Grundgesetz-Kommentar; Stand August 2000
Mayer, Udo: Der Schutz von Leiharbeitnehmern und das AÜG; AuR 1974, 353 ff.
Maydell, Bernd v.: Können Rote-Kreuz-Schwestern Bedienstete im Sinne des Personalvertretungsgesetzes sein?; AuR 1967, 202 ff.
Mayer-Maly, Theo: Das Leiharbeitsverhältnis; ZfA 1972, 1 ff.
Medicus, Dieter: Allgemeiner Teil des BGB; 7. Aufl. 1997

Monjau, Herbert: Das Leiharbeitsverhältnis; AuR 1968, 257 ff.

Moritz, Hans-Werner: Inkrafttreten des Arbeitnehmerüberlassungsgesetzes; BB 1972, 1569 ff.

Müllner, Wolfgang: Aufgespaltene Arbeitgeberstellung und Betriebsverfassungsrecht; (1978)

Münchener Handbuch zum Arbeitsrecht: Band I-III, 2. Aufl. 2000

Münchener Kommentar zum Bürgerlichen Gesetzbuch: 3. Aufl. 1993 ff.

Mumot, F. Ulrich: Die betriebsverfassungsrechtlichen Beteiligungsrechte bei der Beschäftigung von Leiharbeitnehmern; Diss. jur. Bonn 1975

Natzel, Ivo: Die Betriebszugehörigkeit im Arbeitsrecht (2000)

Nikisch, Arthur: Arbeitsrecht I; 3. Aufl. 1961

Oetker, Hartmut: Betriebszugehörigkeit und gelockerte Betriebsbeziehung; AuR 1991, 359 ff.

Palandt, Otto: Bürgerliches Gesetzbuch; 60. Aufl. 2001, 59. Aufl. 2000

Picker, Eduard: Betriebsverfassung und Arbeitsverfassung, RdA 2001, 257 ff.

Plander, Harro: Fremdfirmeneinsatz und Betriebsverfassung; AiB 1990, 19 ff.

Popp, Gerfried: Status quo und Perspektive des arbeitsvertraglichen Direktionsrechts; BB 1997, 1790 ff.

Preis, Ulrich/**Elert**, Nicole: Erweiterung der Mitbestimmung bei Gruppenarbeit?; NZA 2001 371 ff.

Ramm, Thilo: Die Aufspaltung der Arbeitgeberfunktionen (Leiharbeitsverhältnis, mittelbares Arbeitsverhältnis, Arbeitnehmerüberlassung und Gesamthafenarbeitsverhältnis); ZfA 1973, 263 ff.

ders.: Eine Kritik des Arbeitnehmerüberlassungsgesetzes; DB 1973, 1170 ff.

Ratayczak, Jürgen: Anm. zu LAG Baden-Württemberg, v. 16.9.1996; AiB 1997, 599 ff.

Reichold, Hermann: Die reformierte Betriebsverfassung 2001; NZA 2001, 857 ff.

Richardi, Reinhard: Wahlberechtigung und Wählbarkeit zum Betriebsrat im Konzern; NZA 1987, 145 ff.

ders.: Veränderungen in der Organisation der Betriebsverfassung nach dem Regierungsentwurf zur Reform des BetrVG; NZA 2001, 346 ff.

Röhsler, Waldemar: Die Betriebszugehörigkeit als anspruchsbegründender Faktor im Arbeitsrecht; DB 1963, 994 ff.

Rüthers, Bernd/**Bakker**, Rainer: Arbeitnehmerentsendung und Betriebsinhaberwechsel im Konzern; ZfA 1990, 245 ff.

Säcker, Franz Jürgen/**Joost**, Detlev: Betriebszugehörigkeit als Rechtsproblem im Betriebsverfassungs- und Mitbestimmungsrecht (1980)

Sandmann, Georg/**Marschall**, Dieter/**Schneider**, Tobias: Arbeitnehmerüberlassungsgesetz, Stand 2000

Schaub, Günter: Arbeitsrechts-Handbuch; 10. Aufl. 2002, 9. Aufl. 2000, 8. Aufl. 1996

Schubel, Hans-Dietrich/**Engelbrecht**, Georg: Kommentar zum Gesetz über die gewerbsmäßige Arbeitnehmerüberlassung (1973)

Schüren, Peter: Arbeitnehmerüberlassungsgesetz (1994)

Schuster, Fabian: Arbeitnehmer, Betrieb und Betriebszugehörigkeit im Betriebsverfassungsgesetz (1997)

Shahatit, Alexander: Überfällige Reform: Betriebsverfassungsgesetz; BArbBl. 2001, 15-19

Sinzheimer, Hugo: Grundzüge des Arbeitsrechts (1927)

Soergel, Hans Theodor/**Siebert**, Wolfgang: Bürgerliches Gesetzbuch – Kommentar; 12. Aufl. 1987 ff.

Staudinger, Julius v.: Kommentar zum Bürgerlichen Gesetzbuch mit Einführungsgesetz und Nebengesetzen; 13. Aufl. 1994 ff.

Stege, Dieter/**Weinspach**, F. K.: Betriebsverfassungsgesetz; 8. Aufl. 1999

Sturn, Helmuth: Kritische Fragen zum Leiharbeitsverhältnis; BB 1969, 1436 ff.

Ulber, Jürgen: AÜG – Arbeitnehmerüberlassungsgesetz und Arbeitnehmer-Entsendegesetz (1998)

ders.: Rechtliche Grenzen des Einsatzes von betriebsfremden Arbeitnehmern und Mitbestimmungsrechte des Betriebsrats; AuR 1982, 54 ff.

Wagner, Joachim/**Ulber**, Jürgen/**Hinrichs**, Werner: Moderner Sklavenhandel – Fremdfirmeneinsatz durch Leiharbeit und Werkverträge, Schriftenreihe der IGM Nr. 132, 1990

Walle, Andreas: Betriebsverfassungsrechtliche Aspekte beim werkvertraglichen Einsatz von Fremdpersonal; NZA 1999, 518 ff.

Weiss, Manfred/**Weyand**, Joachim: Betriebsverfassungsgesetz; 3. Aufl. 1994

Wiese, Günther: Der personale Gehalt des Arbeitsverhältnisses; ZfA 1996, 439 ff.

ders.: Die Mitbestimmung des Betriebsrats über Grundsätze zur Durchführung von Gruppenarbeit nach § 87 Abs. 1 Nr. 13 BetrVG; NZA 2002, 198 ff.

Windbichler, Christine: Mitbestimmung des Betriebsrats bei der Beschäftigung von Leiharbeitnehmern; DB 1975, 739 ff.

Wißmann, Hellmut: Die Suche nach dem Arbeitgeber in der Betriebsverfassung; NZA 2001, 409 ff.

Zöllner, Wolfgang/**Loritz**, Karl-Georg: Arbeitsrecht; 5. Aufl. 1998

Sascha Dewender

Betriebsfremde Arbeitnehmer in der Betriebsverfassung unter besonderer Berücksichtigung der unechten Leiharbeitnehmer

Frankfurt am Main, Berlin, Bern, Bruxelles, New York, Oxford, Wien, 2004.
XLV, 209 S.
Europäische Hochschulschriften: Reihe 2, Rechtswissenschaft. Bd. 3841
ISBN 3-631-52007-7 · br. € 45.50*

Mit steigender Tendenz gewinnt für viele Unternehmen die Zusammenarbeit mit Fremdfirmen innerhalb der eigenen Betriebssphäre an Bedeutung, denn mit dieser Art des flexiblen Personaleinsatzes lässt sich beispielsweise die Arbeitszeit bedarfsgerecht stunden-, tage- oder wochenweise ausweiten und zurückführen. Die Formen, in denen in der Praxis Fremdfirmenarbeit auftritt, sind dabei sehr verschieden. Als gemeinsame Folge des drittbezogenen Personaleinsatzes teilen sich die in einem Betrieb Beschäftigten in Stammarbeitnehmer und von außen kommende Fremdarbeitnehmer. Diese Unterteilung führt neben individualarbeitsrechtlich unterschiedlichen Rechtsbeziehungen zum Betriebsinhaber vor allem auch zu Schwierigkeiten bei der betriebsverfassungsrechtlichen Zuordnung und Erfassung der Fremdarbeitnehmer. Ziel dieser Untersuchung ist es daher, die einzelnen Erscheinungsformen von Fremdfirmeneinsätzen und deren rechtliche Ausgestaltung voneinander abzugrenzen. Auf dieser Grundlage wird die bis heute umstrittene Stellung der betriebsfremden Beschäftigten in der Betriebsverfassung unter besonderer Konzentration auf die Leiharbeit als die signifikanteste Form der Beschäftigung von Betriebsfremden einer unter teleologischen Gesichtspunkten orientierten Klärung zugeführt.

Frankfurt am Main · Berlin · Bern · Bruxelles · New York · Oxford · Wien
Auslieferung: Verlag Peter Lang AG
Moosstr. 1, CH-2542 Pieterlen
Telefax 00 41 (0) 32 / 376 17 27

*inklusive der in Deutschland gültigen Mehrwertsteuer
Preisänderungen vorbehalten
Homepage http://www.peterlang.de